WALTHER ZEITLER   WALDLERISCHE WEIHNACHT

Waldlerische Weihnacht

★ Bayerischer Wald ★ Böhmerwald ★ Oberpfälzer Wald ★

WALTHER ZEITLER

VERLAG MORSAK GRAFENAU

2. erweiterte Auflage 1981
© Verlag Morsak, 8352 Grafenau
Gesamtherstellung:
Buchdruckerei–Offsetdruckerei Morsak oHG,
8352 Grafenau
Alle Rechte vorbehalten

ISBN-Nr.: 387553168 X

St. Nikolaus

Das Spinnrad schnurrt,
Der Ofen purrt,
Dezemberwinde stürmen.
Schnee raubt den Weg,
Verhüllt den Steg
Und häuft sich auf zu Türmen.

Die Lampe scheint,
Das Kindlein weint,
Der Buchbinken prasselt.
Die Mutter sagt:
„Sei nicht verzagt,
Wenn bald die Kette rasselt!"

Schon knarrt das Tor,
Es steht davor
Ein goldgezäumter Schimmel.
Und vor das Haus
Tritt Nikolaus,
Der Bote aus dem Himmel.

Die Haustür knarrt,
Das Kindlein harrt
Und fürchtet sich fast nimmer.
Ein schwerer Schritt,
Ein fester Tritt:
Sankt Nikolaus steht im Zimmer.

Wie glänzen Kleid,
Stab und Geschmeid!
Sein Auge freundlich blicket.
Das Kindlein fleht,
Spricht sein Gebet
Und ist so reich beglücket.

Sankt Nikolaus
Fragt 's Kindlein aus
Und spricht: „Ich bin zufrieden!
Nimm diesen Pack
Aus meinem Sack,
Er sei dir gern beschieden!"

Sankt Nikolaus
Gibt nun dem Haus
Zum Abschied seinen Segen.
Der Vater lacht,
Wünscht: „Gute Nacht!
Fahr wohl auf deinen Wegen!"

Das Spinnrad schnurrt,
Der Ofen purrt,
Das Kind freut sich der Gaben.
So schön und fein
Kanns nur allein
Der gute Niklaus haben!

Sankt Nikolaus
Von Haus zu Haus
Setzt fort die Winterreise.
Bald schläft das Kind.
Es schweigt der Wind,
Und Flocken fallen leise.

MAX PEINKOFER   5

Winterliches Brauchtum im Bayerischen Wald

So ist der Lauf der Dinge! Ein Jahr geht müde zu Ende und ein neues Jahr kommt langsam heran. Dieser gleichbleibende Wechsel ist ein „altes Herkommen und ein ewiges Dableiben", solange unsere vielgeplagte Erde noch einigermaßen zusammenhält. Wir selbst haben diesen Wechsel jahrzehntelang mitgemacht und sind dabei älter und besinnlicher geworden. Je weiter wir uns von den Tagen der Kindheit entfernen, desto eindringlicher und lebhafter steigen Jugenderinnerungen in uns auf. Gerade in den Tagen und Wochen der tausend Heimlichkeiten ist so recht die Zeit zum Staadsein und Sinnieren. Da wandern wir in der Erinnerung zurück in die eigene früheste Kindheit „drinnen im Wald". Wir sehen uns als Hütbuben auf der granitübersäten Bergweide stehen, barfuß noch im Novembernebel am glimmenden Hirtenfeuer, in dem die Kartoffeln brieten. Und wenn uns gar arg in die Zehen fror, dann suchten wir nach etwas Wärmendem, das uns vielleicht eine weidende Kuh barmherzig auf die Erde setzte. Uns Älteren wird gerade in den Tagen der Erwartung bewußt, wie reich und vielgestaltig sich das Brauchtum unserer engeren Heimat um uns und mit uns abspielte.

Dieses Brauchtum geht in seinen Wurzeln zurück bis auf unsere Altvordern und hat sich im Laufe der Jahrhunderte vermischt mit den Christenbräuchen, es ist reich und echt. Wenn es in seinen Grundzügen und Wesensmerkmalen zu beiden Seiten der Donau aus stammesmäßig bedingten Gründen auch sehr ähnlich war, hat es in seinen Einzelheiten im Laufe der Jahrhunderte doch eine sehr verschiedene Ausprägung erfahren. Der Bayerische Wald lag lange noch als eine Urwaldinsel da, als rings um ihn schon reiches Kulturleben blühte. Und als man um das Jahr 1000 anfing, auch seinen Kern zu erschließen, konnte z. B. das an seinem Rande liegende, altehrwürdige Benediktinerstift Niederaltaich bereits sein 300jähriges Bestehen feiern. Daß sich in den weltverlorenen, unendlichen Wäldern, hineingestellt in das oft gewaltige winterliche Naturgeschehen ein Menschenschlag von besonderer Eigenart entwickeln mußte, liegt auf der Hand. Karger Boden, mühselige Lebensbedingungen, das geheimnisvolle Walten der Naturkräfte schufen jene Voraussetzungen, die zur Entstehung von manchen düsteren Sagen und Geschichten von Druden und Hexen, vom Teufel, von Toten und allerlei wildem Getier führten. Nirgendwo kann man sich das wilde Gejaid besser vorstellen als über den schweren, dunklen Tannenwäldern und über den felsübersäten Berggipfeln des Waldgebirges. Unter solchen äußeren Voraussetzungen konnte sich ein reiches Brauchtum entwickeln, und da das Gebirge bewahrend wirkte, reichte das Brauchtum in der Hauptsache herauf bis gegen die Jahrhundertwende und in einzelnen besonders günstigen Fällen bis in unsere Tage.

Am Eingang des Advents steht die Andreasnacht (30. November), an seinem Ausgang, kurz vor Weihnachten, die Thomasnacht (21. Dezember), beide als Losnächte bekannt, die mit ihren absonderlichen Bräuchen die Wetter- und Liebesschicksale der Zukunft enthüllen sollen. Vom Abendläuten bis zum Hahnenkrähen am nächsten Morgen sind in den Losnächten die bösen Geister los, der Bann ist von ihnen genommen. Die erste Winternacht hat sich über Wald und Gebirge gelegt, es ist die Andreasnacht. Sie ist die weissagende Nacht für die jungen Leute, besonders für wißbegierige junge Mädchen. Der heilige Andreas hat das Vertrauen derselben und so eilt ein Mädchen ängstlich und scheu in der Abendstunde zum Nachbarhaus, klopft sachte ans Fenster und fragt:

„I klopf o, i klopf o,
heiliger Andrell, kriag i an Mo?"

Gespannt „lust" es, das Ohr am Fenster, aufgeregt pumpert sein Herz, und wenn drinnen in der Stube gerade jemand ein „Ja" sagt, kennt seine Freude keine Grenze und schnell huscht es heimwärts. Ein „Nein" aber macht es tieftraurig und auch den Schrei eines kleinen Kindes will es nicht vernehmen. Neugierig, wie Mädchen nun einmal sind, wollen sie in dieser Nacht auch auf andere Weise noch von ihrer Zukunft erfahren. Darum gehen sie hinaus in die frostige Andreasnacht und schütteln ein Zwetschgenbäumchen. Dabei hoffen sie auf ein bellendes Hündchen. Wenn dann irgendwo ein Hund anschlägt, wissen sie, woher ihr Liebster kommen wird. Oder sie werfen einen Schuh nacheinander in die vier Winde. Aus der Richtung, aus der anschließend das erste Hundegebell kommt, kann sie auch ihren Liebsten erwarten.

Advent im Bayerischen Wald! Eine Fülle von Erinnerungen steigen auf im Gedanken an die selige Zeit. Waldwinter! Mir ist, als hätte es früher viel mehr Schnee gegeben als heute, so richtige, echte Waldwinter waren es, und ich vergesse nie, wie wir vom ersten Stock unseres Hauses in den tiefen Schnee sprangen. Wenn die Nacht zu Ende ging und die große Glocke die Beter zur Kirche rief, da glänzten die hellerleuchteten Kirchenfenster weit hinaus zu den verstreut liegenden Dörfern und Einzelhöfen. Schon lange waren von dort aus die frommen Waldlerleute mit ihren Laternen durch den tiefen Schnee auf dem Weg zur hochragenden Kirche und beim matten Schein flackernder Wachskerzlein erlebte man den beliebtesten aller Gottesdienste, das Engelamt, das Rorate.

Das Andenken an die hl. Barbara wird am 4. Dezember geehrt. Sie ist die Schutzpatronin der Bergleute und Artilleristen und wird als Helferin gegen einen jähen Tod angerufen. Kirschzweige, die man am Barbaratag schneidet und ins Wasser stellt, blühen am Heiligen Abend. Zweige der Holzbirnen oder des Apfelbaumes muß man schon am 1. Dezember abschneiden, wenn sie zu Weihnachten blühen sollen. Blühen die Barbarazweige nicht zu Weihnachten, so halten manche Leute dies für ein schlechtes Zeichen, besonders für die Ernte auf den Feldern und im Garten.

In den ersten Tagen des Advent kommt der Volksheilige, der Freud und Leid miteinander in seinem Sackl hat, der vielgeliebte, aber auch gefürchtete, rauhbauzige und doch wieder so gütige Nikolaus. Wenn die Kinder ihre Sprüchlein und Gebete aufsagen konnten, war der Niklo mit ihnen zufrieden, füllte die aufgestellten Teller mit Kletzen, Nüssen, Boxhörndl'n, Zuckerfeigen, Äpfeln und etwas Backwerk. Der gefürchtete Klaubauf rasselte mit seiner riesigen Kette und drohte mit dem offenen Sack. Aber immer ging die Sache trotz aller Ängste und Nöte gut vorbei.

„An Luzier geht der Tag irr" (13. Dezember), das soll heißen, der Tag wird nicht kürzer und nicht länger. Die Luziernacht ist eine Drudennacht, eine unheimliche Nacht. Da erscheint nachts die Drud, hockt sich auf die Schläfer und drückt sie, daß ihnen fast der Atem wegbleibt und sie schreckerfüllt erwachen. Ein Drudenfuß auf die Türschwelle gemalt, bannt die Drud. Da kommt aber auch am Abend die noch mehr gefürchtete „Luz". Mit einer Maske angetan und in ein weißes Leintuch gehüllt, trägt sie eine Schwinge und hat eine Sichel in der Hand, mit der sie unfolgsamen Kindern den Bauch aufzuschneiden droht. Mit ihrem Korb tritt sie in die Stube, wetzt die Sichel und fuchtelt mit ihr in der Luft herum. Singend entfernt sich die Luz:

„Schwingerl voll Darm, Schwingerl voll Darm."

Doch nicht mehr allzuviele glauben an die Luz und ihre Schrecken, daher tönt es ihr gar nicht selten entgegen:

„Luzier, Luzier, dei Hemad steht vür,

geh aussa, stecks einö, na tanz ma mit dir!"

Die heilige Luzia war in Wirklichkeit eine ob ihrer Tugend glänzende frühchristliche Jungfrau und Märtyrerin. Von ihr erzählt die Legende, daß sie sich den Nachstellungen eines heidnischen Jünglings nur dadurch entziehen konnte, daß sie sich selbst verstümmelte.

Zuweilen war die Luz von der „Habergoaß" begleitet. Zwei Burschen befestigten an sich eine etwa einen Meter lange Stange, die über sie hinausragte und oben einen geschnitzten Tierkopf mit zwei Hörnern trug. Körper und Stange waren in grobes Leinen oder in einen Pelz gehüllt. Nur der furchterregende Kopf war frei. Diese Schreckfigur, die auch bei manch anderen Gelegenheiten der winterlichen Rockenstube eine Rolle spielte, zeigte sich meist zuerst drohend am Fenster, trat dann in die mäuschenstill gewordene Stube, wo sie sich mit häßlichem Gemecker verneigte und dann in der Dunkelheit verschwand. Oft aber raste die Habergoaß wie eine Furie in der Stube herum und kreischend flüchteten die Mädchen vor ihren Glotzaugen. Wenn aber gar die Burschen die Stange mit dem Kopf beweglich machten und damit auf- und abführen, war dieser Anblick schon geeignet, selbst die tapfersten Gemüter gruseln zu machen.

Die Nacht vor Thomas (21. Dezember) ist eine der wichtigsten und eigenartigsten Losnächte. Er ist recht volkstümlich, der „Thama mit'm Hamma". Er erinnert deutlich an den hammerschwingenden, wetterbeherrschenden Gott der Germanen Donar, der mit seinem Hammer an die Wolken schlug und damit den Donner erzeugte. Zuweilen erschien in mancher Waldgegend der Thamerl mit einem schweren Hammer vor der Stubentür, pumperte heftig an dieselbe und drohte den Kindern den Kopf einzuschlagen. Die Thomasnacht ist, ähnlich der Andreasnacht, besonders für die jungen Mädchen bedeutsam. So ein Mägdlein will im Traum den künftigen Geliebten schauen. Es darf sich heute um Mitternacht nur im Bett aufknien und sprechen:

„Strohsack, i druck di,

heiliger Thomas, i bitt di,

laß mir erscheinen

mit dem ich mich werde

auf ewig vereinen!"

Mit Strohsacktreten, Bleigießen, Pantoffelwerfen versuchte man einen Blick in die Zukunft zu tun. Sehr beliebt war besonders das Pantoffelwerfen. Zeigt der zur Türe geworfene Pantoffel mit der Spitze zu dieser, muß im kommenden Jahr eines aus der Familie aus dem Haus. Es muß sterben oder in die Fremde gehen.

Der Thomastag bringt im Niederbayerischen das allgemeine Schlachten und Verwursten des „Weihnachters" mit sich und diese Tatsache hat zu einem recht eigenartigen Volksbrauch geführt. Eine Mannsperson besudelte ein Bein mit Schweineblut und steckte es durch die nur zu einem Spalt geöffnete Stubentür. Dieser „bluatige Thamerl" machte auf uns jedes Jahr immer tiefen Eindruck und es dauerte lange, bis eines von uns wieder zu sprechen wagte.

Ein eigenes Volk sind die Klöpfler. Ihre tiefe Vermummung diente dem Abwehrzauber gegen eine feindliche Geisterwelt, die sich besonders lange in den tiefen undurchdringlichen Wäldern hielt. Wunderlich maskiert, meist mit einer Larve vor dem Gesicht und einem langen Stecken mit Zinken in der Hand, klopfen die verkleideten Buben oder Mädchen die Türen und Fenster ab, besonders dann, wenn sie wissen, daß im Hause gerade „a Rockaroas" ist, die Stube also voll jungem Volk steckt, oder am Thomasabend nach dem Saustich oder in der Rauhnacht vor Dreikönig. Die Hausmutter steckt den Klöpflern Küchlein und Krapfen an die Gabeln und legt in die bereitgehaltene Schüssel Würste und Fleisch, wohl wissend, daß sie mit diesem kleinen Opfer die unterirdischen Flurgeister günstig zu stimmen weiß. Nun wird die nächstjährige Ernte gut sein. Dieser uralte Brauch ist beileibe keine Bettelei, sondern die Klöpfler sahen sich nach altem Herkommen wohlberechtigt, die meist schon bereitgestellten Gaben in Empfang zu nehmen. Mit einem Spruch fordern die Klöpfler Einlaß:

„Hallo, hallo, klopfa,
Deandla muaß ma schopfa,
hör i allaweil was kracha,
i glaub, dö tean scho Küachel bacha.
Bäuerin, laß die dabarma
und gib mir an warma!
Krapfö raus, Krapfö raus,
oder i klopf dir a Loch ins Haus!"

In der Stube begrüßen die vermummten Gestalten die Anwesenden zunächst mit „Vetter" und „Basei" und dann mit dem Reim:

„Gesegneten Abend! Wir treten ein.
Wir möchten gern a Glaserl Wein,
a Glaserl Wein is no net gnua,
a Trum vom G'selcht'n g'hört dazua.
A Trum vom G'selcht'n is net gnua,
a Stückerl Geld g'hört aa dazua.
Vergelts euch Gott für eure Gab',
Gott soll's euch g'senga in Haus und Hab'!"

Schon ist die Bäuerin in die Kammer gegangen, um das Gewünschte zu bringen, da sprechen die Klöpfler:

„D' Schlüsseln hör ma klinga,
d' Krapfö werns glei bringa,
mir zwö, dir zwö,
nacha könn' ma wieder geh!"

Nach der Thomasnacht zählten wir Kinder nicht nur die Tage, sondern sogar die Stunden bis zum Heiligen Abend. Das Haus durchzog ein merkwürdiger feiner Duft, da mußten die himmlischen Heerscharen gebacken haben, während wir mit dem Schlitten die steile Dorfstraße hinuntersausten. Es war die Zeit, wo das „goldene Rößl" über die verschneiten Berge trabte, das anstelle des Christkinds bei den Waldbauernkindern „einlegte". Wie beim Nikolaus hatten die Kinder Schüsseln und Teller vor die Fenster gestellt und waren zufrieden mit Bärenzucker, Kletzen, Süßholz und Lebzelten, dazu kamen welsche Nüsse, Äpfel und dürre, süße Zwetschgen. Oft ging die Mutter mit einer Schüssel abends vor das Haus, um mit einer Hand voll Federn den Wind zu beruhigen und mit geweihtem Salz die armen Seelen zu stärken. Dann kam sie mit der gefüllten Schüssel wieder herein. „Grad is's goldene Rößl dag'wes'n", meinte sie, „schad, daß ös net g'sehng habts. Müaßts nächst's Jahr besser aufpass'n!" Und so sehr sich die Kinder auch im nächsten Jahr anstrengten, das „goldne Heißerl" ließ sich nicht sehen.

Lange hat es gedauert, bis das Christkind selbst bescherte, und ich weiß noch gut, in meinem Heimatdorf standen in meinen Knabenjahren nur wenige Christbäume, die man an den Fingern einer Hand abzählen konnte. Sehr bescheiden war unser Kripperl daheim. Wir zimmerten mit der Laubsäge einen kleinen Stall und unsere Figuren da hinein waren etwas roh geraten. Aber auf weichem Moospolsterl lag das wächserne Jesulein doch recht wohlig warm. Daneben brannte ein einziges Kerzlein. Wer aber eine wunderschöne Krippe sehen wollte, mußte hinauf zur Kirche gehen, da umrahmten farbige Glaskugeln den Stall zu Bethlehem.

Der Mettengang war für die größeren Kinder das Höchste. Da schossen die Burschen das Christkind an, die Orgel jubilierte und das Lied der Heiligen Nacht klang hinaus in den nur wenige Meter entfernten Hochwald. Abends hatte es zum Essen nur „Hirgstsuppe" gegeben, nun aber erwarteten uns die dampfenden Mettenwürste. Am Heiligen Abend prasselte im Ofen der „Mettenbinken", besonders knorriges Buchenholz, schon im Sommer für diesen Zweck bereitgestellt. Der Waldler wußte allerdings nicht, daß er einen uralten heidnischen Brauch übt, wenn er den „Mettenstock" ins Feuer steckt. Wenn die Germanen das Fest der Wintersonnenwende, das Julfest, verbunden mit Abwehrzauber und Lärmkult feierten, dann geschah dies zu

Ehren des wieder sieghaft werdenden Lichtgottes. Von dem großen Julfeuer im Freien hatten sich unsere Altvordern das Herdfeuer geholt. Damit dieses geheiligte Feuer nicht ausging, legte man den Julklotz in die Herdflamme. Die Naturvölker, aufs engste mit den Vorgängen und Erscheinungen der Natur verbunden, glaubten den kürzesten Tag des Jahres bedroht von den finsteren Kräften der Dämonen; nun aber siegt das Licht. Es gilt nun den gutgesinnten Gewalten zu huldigen und feindliche Mächte abzuwehren. Auf diesen Kampf des Lichtes gegen die Finsternis weisen viele Einzelheiten unseres Brauchtums hin. So haben sich merkwürdigerweise gerade für die Mettennacht, die für uns Christen voll stillen Zaubers ist und durch die Menschwerdung des Gottessohnes zu einem Hochfest unseres Glaubens wurde, im Brauchtum geräuschvolle Sitten herausgebildet, die immer wieder auf diesen Kampf der guten gegen die bösen Mächte hindeuten.

Man verschließt in der Mettennacht aufs sorgfältigste Haus und Hof, man gibt dem Vieh im Stall Geweihtes zur Abwehr der bösen Geister, um eine Räucherpfanne mit Weihrauch sitzend, halten die Hausgenossen ihre Füße in den Rauch, um sich zu sichern gegen alles Unheil. Auch die ungezählten, oft recht düsteren Sagen, die mit der Mettennacht zusammenhängen, erinnern deutlich daran, daß diese Stunden bedroht waren vom Teufel, von Hexen und Druden, dem wilden Gejaid, von häßlichem Getier und dem wilden Freischützen. In der Mettennacht, mit der die zwölf Rauhnächte aufstiegen, konnte der Bauer um Mitternacht die Pferde und Ochsen reden hören, die Hexen irrten durch die Nacht, mußten aber vom ersten Glockenton der Christmette an bis zu deren Ende ihr schändliches Tun und Treiben einstellen. Da erzählt die Sage von einem kleinen Schemelchen aus neunerlei Holz, auf das man sich in der Christmette kniete, damit man die Hexen erkennen konnte. Vielfältig sind diese gruseligen Geschichten, die so ganz und gar nicht zur schönsten und heiligsten aller Nächte passen. Im Niederbayerischen war es um die Jahrhundertwende noch vielfach üblich, nach der Heimkehr von der Mette auch für die im letzten Jahr verstorbenen Hausgenossen die Mettenwürste bereit zu stellen in der Meinung, der Tote werde schon kommen und sich daran laben. Allein — es ist noch kein Verstorbener zurückgekehrt, und so bekam die Würste am Weihnachtstag stets ein Armer, der dafür für den Heimgegangenen beten mußte. Die Mettenwürste stärkten die Mettenleute, wenn sie nach oft mühseligem Stapfen durch den Schnee nach Hause kamen. Im Bayerischen Wald hat man früher während der ganzen Adventszeit streng gefastet, namentlich am Heiligen Abend, der an manchen Orten der „fastende Weihnachtstag" hieß. In der Christnacht fragt der Bauer nach der Zukunft seiner Felder, er hört Verborgenes aus der Brunnenröhre rauschen. Eine helle Christnacht verspricht blühende Felder und goldenes Korn, die dunkle macht ihm Sorgen. In den Wurzelstock der Obstbäume gräbt er eine Schaufel voll Herdglut ein, das gibt den richtigen Sommersegen. Und ihn konnte der Garten des armen Waldlers wahrhaftig brauchen. Die Bäuerin wirft eine Hand voll Salz in den Brunnen, auf daß er auch im neuen Jahr nicht versiege, und der anschleichende Fuchs bekommt seinen Laib Brot: „Fuchs, da hast was zum Fress'n, laß mir meine Henna dafür!" Die Hofdirn ißt im nächtlichen Schneetreiben ein Stück Brot, und wenn sie dabei in den „Hausbrunn" blickt, sieht sie sich als Braut. In der Kirchberger Pfarrei ist es gewesen, da hat eine saumselige Bäuerin ausgerechnet während der Christmette noch Krapfen gebacken. Da klopfte es ans Fenster und zwei glühende Augen leuchteten in die Kuchl. Es war der Leibhaftige, der die Bäuerin anfuhr:

„Alte Frett'n, geh in d' Mettn,
back deine Krapfö nach der Mett'n!"

Zu Tode erschrocken, zog die Bäuerin die Schmalzpfanne vom Feuer.

Auch ums Sterben ging es in dieser Nacht. Wenn beim Essen ein Löffel aus der Hand fällt, klingt es genau wie ein Totenglöckel. Oft ist um Mitternacht ein heftiges

Rauschen und Trippeln über Straßen und Wegen. Alle, die im kommenden Jahr sterben müssen, kann man sehen, wenn man genau in der Mitte eines Kreuzweges steht.

Schon vierzehn Tage vor Weihnachten sind die Christkindlsinger unterwegs, um mit ihren uralten Hirten- und Krippenliedern eine hochwillkommene Abwechslung in den winterlichen Alltag zu bringen. Meist arme Kinder, aber auch Burschen oder Mädchen ziehen von Haus zu Haus, um sich von den Leuten Kletzenbrot, Äpfel, Nüsse und allerlei Leckereien zu ersingen. Auch Geld haben sie nie verschmäht. Sehr häufig kamen sie aus dem benachbarten Böhmerwald, in dem Volkslied und Volksspruch eine besonders liebevolle Heimstatt hatten. Die Silvesternacht gilt nach uraltem Vaterbrauch als Losnacht. Da wird geböllert und geschossen, daß Berg und Wald donnern. Es gilt wieder die Unholde zu vertreiben und zugleich schießt man das neue Jahr an.

Drinnen aber im Hause, am prasselnden Herdfeuer, versuchte der Waldler einen Blick in die verschleierte Zukunft zu tun. Die rätselhaften Figuren des Bleigusses, das Pantoffelwerfen, der Zauber mit den Schalen von Äpfeln und Zwiebeln und allerhand Symbolen des häuslichen Glücks sollen ihm die Zukunft entschleiern. Schon Tage vor Neujahr zogen die Dorfmusikanten, meist aber solche aus dem Böhmischen, durch die verschneiten Dörfer und bliesen mit lustigen Stücken das neue Jahr ein. Stundenlang liefen wir mit diesen fröhlichen Bläsern, und ihr Spiel — oft in den wunderlichsten instrumentalen Zusammensetzungen — dünkte uns unbeschreiblich schön. Am Neujahrsmorgen war jeder bestrebt, dem andern mit dem Glückwunsch zuvorzukommen, ihm das neue Jahr „abzugewinnen".

Die volkstümlichste und zugleich letzte winterliche Losnacht ist die Nacht vor dem Fest der Heiligen Drei Könige. Sie gilt als die eigentliche Rauhnacht oder Rauhernacht. Am Nachmittag des Vorabends wird in der Kirche das hochgeschätzte Dreikönigswasser gemeinsam mit Kreide und Weihrauch geweiht und wem es gelingt, zuerst das segenspendende Wasser aus dem Schaff zu schöpfen, der bringt die kräftigste und beste „Weich" nach Hause. Daheim werden am Abend Weihrauchkörner auf eine Pfanne mit Herdglut gestreut und damit vom Keller bis zum Speicher die Räume ausgeräuchert. Der „Räuker" war von zwei Personen begleitet. Die eine spritzt mit einem Zweiglein vom Segenbaum den „Weichbrunn" aus, die andere schreibt mit der geweihten Kreide den Dreikönigsegen an Türen und Kästen: 19 K M B 62. Das Vieh bekommt nach der Fütterung geweihtes Brot, Kraut, Salz und Wasser. An manchen Orten setzt sich der Hausvater mit seiner Familie und dem Gesinde um ein Räucherbecken. Sie „räuken" sich die entblößten Füße und Hände und beten dazu ein „Vaterunser". So wurden die Glieder gestärkt für die Wanderung durchs Leben.

Auch diese letzte Losnacht ist bedroht von allen Mächten der Finsternis, aber mit den geweihten Gaben kann man sie bändigen und unschädlich machen. So vermischen sich an diesem geheimnisvollen Abend uraltes Brauchtum mit den Segnungen des christlichen Glaubens zu einem Geschehen voll tiefer Frömmigkeit.

In dieser Nacht, aber auch schon Tage vorher, ziehen die „Rauhanudl" oder Sternsinger, als Heilige Drei Könige verkleidet von Hof zu Hof und singen ihre vielfach so schönen und sinnvollen Dreikönigslieder. Die meist armen Burschen oder Mädchen tragen hin und wieder einen Stern auf einer Stange mit, den sie beim Singen feierlich drehen. Ein seltsamer Zauber liegt über diesem Singen: „Am Himmö, da zoagt sö a helliachter Stern, die heiligen drei König, die suachan den Herrn. Sie suachan dös Kindl in Windeln und Stroh und die heiligen drei König san froh".

Und wenn sich die Hausmutter etwas Zeit ließ mit der Herausgabe ihrer goldgelben Küachln, dann konnte es schon geschehen, daß die Gäste aus dem Morgenlande etwas unköniglich wurden und sangen:

„Spa'schnitzer, Spa'spreizer, mach die Kuchltür auf,
steht d' Köchin am Feuer, gibt d' Küachln heraus.
Geh, gib uns an weiß'n, den könn ma leicht beiß'n,
geh, gib uns den Küachl recht bald,
auf der Gred is dös Singa all's z'kalt!"

Mit diesem Sternsingen klingt das an Bräuchen so reiche
Geschehen um Weihnachten aus. Es geht schon langsam
„hinaus zua".
„An Neujahr wächst der Tag um einen Hahnenschrei, auf
Hl. Dreikönig um einen Hirschensprung, zu Lichtmeß um
a ganze Stund" sagt der Volksmund.

Was ist nun von allen diesen Bräuchen geblieben? Es ist
nicht mehr viel, was sich durch die so ereignisreichen
letzten Jahrzehnte in unsere geräuschvolle Zeit gerettet
hat. Verklungen ist die Poesie der Spinn- und Rocken-
stuben, und was man im Winter an Besinnlichem nötig
hat, liefern Radio und Fernsehen auch in die beschei-
denste Hütte der Waldler. Lärmende Geschäftigkeit und
allzu äußerliche Erscheinungen des allgemeinen Wohl-
standes haben das alte Brauchtum um Weihnacht seines
Zaubers vielfach entkleidet. Um so erfreulicher sind deshalb die Bestrebungen von Sing-, Spiel- und Jugend-
gruppen aller Art, von Kirche, Schule und Vereinen, an
Brauchtum das zu pflegen, was wert ist, daß es erhalten
bleibt, und alles das, was unecht und schlecht ist, aus-
zumerzen.

FERDINAND NEUMEIER

Seite 13:
Waldlerkrippe aus Regen, Oberhausmuseum Passau

Seite 14:
„Heilige Familie" Leizesberg

Seite 15:
„Heilige Familie" Riedlhütte

Seite 16:
Krippe in der Karmelitenkirche, Straubing

Niklotag im Wald

Längst ist draußen „zusammengearbeitet", Felder und Wiesen hat es zugeschneit. Wenns recht wachelt und der Wind über den Wald herunter orgelt, mögen auch die Kinder nicht draußen sein. Sie sitzen in den warmen Stuben, schauen hinaus in das wirbelnde Schneetreiben und wähnen: „Jetzt raufen die Bäcker und die Müller."
Am 5. Dezember abends kommt der N i k l o oder Niglo, des Christkinds Vorbote. Die Kinder gehen früher wie sonst von der „Schlittenreise" heim, nehmen sich zusammen und loben sich selbst; sie wispern, daß der Niklo nicht versprengt wird. Auf ihn freuen sie sich, sie fürchten sich aber auch, denn er hat nicht bloß „ebbs Essats", sondern auch eine „Gart" und einen enzlangen leeren Sack bei sich. Ehe er ins Haus geht, „meldet er sich zuvor an", „er bedeut' si' o" — er scheppert mit der eisernen Kette vor der Tür. Dann stolpert und poltert er zur Stube herein. Er hat lange Wadenstiefel oder „Zischbn" an, einen weiten dicken Mantel um, eine Kapuze oder eine Pelzhaube oder eine Zipfelhaube auf. Sein Gesicht ist schier wie angerußt oder angeschwärzt finster, drauf leuchtet der struppige Bart, der ist so grau, wie wenn's ein flachsener oder werchener wär'. Die einen Kinder verstecken sich unter dem Tisch oder schlüpfen unter die Ofenbank, andere nehmen beim Vater Zuflucht oder ducken sich hinter Mutters Fürtuch; die kleineren flennen und zittern wie Espenlaub und die größeren beteuern Besserung und Artigkeit für alle Zeit. Da verrät sich das schlechte Gewissen. Erst hebt der Niklo den Mahn- und Warnfinger und droht, die Bösen und Faulen in den Sack zu tun und fortzuschleppen; dann fragt er Vater und Mutter nach Fleiß und Betragen der Kinder. Von den kleinen will er „'s Jesukindl" hören; die größeren müssen „den Vater unser" beten und auch noch lesen, schreiben und rechnen. Endlich gibt er sich zufrieden, er schüttet das Spendensäckel aus oder leert eine Manteltasche, drin die Äpfel, Nüsse, Zuckerzeltl und andere gute Sachen sind. Jetzt fürchten sich die Kinder nimmer, sie haben keine Scheu mehr und klauben auf und halten die Hände auf. Zuletzt nimmt der Nikolaus noch „B'hüt Gott" und geht wieder um ein Häusl weiter. —
Den Alten war die Nikolainacht eine Losnacht. Ein richtiger Nikolaustag soll viel Schnee haben, Frost und Sturm bringen. Der Nikolaustag war in mancher Kirche des Waldes Festtag, so in der Marktkirche zu Neukirchen-Heiligblut und in der Dorfkirche zu Steinbühl bei Kötzting; beide Kirchlein sind nämlich dem hl. Nikolaus geweiht. In Neukirchen-Heiligblut ist am dritten Adventsonntag Nikolaimarkt, da kauft der Niglo ein, ihn begleitet der „Klauwaf" (Klaubauf); „der hat den Prügel aus der Ranzen" und geht oft ganz allein umher. Abends kommt der Niglo zu den Kindern der Bürger und Bauern, die hatte er nämlich „zu seinem Tag" nicht besucht. Der Niglo läßt sich oft nicht sehen und kommt verstohlen in die Kammer und legt ein in Teller oder Schüßlein. Die Kinder gehen an der Mutter Hand nachschauen und finden auf einem Bett oder auf einem Tischl die Teller, die sind „bis zum Ranft hinauf geschobert voll" von eingelegten guten Sachen. In den christlichen Nikolaussitten lebt noch ein Rest der Erinnerung an den umziehenden heidnisch-germanischen Göttervater Wotan und an die in den heiligen Nächten um die Wintersonnwende gebräuchlich gewesenen Speiseopfer; der christliche Glaube hatte von Anfang an die tiefgewurzelte Anhänglichkeit des Volkes ans Altüberkommene mit weiser Milde geschont. —

FRANZ XAVER SIEBZEHNRIEBL   17

Der Advents-Frauentag im heimatlichen Geschehen

Eine uralte Legende erzählt, unsere Liebe Frau ist durch viele, viele Jahre hindurch in alle Gegenden der Erde gekommen und hat in jedem Land den Leuten einen ihrer Festtage im Jahr ganz besonders zu feiern empfohlen. Zuletzt ist sie auch in den Böhmerwald gekommen. Die Sitzweilabende dort und die Spinnstuben haben ihr so gefallen, daß sie den Advents-Frauentag den Böhmerwäldlern als Feiertag zuerkannte. Und es ist keine Übertreibung, wenn ich behaupte, am andächtigsten von allen Feiertagen der Muttergottes ist bei uns daheim wohl der Advents-Frauentag gefeiert worden. Auch Kirchen und Kapellen, die der Unbefleckten Gottesmutter geweiht sind, wurden von den frommen Wallfahrern der Heimat allerorten bevorzugt.

Ist ein Böhmerwäldler einmal in die Kreisstadt nach Klattau gekommen, so versäumte er es nie, die alte Jesuitenkirche aufzusuchen mit ihrem imposanten Hochaltar der Unbefleckt-Empfangenen. Eine schöne Unbefleckte-Empfängnis-Kirche steht auch auf der Eisenstraß, früher das Ziel vieler Wallfahrer. Schon vor vielen, vielen Jahren ist in der dortigen Gegend die Unbefleckte verehrt worden, denn eine Legende weiß, daß König Ferdinand II., als er auf einer Reise von Prag nach München beim Oberrichter der künischen Freibauern Rast machte, auch auf der „eisernen Straß in einer Kapellen" seine Andacht verrichtet hat.

Als volkstümlicher Wallfahrtsort der Unbefleckten aber galt die Hauswaldkapelle bei Rehberg. An deren Erbauung knüpften sich viele Legenden. Als man vorerst versucht hatte, die Kapelle oberhalb des Waldweges, wo der Boden trockener gewesen wäre, hinzubauen, da versank das Fundament mehrmals auf unerklärliche Weise in den Boden. Und wie man dann auf dem jetzigen Platz zu bauen anfing, da zogen die Maurer und Zimmerleute die Arbeit so in die Länge, damit noch viele Wochenlöhne zu verdienen wären. Doch siehe, eines Tages stand der Dachstuhl von Engelshänden aufgebaut auf den Mauern. Diese Waldkapelle wurde besonders von hoffenden Müttern und solchen mit kleinen Kindern besucht.

Auch im Stachauer Gericht galt der Advents-Frauentag als besonderer Ehrentag. Als im vorigen Jahrhundert in der dortigen Gegend eine tödliche Kinderkrankheit viele Opfer forderte, da gelobten die Frauen, eine Statue der „hoffenden Muttergottes" anzuschaffen und bei Prozessionen mitzutragen. Und man konnte sie alljährlich am Maria-Schnee-Fest in Bergreichenstein sehen, wie sie in der alten schwarzseidenen Tracht und den großen weißen Kopftüchern die mantelbehangene Muttergottesstatue in ihrer Mitte trugen.

Auch das Christkindlsingen darf ich nicht vergessen, das mit dem Advents-Frauentag seinen Anfang nahm. Eingeführt soll es ein armer Glasmacher haben, der um das Ende des 18. Jahrhunderts aus Bayern eingewandert sein soll. Sein Name wird mit Reitmeier oder auch Rotmayer angegeben. Weil er wegen einer Brustkrankheit in der Glashütte nicht mehr arbeiten konnte, ging er in der Vorweihnachtszeit mit seiner Frau, die über eine gute Singstimme verfügte, ins Christkindlsingen. Er als Josef, sie als Maria, sangen sie beide das selbstgedichtete und selbstvertonte Lied von der vergeblichen Herbergsuche in Bethlehem. Später ist das Spiel von gewinnsüchtigen Leuten umgemodelt worden. Der Sängerkreis wurde erweitert, der

Text verändert. Auch wurde es in der letzten Zeit nur mehr von Kindern aufgeführt, denen man anmerkte, daß das Geldverdienen dabei die Hauptsache war.

Das Herbergsuchen ist in den Pfarreien Obermoldau, Neugebäu, Nitzau, Unter- und Bergreichenstein in vielen Dörfern der Brauch gewesen. Ein Bild der heiligen Familie oder je eine Statue des heiligen Josef und der Gottesmutter wurde vom Advents-Frauentag an jedem Abend in ein anderes Haus getragen, meist von zwei weißgekleideten Mädchen. Das ganze Dorf kam dann in diesem Haus zusammen, um gemeinsam das heilige Paar zu begrüßen und die Herbergsandacht zu halten.

JOSEF PSCHEIDL

Winterlicher Wald

Geht's auf Weihnacht'n zua,
hat's an Rauhreif herg'macht,
da muaßt nauf auf de Berg steig'n,
muaßt da s' oschaug'n, de Pracht!
Da muaßt Schritt geh für Schritt
durch 'n Wald und so stad,
daß d' as Oachblattl fall'n hörst,
dös 's in Schnee eindraht!
Wannst na moanst, hinter dir
hat sie aa grad epps g'rührt,
oda 's hat di wer o'gstroaft,
hast as ganz deutli g'spürt,
nacha bleibst an weng steh,
halt'st an Schnaufara o,
hast an G'fui in dir drinna,
daß — all's mögli sei ko!
Du hörst allerhand Stimman
und a G'sangl, so fei'!
Kriagst a Ahnung vom Himmi,
da müaßt's grad so schö sei!
Auf amal — steht d' Maria
voller Glori vor dir,
hat as Kinderl im Arm drin,
singt eahm grad epps Schöns vür!
Wia og'wurzelt stehst da,
traust di nimmer vom Fleck,
bis ganz fern — oana juchazt,
und d' Erscheinung is weg!
Do im Herz'n is 's drinna
und im Herz'n tragst 's mit,
wannst na umkehrst und z' Tal gehst
wieder Schrittl für Schritt!

GEORG ACHTELSTETTER   19

Das Engelamt

Engelamt! Rorate! Die fernen Tage der waldlerischen Kindheit steigen auf in den Erinnerungen meiner Seele. Licht und froh wird es in mir, wenn ich mich so ganz versenke in jene schönsten Wochen entschwundener Jugend. In der freundlichen Nachbarschaft einer schönen und großen Marktkirche, zu Tittling, bin ich aufgewachsen. Eine gute, schlichte, fromme Mutter, die viel Leid starkmutig ertrug, hat meine Kindheit betreut und das Herz des künftigen Mannes gesegnet mit dem Licht des Glaubens und dem Licht der Heimat, von der sie mehr zu erzählen wußte als hundert gescheite Bücher zusammen. Damals gab es noch echte, tiefe Waldwinter, die rechtzeitig kamen und gingen und mit dem Schnee nicht sparten. Verschneit lag der heimatliche Marktflecken. Und zu Ende ging die Nacht, obschon noch ein unendlicher Sternenhimmel über dem Dreiburgenland glänzte. Wenn dann die große Glocke einsam und feierlich durch den nächtlichen Morgen sang und zum Rorate rief, schliefen wir Schmiedbuben noch fest. Bis auf einmal die gute Mutter, tröst sie der liebe Gott, mit dem Kerzenlicht vor unserer Bettstatt stand und uns aus den Träumen weckte, in denen uns der Nikolaus beschenkte, der wilde Klaubauf schreckte oder gar schon das Christkind erschien.

„Aufstehen, Buben, tummelt euch! Ins Rorate!" mahnte der milde mütterliche Ruf. „Das Viertel läuten sie schon!" Und wir rissen uns aus den Betten und vernahmen es, wie die Rorateglocke schwer und andächtig die Beter zur Kirche lud.

Rasch zogen wir uns an und eilten hinunter in die warme Stube, in der die unermüdliche Mutter schon alles so freundlich und behaglich geordnet hatte. Traulicher denn sonst dünkte uns der Schein der alten Öllampe; vom krachenden Herd her duftete der Kaffee. Aber das Frühstück mußten wir uns erst durch den Besuch des Rorateamtes verdienen.

Noch eine Bitte an die Mutter: „Mutter, darf ich heute ein Wachsstöckl nehmen?" „Nun ja, nimmst halt das kleine, in Gottes Namen! Aber tu fein beten auch und nicht wieder das ganze Rorate hindurch lichteln und tandeln mit dem Wachs! Und für den Vater selig auch ein paar Vaterunser beten, gelt!"

Schnell gings hinunter zur nahen Kirche. In Scharen kamen die Markt- und Dorfleute herbei zum Engelamt, alle dicht in Tücher und Hauben vermummt und viele vorsorglich ausgerüstet mit der hilfreichen Laterne, wenn etwa Mond und Sterne erloschen waren und es so heftig wachelte, daß man kaum drei Schritte weit sehen konnte. Schnee lag auf den Mützen und Tüchern, Reif hing an den Bärten und Kleidern. Immer neue dunkle Gestalten huschten hervor aus der Tiefe der Nacht und stauten sich mit ihren Vorgängern an den Kirchentüren.

Von allen Seiten kamen sie, die guten Rorateleute. Rüstigen Schrittes stiegen sie die beschwerlichen Wege herauf von der alten Bauernwelt der Ilzleiten; sie kamen von den Einschichten und Dörfern zwischen Berg und Wald, junge und alte, große und kleine, in schweigsamen und feierlichen Scharen, in deren Augen ein Strahl des Weihnachtslichtes funkelte. Und ehrfürchtigen Fußes betraten sie das Gotteshaus, indes die mächtigen Akkorde des Zusammenläutens durch den Gottesmorgen sangen.

Schon sind die Kerzen am Hochaltar, dem goldenen, angezündet. Blaue Tücher verhüllen seine edlen Bildwerke; denn die Zeit der Buße und Einkehr ist angebrochen. Die Sitzplätze des Kirchenschiffes sind dicht besetzt. Das junge Mannsvolk drängt sich nach allgemeinem Brauch in das Dunkel der Empore und auf die Treppen, die zur

Orgel führen. Bald leuchtet ein Wachsstock nach dem andern auf, bis schließlich viele Hunderte von milden weißen Flammen das Gotteshaus in eine Lichterfülle tauchen, in einen weihevollen Schimmer, wie er durch noch so große und helle elektrische Lampen nie erreicht werden wird. Die helle Sakristeiglocke erklingt; die Orgel setzt mit einem fröhlichen Vorspiel ein; Rauchwolken steigen empor; die Hände des Priesters erheben segnend die goldene Monstranz; andächtig klopft alles Volk an die Brust. Das Engelamt nimmt seinen Anfang und der Priester fleht: „Rorate coeli desuper!" „Tauet, Himmel, den Gerechten!"

Droben auf dem Chor musizieren und singen sie jetzt eine weihnachtlich heitere Messe. In wiegenden Weisen fleht das Kyrie, in munteren Sechzehnteln jubelt die Flöte, andächtig singt die Geige. So anmutig vereinen sich die vielerlei Stimmen der Sänger und Sängerinnen zum Lob des Christkindes, das uns bald den Himmel aufsperren wird.

Und nach dem Credo wird alles mäuschenstill im weiten Gotteshaus. Man hält den Atem an, traut sich nicht mehr zu husten und zu räuspern, zieht sich ganz zurück in seine Seele, die nun erhoben ist über alle Erdenschwere in ein Reich ewiger Glückseligkeit. Alle Augen schließen sich; die Gebetbücher werden weggelegt, die Rosenkränze um die Hände geschlungen. Denn nun beginnen sie auf dem Chor droben das wunderschöne Frauenlied. Freilich, man kann sie längst auswendig, die Worte und Weisen dieser volkslieben Gesänge zum Lobpreis der Himmelsjungfrau, die uns im armseligen Stall zu Bethlehem den Erlöser bringen wird. Ja, man kennt sie längst, aber immer wieder packen sie uns aufs neue mit ihrer lieblichen Gewalt. Und wenn die amtliche Kirche sie beim Rorate auch nicht gerne hört, diese Gesänge in der Sprache und Herzlichkeit des Volkes, unser Herrgott und die Liebe Frau freuen sich sicher über diese fröhlich gesungenen Lobpreisungen. Immer noch klingt ihr in meinem Herzen, ihr alten Frauenlieder! Und als ich Orgelherr gewesen bin in der hoch-waldumrauschten einsamen Marienkirche droben im weltfernen Ruselgebirge, in dem kleinen Wallfahrtsort Greising, da haben wir sie wiedererweckt, diese Lieder, meine zwei fleißigen Sängerinnen, Näherinnen und Schwestern, und ich, zur Freude des mühseligen Gebirgsvolkes, dem wir Anno 1920 in seiner noblen Barockkirche auch die erste Christmette bereitet haben. Und dann sangen wir diese Lieder wieder zu Bischofsmais, nicht weit von Greising, wo ich im letzten Krieg zur Aushilfe ein paar Jahre die altväterliche Orgel geschlagen habe. So erklangen sie hier wie dort aufs neue, die alten und ewig jungen Lieder:

Ein Bild ist mir ins Herz gegraben,
ein Bild, so schön, so wundermild,
ein Bildnis aller guten Gaben,
es ist der Gottesmutter Bild.
Kennt ihr das Bild dort am Altar,
so mild, so freundlich, wunderbar?
Maria ist's, die Himmelsbraut,
die huldvoll auf uns niederschaut.

In einem vergessenen oder verstaubten Winkel des Notenschrankes der Orgelempore oder droben auf dem Dachboden des Schulhauses schlafen die alten Partituren und Stimmen, die vor vielen Jahrzehnten ein kunstbegeisterter Schulmeister nach dem ermüdenden Tagwerk für Schule, Kirche und Gemeinde um Gotteslohn säuberlich abgeschrieben hat. Und längst ruht im Grab jener wackere Schulmann meiner Heimat, der verdiente alte Lehrer Johann Nepomuk Klee, der mit seinem Orgelspiel und seinen Gesängen, unterstützt von braven Musikanten der alten musikbeflissenen Familie der Neumeier, durch vierzig Jahre die Gemeinde erbaut und erfreut hat in ungezählten Stunden der kirchlichen Feier und Andacht, der jene schönen Frauenlieder immer wieder lebendig werden ließ an den Marienfesten, zur Maiandacht, und sie mit besonderer Liebe sang bei den weihnachtsverheißenden Engelämtern. — — —

MAX PEINKOFER   21

Die Christbaumsuche

Heutzutage werden die Christbäume, auch im Waldgebirge, von Händlern gekauft oder bei einem der Waldbauern besorgt, wenn auch das „Christbaumstehlen" trotz angekündigter und da und dort auch einmal vollzogener harter Strafen noch nicht ganz abgekommen ist. Die Städte und größeren Gemeinden schicken ihre Christbaum-Suchtrupps zu den Forstämtern, denn der „Baum für alle" soll ja schön und besonders groß sein.

In den sechziger Jahren habe ich einmal so eine städtische Christbaumsuche erlebt. Sie hatte eine Vorgeschichte. Alle Jahre nämlich stand in Zwiesel so ein städtischer Christbaum vor dem Denkmal des hl. Johannes Nepomuk auf dem Stadtplatz und alle Jahre haben die Zwieseler über den „Greßling" gegrantelt. Meist war er zu wenig hoch, manchmal zu schmalbrüstig oder zu weitästig und recht oft auch zu „liacht". Es brauchte daher nicht zu wundern, daß der Pfannenstiel Micherl als Chef des städtischen Bauhofes, den man auf Christbaumsuche schickte, dieses Amt mit sehr gemischten Gefühlen übernahm. Nun, trotzdem zog er mit mir als Mann von der Presse Mitte Dezember los in Richtung Zwieslerwaldhaus. Dort schaufelte der Förster Gottfried Adam mit zwei Holzhauern gerade dicke Schneepolster von der Hauseinfahrt des Forstanwesens. Als er die Zwieseler Abordnung sah, schmunzelte er unter der grünen Jägermütze und meinte: „Na, da bin ich aber g'spannt, ob mir fünf heuer an Christbaum finden, der den Zwieslern taugt." Und er gab das Zeichen zum Aufbruch.

Auf dem Weg hinunter zum Waldbezirk Schwellhäusl hielt der Trupp mindestens zehnmal an, um diese oder jene Fichte in die engere Wahl zu nehmen. Aber ihnen allen hafteten die Mängel an, die man den Vorfahren auf dem Zwieseler Stadtplatz schon nachgesagt hatte.

Mittlerweile war eine Stunde vergangen. Es schneite in dichtem Flockenfall. Der Schnee war bald schuhhoch, und der Bäume waren viele, doch von einem richtigen Weihnachtsbaum keine Spur. Unweit der mächtigen Tannen, die vom Watzlikhain mit ihren zerzausten Kronen herüberwinkten, dicht am Deffernikbach, zeigte sich manche Fichte, die auf den ersten Blick ideal erschien, bei einem vorsichtigen Rundgang aber, daß sie von hinten nicht halten konnte, was sie von vorne versprach. Ganz streng waren die beiden Holzhauer, der Kufner und der Göstl Sepp. Sie hatten ihr Werkzeug gleich mit dabei und blinzelten unter ihren Guckerlhauben in den tiefverschneiten Wald, hatten aber für alle gutgemeinten Hinweise des schon ein wenig ungeduldigen städtischen Christbaumsuchers nur ein Kopfschütteln oder ein kurzes „Naa, der is nix" parat. Immer stiller wurde es in der Runde. Nur der Forstmann beteuerte wiederholt: „I gib euch jeden, den wos moant's, daß er taugt." Der Micherl sagte: „Man möcht's nicht glauben, san so vui Baam da und koaner is des wos i mir vorstell."

Eine weitere Stunde später waren die Christbaumsucher auf dem Rückweg. Gerade wollte man noch einen patrouillierenden Grenzer als Berater engagieren, wollte schon einer einsam stehenden Fichte zu Leibe rücken, als der Förster Adam lebendig wurde: „Na, und was is mit dem?" — „No, der is gar net schlecht", meinte der Micherl und fand ein Echo bei der Presse und auch die zwei Holzhauer nickten: „Jo, der kunntat taugn."

Aber, ist er auch hoch genug? Um die Höhe eines Baumes festzustellen, haben die Holzhauer einen Trick. Sie wenden dem Baum den Rücken zu und schauen, tief gebückt, durch das Dreieck ihrer Beine. Sie nehmen dabei so weit Abstand vom Baum, daß seine Spitze genau in das Beindreieck paßt. Dann schreiten sie im Meterschritt die er-

reiche Entfernung ab. Das tat der Kufner Sepp und meinte
nach seiner Waldgymnastik: „No, aso a sechzehn Meter
wird er scho hab'n." Noch einmal ein Rundgang, ein kri-
tisches Abschätzen und der Mann von der Stadt gab mit
einem aufmunternden Kopfnicken das Jawort.
„Wo haun man hi?", war jetzt die Sorge vom Göstl Sepp,
und als das glücklich auspalavert war — es schneite inzwischen noch dichter als vorher — knieten die beiden
Holzhauer mit der scharfen Säge in den Schnee und der
Kufner spuckte noch schnell in die Hände und brummte:
„No, in Gott's Nam, pack man o."
Bis zu diesem Zeitpunkt waren bei dieser Christbaumsuche gute zwei Stunden vergangen. In fünf Minuten lag
der Baum und war vermessen. Der Kufner hatte sich nur
um einen halben Meter verschätzt: „Sechzehnahalb", sagte
er stolz und schwang den Meterstab. Die Waldarbeiter hatten die Fichte so kunstgerecht in das Jungholz gelegt, daß
dem Baum nicht ein Ästchen gebrochen war. Vorsichtig
und behutsam zogen und drückten sie ihn jetzt zur Erde
und der Bauhofchef meinte: „Iatz bin i grad gspannt, wia
der dann am Stadtplatz ausschaut."
Das erlebte er und mit ihm die kritischen Zwieseler einen
Tag später. Nach schwierigem Transport und einer halben
Stunde mühevoller Aufstellarbeit stand die Fichte vom
Deffernikbach vor dem Zwieseler Nepomukdenkmal. Am
frühen Abend strahlten seine 136 Elektro-Kerzen und wett-
eiferten mit den knalligen Lichtreklamen. Den Pfannenstiel
Micherl haben seine Rathauskollegen, wie alle Jahre, auf-
gezwickt mit seinem Stadt-Christbaum. Aber die Zwieseler,
die in den Adventwochen daran vorbeigingen, haben ihm
doch zumindest im Nachhinein bestätigt, daß dies einer
der schönsten Christbäume der letzten Jahre gewesen sei.
Der Micherl aber meint, wenn man ihn heute darauf an-
spricht: „Mei Liaba, s'Christbaumsuacha hot an Teife."

ALBERT PONGRATZ

Adventkranz

Grüner Kranz im warmen Raum.
Weiße Lichter strahlen.
Strohblumen blühen darein
lieblich wie zum Malen.
Zapfen, braun und fest und schlicht
hängen still herunter;
rote Bänder, breit und fein,
machen alles munter.
Tisch und Wand und jedes Bild
ist gar hold beglänzet,
und es ist, als ob fürwahr
alles sei bekränzet.

MATHILDE BAUMANN

Adventslied

Langsam

Jatz is da eis- ge Win- ta da, den siegt ma u- ma- dum. In

d'Ber- g'n is da Rauh- reif drin, in'n Grab'n nei scheint koa Sunn. Ma

hört koa Vo- gerl pfei– fa, ma siegt koa Blatt'l Klee. Im

Wald, da draußtn hun- gern jatz d'Hir- scherl und dö Reh.

2. Und finstern tuat's scho machti fruah, bal daß ma neama siehgt. Kimmt oaner etz vom Holz drunt her, den weist grad unsa Liacht. A seltsam's Paar, a heilög's Paar, leicht werd's etz unsa Gast und kehrt in unsa Stub'n ei: Maria auf da Rast.

Die Christbaumlokomotive

Eine wahre Geschichte aus dem Bayerischen Wald

Hoffentlich wird das Wetter zu Weihnachten besser, dachte sich Alois Haimerl, als er fröstelnd am Bahnsteig auf- und ablief. Es war naßkalt und nebelig und in der Nacht hatte es ganz schön geschneit. Man schrieb den 22. Dezember 1947. Alois Haimerl war Bahnhofvorstand in Bodenmais und wartete zusammen mit dem Kollegen, der Güterhall- und Sperrdienst hatte, auf den Vormittagszug aus Zwiesel. Er mußte jeden Augenblick in den Bahnhof fahren.

Ein Bahnhofvorstand an einer Bayerwaldnebenbahn hatte damals ganz schön zu tun: Fahrkarten verkaufen, Waggon bestellen, Kasse abrechnen, Auskünfte geben und vieles andere mehr. Heute war der Haimerl Alois auch noch für den Fahrdienst zuständig und so schauten die zwei Männer immer wieder in die Richtung, aus der bald der Zug aus dem Nebel auftauchen mußte. Da war auch schon das dumpfe Pfeifen der Lokomotive zu hören, bevor sie die Bahnübergänge vor dem Bahnhof passierte. Dann rollte der kurze Zug heran. Kein Rumpeln der Waggonräder auf den Schienensträngen, es wurde fast völlig vom Schnee verschluckt. Der Fahrtwind drückte den Rauch über die Lokomotive, wo er bald wieder unbeweglich hängenblieb und mit dem Nebel eine einheitliche grau-weiße Dunstwand bildete.

Die Bremsen quietschten, der Zug stand. Türen wurden aufgemacht, Plattformgitter hochgeklappt. Die wenigen Fahrgäste verliefen sich schnell im Nebelgrau des Wintertags. Der Zugführer gab Haimerl die Mappe mit der Dienstpost, doch als dieser sich umwandte, rief ihn jemand an: „Guten Morgen, Alois!" Es waren zwei Kollegen, der Bauer Anderl und der Weinfurtner Sepp, die beim Bahnhof Zwiesel Dienst taten. „Ja, was wollt's denn Ihr bei uns?" fragte Alois Haimerl. Einen Ton leiser gaben sie ihm Bescheid: „Mir brauchat'n an Christbaum, woaßt uns koan?" „Wissen tat ich scho welche,

aber nöt da. Na, da kommt's amal mit!"
Nun mußte zuerst einmal das Dienstliche erledigt werden: Zugmeldung, Post anschauen, Telefonieren. Draußen war der Heizer unter den Puffern durchgekrochen und hatte die Lokomotive abgekuppelt. Dann wurde rangiert, Wasser gefaßt, und schließlich fuhr die Lok in das kleine Maschinenhaus am Ende des Bahnhofs. Heizer Karl Wölfl richtete noch das Feuer, drehte da ein Ventil zu, dort einen Hahn auf, während Oberlokomotivführer Sepp Gleixner seine Diensttasche umhängte und nach Hause ging. Immerhin war er bereits seit einhalb fünf Uhr im Dienst und holte nun mit einem kleinen Vormittagsschlaf die versäumte Nachtruhe nach. Schließlich verschwand auch Heizer Wölfl und dann war es wieder still auf dem kleinen Bahnhof, still, neblig und richtig ungemütlich.

Alois Haimerl trat vor die Bahnhofstür und prüfte die Lage. Alles paßte! „So, iarzt horcht's!" sagte er seinen Zwiesler Kollegen. „Iarzt warten mia noch so a halbe Stund, dann fahr'n mit mit der Lok nach Böhmhof hinauf, da gibt's sicher die schönsten Christbäum!" Die beiden Christbaumsucher nickten zustimmend. Ja, der Alois war schon ein Tausendsassa und der Anderl klopfte ihm anerkennend auf die Schulter: „I hob's ja gwußt, daß mir bei Dir beim Richtigen san!" Daß der Alois Haimerl Lokomotive fahren kann, wußten sie längst. Selbstverständlich braucht ein Bahnhofvorstand nicht Lokomotive fahren zu können. Doch schnell einmal ein paar Wagen rangiert oder einen Zug um ein paar Meter zurückgesetzt, das hatte sogar Oberlokomotivführer Gleixner dem Haimerl Alois erlaubt und von ihm hatte er sich auch die nötigsten Handgriffe hierfür abgeschaut. Der Alois war sogar schon „schwarz" nach Zwiesel gefahren. Einmal hatte eine Schulklasse den letzten Zug versäumt und brauchte unbedingt den Anschluß in Zwiesel und ein anderes Mal hatte er von Zwiesel ein paar dringend benötigte leere Güterwagen heraufgefahren.

Leise öffneten sie das Tor des Lokschuppens und ganz, ganz langsam schob sich das schwarze Ungetüm in den grauen Dezembernebel. Da die 64er Lok, von den Eisenbahnern wegen ihrer kurzen Form liebevoll nur „Bubikopf" genannt, mit dem Kamin voraus angekommen war, mußten sie jetzt rückwärts fahren. Doch das machte nichts. Das Wichtigste war: Nur keinen Lärm machen, damit Lokführer und Heizer von ihrer Extrafahrt nichts merkten. Doch die schliefen sicher nach ihrer Brotzeit bereits fest. Die Zwieseler Kollegen kletterten mit auf den Führerstand und dann fuhren sie ab. Ein Gegenzug war nicht zu erwarten, denn auf dieser Nebenbahn verkehrte stets nur ein Zug und dessen Lok fuhren sie ja selbst. Über die ersten Bahnübergänge gleich hinter dem Bahnhof krochen sie beinahe darüber, so langsam ließ es der Alois angehen. Man wollte nicht pfeifen, damit niemand von ihrer Fahrt etwas ausging. Doch dann kam die Kurve und nun mußte der Alois schon aufdrehen, denn jetzt ging's steil bergauf. Wenigstens für eine Dampflok. Bis nach Böhmhof waren es nur drei Kilometer. Sicher waren sie mit ihren Tannenbäumen in einer halben Stunde wieder in Bodenmais. Ganz oben auf der Kuppe, beim mächtigen Gasthaus Böhmhof und der kleinen Kapelle daneben, war der Haltepunkt. Hier fällt die Strecke auf der anderen Seite wieder steil hinunter ins Rothbachtal. Und genau auf der Kuppe bremste der Alois die Lokomotive ab. Schnell stiegen sie herunter und dann marschierten die drei durch den hier oben wesentlich tieferen Schnee auf den nahen Wald zu.

Ganz so einfach war es nun auch wieder nicht, den richtigen Baum zu finden. Überall lag schon dichter Schnee darauf. Hatten sie einen abgeklopft, so stellte sich oft heraus, daß er keinen schönen Wuchs hatte, bei einem anderen fehlten wieder Äste oder sie waren ungleich. Endlich hatten sie zwei schöne Tannenbäume abgesägt. Sie schüttelten sich den Schnee von den Mänteln, der Alois nahm die Säge, Anderl und Sepp ihren Christbaum und dann stapften sie zurück in

26

Richtung Haltepunkt. Als sie aus dem Wald heraustraten, merkten sie, daß der Nebel noch dicker geworden war und es heftig schneite. Es ging langsam, denn sie sanken mit ihren schweren Bäumen in den nassen Wiesenboden unter dem Schnee tief ein. Doch dann hatten sie festen Boden. Da meinte der Anderl: „Du, ich siech die Lokomotiv gar nimma!" Doch der Alois beruhigte: „Wart nur, bis mir näher hinkommen. Wo sollt's denn sei? Die kann doch nöt fliagn!" Doch nach wenigen Metern war es klar zu erkennen: Die Lokomotive war weg! Sie standen zunächst wie gelähmt. Wo konnte sie sein? Hatte sie jemand weggefahren? Unmöglich! Die mußte von selbst davongefahren sein. Aber wohin? Sie warfen die Christbäume weg, jetzt ging es um ganz andere Sachen!

So schnell sie konnten liefen sie zum Gasthaus Böhmhof, dort gab es ein Telefon. Doch als der Alois seinen Kollegen im Bahnhof Bodenmais fragte, ob die Lokomotive zurückgekommen sei, tönte nur ein „Do hob i nix g'hört, da is nix kemma!" aus dem Hörer. Vielleicht ist sie nach der anderen Seite entlaufen? Sofort rief Alois Haimerl, dem es jetzt ganz schön warm geworden war, den Bahnagenten Ellmann im Bahnhof Langdorf an. „Ist bei Dir a Lokomotiv durch?" wollte der Alois wissen. Da schnaufte der alte Bahnagent noch ganz erschrocken. „Oh mei, vorhin is a Zug durch, a so is no nia a Zug durch, a so schnell!" Jetzt wußten sie es: Die Lokomotive war in Richtung Zwiesel davongefahren. Ein weiterer Anruf, diesmal beim Bahnhof Zwiesel, brachte Klarheit: Die Lokomotive war noch nicht in Zwiesel eingetroffen. Sie mußte also unterwegs irgendwo hängengeblieben sein. Aber wie jetzt am schnellsten nach der Lokomotive suchen?

Doch ein Bahnhofvorstand hatte natürlich seine Spezln. Da war in Bodenmais der Brunner, der hatte zwei wichtige Dinge: Ein Telefon und einen alten Wehrmacht-Lkw, einen Holzvergaser. Jawohl, er komme sofort. Und den Wölfl Karl, den Heizer, bringe er auch mit, antwortete er auf die erregte Bitte des Alois. Nach einer halben Stunde waren beide beim Böhmhof und dann begann die Suche nach dem 75-Tonnen schweren Ausreißer. Sie brauchten nicht lange zu suchen, denn sie kannten die Strecke genau und konnten sich nur vorstellen, daß die Lokomotive vor dem steilen Anstieg nach Außenried hängen geblieben war. So war es auch.

Friedlich schmiergelnd stand sie genau an der tiefsten Stelle der Senke und ein Bauer erzählte den Eisenbahnern: „Ich hob mir schon denkt, daß da wos nöt stimmt! Die Lokomativ is nämli immer hin- und herg'fahrn, bis endli staad g'halten hot!" Das war also nochmals gut gegangen, es waren weder die Treibstangen gebrochen, noch der Kessel geplatzt. Auf ihrer führerlosen Fahrt über sieben Kilometer hatte sie niemanden auf einem Bahnübergang überfahren, sie war weder entgleist noch hatte sie jemanden gerammt. Ja, Glück muß man haben, besonders beim Christbaumstehlen!

Doch nun galt es anzupacken. Es war bereits nach Mittag und die Lok nicht mehr fahrfertig. Aus dem nächsten Bauernhaus wurde Wasser herangeschleppt, das Feuer wurde gerichtet und endlich reichte der Kesseldruck. Man konnte die Rückfahrt antreten. Der Wölfl Karl hat natürlich kräftig geflucht auf die Leut, die nichts von einer solchen Maschine verstehen, sich aber trotzdem daran vergreifen. Der Haimerl Alois hatte nämlich beim Halten am Böhmhof zwar die Druckluftbremse betätigt, in der Eile aber nicht die Handbremse angezogen. Als sich nach und nach der Luftbehälter der Bremse entleerte, löste sich die Druckluftbremse und da keine Handbremse die Lokomotive festhielt, hatte sie sich genau am Scheitelpunkt der Strecke selbständig gemacht. Sie war sicher mit etwa neunzig Sachen durch den Bahnhof Langdorf gebraust.

Endlich stand auch die brave Lokomotive wieder in ihrem Schuppen. Der Wölfl Sepp beseitigte alle Spuren der unfreiwilligen Fahrt, faßte Wasser, richtete das Feuer, schmierte die Lager, daß ja der strenge Herr Oberlokomotivführer nicht das Geringste merkte, wenn er gegen einhalb drei Uhr nachmittags zum Dienst kam.

So hat mir der Haimerl Alois die Geschichte von der Christbaumlokomotive erzählt. Ja, wollte ich dann noch wissen, da haben die Zwiesler Kollegen wieder keinen Christbaum gehabt. Doch der Alois wehrt lächelnd ab: „Na, na, mir haben am Böhmhof noch g'halten und die Christbäum hob'n wir schon mitg'nomma!"

WALTHER ZEITLER

Das Wachs-Christkindl

Erst gegen Ende des vorigen Jahrhunderts wurde im Unteren Bayerischen Wald der Christbaum zum Mittelpunkt der häuslichen Weihnachtsfeier. Früher stellte man am Heiligen Abend ein Wachschristkindl oder eine Weihnachtswiege unter dem Herrgottswinkel auf. Davor wurden Kerzen oder Wachsstöckl angezündet. Das war das Zeichen für die Bescherung der Kinder. Sie konnten ihre im Vorhaus aufgestellten Backkörbe, vom „goldenen Rößl" mit Äpfeln, Kletzen, Nüssen und Backwerk gefüllt, holen. Dann betete die ganze Familie mit dem Gesinde den freudenreichen Rosenkranz.

Weit mehr als die Weihnachtswiegen waren im vorigen Jahrhundert die Wachschristkindl verbreitet. Geschnitzte Figurenkrippen gab es fast nur in den Pfarrkirchen. Die Wachsfigürchen liegen, sorgfältig in Seide, Spitzen, Rüschen und Schleifen eingefaßt, in kleinen gerahmten Holzkästen, an deren Schauseite eine Glasscheibe eingesetzt ist. Meist sind nur Kopf und Schulter des Kindes aus Wachs geformt, eine flache Stoffwalze bildet den Körper. Die Ausführung der Kästchen ist sehr verschieden; sie reicht vom einfachen papierbeklebten Holzkistchen bis zum kostbar gerahmten Schrein mit verschließbarem Türchen. Noch unterschiedlicher aber ist die Innenausstattung. Gewöhnlich sind die Wände mit rot-, blau- oder grüngemustertem Papier ausgeschlagen, Stoffblumen stecken zwischen aus Gold- und Silberpapier geschnittenen Sternen, Schleifen und Wedeln, und die Wachsfiguren tragen Flitterkronen. Es gibt aber auch wertvolle Krippenkästchen, die der Stolz ganzer Geschlechter waren. Ihre Kindchen tragen Filigrankrönchen aus Gold- und Silberfäden, mit bunten Glasperlen und Korallen durchwirkt, und an den Glasscheiben zittern glitzernde Perlengehänge.

Die Krippenkästchen wurden vielfach in den Märkten und Dörfern des Waldes hergestellt. Meist waren es Frauen, die diese kunstvolle, Geduld fordernde Arbeit ausführten. Ihre Namen sind fast vergessen. Eine, Karolina Hauböck, arbeitete um die Mitte des vorigen Jahrhunderts in Waldkirchen, wo sie 1884 im Alter von 73 Jahren starb. Einige gediegene Stücke aus ihrer Hand sind erhalten.

Immer noch findet man in Bauernhäusern alte Krippenkästchen. Sie wurden einst, sorgfältig verpackt, auf jedem Kammerwagen mitgeführt, da sie zur Brautausstattung gehörten. Heute werden sie zu Weihnachten nur noch selten hervorgeholt und unter den Christbaum gestellt. Die Figurenkrippe ist an ihre Stelle getreten.

ALFRED FUCHS

Volkstümliche Brauchkunst um Weihnachten

Volkskunst verstand sich in ihren ersten Anfängen als funktionelle, angewandte Kunst, als Brauch- oder Gebrauchskunst. Sie empfing ihre Impulse aus dem Lebenslauf und dem sakralen Jahresrhythmus und wirkte als gestalteter, festlicher Gegenstand wieder zurück auf den Brauch selber, der vorher zur Schöpfung angeregt hatte.

Innerhalb der jahreszeitlich gebundenen Brauchkunst nimmt die Weihnachtsdarstellung einen herausragenden Platz ein. Es ist dort vor allem die Krippe, besser das „Kripperl", welches zum Innbegriff für die bildnerische Erneuerung des Weihnachtsmysteriums geworden ist.

Volkstümliche Kripperl sind vor dem 17. Jahrhundert nicht denkbar. Sie entwuchsen dem Barock und standen zunächst nur in den Kirchen, gingen dann aber ganz allmählich auch in die Bürgerhäuser über. Bäuerlich-dörfliche Hauskrippen waren im Bayerischen Wald bis ins 19. Jahrhundert herein rar genug und beschränkten sich allgemein nur auf die festtäglichen Stuben der Pfarrherrn, der königlichen Beamten und der Schulmeister. Mit dem Christbaum wurden sie ab 1860 immer häufiger und erlebten um 1890 erstmals eine breitere Beliebtheit. Die spätromantische Idee der familiären Geborgenheit hatte wohl ihren Teil dazu beigetragen.

Kleinkrippen, auf deren äußeren Habitus wir später zurückkommen wollen, wurden allenthalben von Hausierern, tirolischen Kraxentragern und sogenannten „Bitscheimannern" — welche sonst Geschirr vertrugen — unter der Fletztüre angepriesen. Die Bäuerinnen nahmen sie als modische Beigabe für den Kammerwagen ihrer Töchter, manchmal auch ihrer Ehehalten; andere kauften die Kripperl auf den Weihnachts- und Wallfahrtsmärkten für gutes Geld. Nicht jeder war für einen solchen Kauf eingesäumt.

Die Inventarisation des Krippenbestandes im Bayerischen Wald zeigt gegenwärtig zwar ein kleines und lückenhaftes, jedoch kulturgeographisch umso interessanteres Bild. Während die größer angelegten Krippen der Kirchen auf Schnitzer und Kunsthandwerker der regionalen Städte zurückgehen könnten, findet sich im Haus vorwiegend importierte Trag- und Handelsware aus Oberammergau, Tirol und dem Oberland. Eine besondere Kostbarkeit bilden die „Pribramer Kripperl", Kumpelarbeiten, wie sie die Wallfahrer zu Ende des vorigen Jahrhunderts aus den Buden um den Heiligen Berg Böhmens mitbrachten. Sie bestehen aus wenigen Figuren von klischeehafter, aber expressiver Bergmannskunst. Der Sprung über die landschaftlichen, ja politischen Grenzen ist bei diesen und anderen Weihnachtskrippen auffallend und beweist, daß sie die Absicht der frühen Volkskunst, nur für den häuslichen Eigenbedarf oder die Nachbarschaft herzustellen, längst überschritten hatten. Dort, wo ausreichend Platz und Besitz vorhanden waren, wurden feste Krippen bevorzugt. Die Kulisse stellte eine bemalte Leinen- oder Holzwand. Das Geschehen war auf einer etwas ansteigenden Moos-Stein-Berglandschaft ausgebreitet. Die ärmeren Bauern und Häusler dagegen wählten kleinere, transportable Kripperl, die unter einer Glasglocke, in einer Glasflasche — sogenannte Eingerichte oder Geduldsarbeiten — meist aber in einem Glasschrein untergebracht waren. Die Figürchen aus Holz oder Wachs, aus Ton oder gar Brotteig scheinen wie eingeboren in das bethlehemitische Panorama und nur ein paar altbayerische Schutzpatrone erinnern daran, für welche Landschaft sie bestimmt waren. Schreinkripperl, wie eines hier abgebildet ist, wurden im Landkreis Regen vor 100 Jahren von den Sternsingern mitgetragen, zählen also zur echten Brauchkunst.

Noch ganz leibhaftig ist die Erinnerung an die mechanischen Krippen in den Gotteshäusern, wie in Bodenmais beispielsweise. Gegen ein Zehnerl kam das Christkindl auf einer Schiene aus dem nazarener Zimmermannshäusel, segnete uns Kinder und kehrte halb schwebend, so schien es uns, wieder dorthin zurück.

Auch vom Material her lassen sich einige Gruppen differenzieren. Eine breitgestreute Trägerschicht erreichte zum Beispiel die reine Papierkrippe. Die Personen und Gebäude waren vorgedruckt und brauchten nur ausgeschnitten zu werden. Zahlreich, und von Josef Fruth aus Fürsteneck modern nachempfunden, waren die panoramatischen Krippenbögen. Sie kamen um 1860 mit dem Öldruck auf und waren dann nicht mehr wegzudenken.

Wie von verspieltem Geschmack muten dagegen die Ausziehkrippen der Zeit nach 1870 an. Sie wandten sich eben ganz an die erlebnisfähige Neugierde der Kinder. Nur in einem Falle habe ich eine Miniaturkrippe angetroffen. Sie stammt vermutlich aus dem Berchtesgadener Land und wurde von einer Hochzeiterin mit der Brautgabe in unsere Gegend verpflanzt. Die Figuren sind nicht höher als einen Zentimeter und in eine bemalte Spanschachtel eingerichtet. Seit der Jahrhundertwende wuchs auch die Zahl der Laubsägekrippen, die nach käuflichen Vorlagen gebastelt wurden und wenig künstlerischen Sinn verlangten. Vollplastische, hölzerne Kripperlfiguren sind heutzutage fast nur mehr bei Sammlern und in den Pfarrhöfen aufzufinden. Sie scheinen im profanen Bezirk auch früher selten gewesen zu sein.

Krippe ist zu halben Anteilen Brauch- und zur anderen Hälfte Andachtsgegenstand. Die kirchliche Thematik herrscht vor. Gleichsam in wörtlicher Übersetzung der Bibelberichte kommt fremder Charakter auf, der oft bis in eine orientalische Lebensfreude ausbricht. Lokale Eigenheiten sind nur da und dort in der Gestalt von Holzhauern, Hirten, Müllern oder Bauern eingestreut. Das Szenarium aber geht über die absolute Verkündigung hinaus und tritt ein in eine volkstümliche Welt, in der das Wesentliche ganz einfach nicht mehr ohne das erzählende Beiwerk auszukommen vermag. So erhalten unsere Kripperl jenes verkleinerte Genre, das sie letztlich auch liebenswert macht. Verbindlich sind in jedem Falle die Heilige Familie, einige Hirten und Schafe, Ochsen und Kühe vielleicht. Drei Könige stoßen später hinzu, und die biblische Chronologie kann sich bis zur sogenannten „Fastenkrippe" steigern, wo sie „Geißelung, Dornenkrönung und Kreuzigung" versinnbildlicht.

In Kollnburg bei Viechtach sind Fragmente eines Kripperls auf uns überkommen, das im Weihnachtsbrauch eine wohl einzigartige Rolle einnahm. Sie schloß mit der „Hochzeit zu Kana" am zweiten Sonntag nach Erscheinung. Hochzeit wurde dann auch im Dorf gehalten. Die „Breitseppin" und die „Erdschneider-Nannerl" erinnern sich in allen Einzelheiten an diesen Kinderbrauch, der bis in die Dreißiger Jahre umging und als „Krippalhouzad" bezeichnet wurde: „Nachmittags um 4 Uhr war Rosenkranz. Auf einem langen Tisch vor dem Speisgitter war das Kripperl aufgebaut. Es zeigte die Hochzeit zu Kana. Sie sah aus wie eine richtige Bauernhochzeit im Wald, mit Brautpaar, Hochzeitslader, Ehrenmutter und Ehrenvater, Verwandtschaft und Musikanten. Ein dickbäuchiger Wirt schenkte gerade ein. Der Metzger hängte das Geselchte und die Würstl auf eine Stange. Das Wasser lief uns im Mund zusammen. Das fingernagelgroße, echte Geräucherte aber, so sagten die Alten, gehörte nachher dem Herrn Pfarrer, die Würste dem Mesner und die wenigen Tropfen Bier dem nötigen Schullehrer. Nach dem Rosenkranz erwarteten uns vor der Kirchentür draußen einige Waschkörbe mit Schmalzkücheln und geflochtenen Semmelwecken. Jedes Kind bekam gleich viel und bedankte sich mit einem erlösten Vergelts Gott tausendmal. War dies alles vorüber, dann wurde „unser Kripperl hinter versperrten Kirchentüren abgeräumt." Die Chronik meldet, daß vor Zeiten der Kirchenpfleger die Küchel zu stiften hatte und daß sie einst vor der Krippe ausgeteilt wurden. Nach 1918 und bis 1935 übernahmen das Backen und Verschenken der Mesner und einige gutherzige

Frauen. Wie alt dieser Schenkbrauch wirklich ist, läßt sich urkundlich nicht mehr sichern. Der Sage nach soll er auf die Wohltätigkeit ehemaliger Schloßherrschaften auf der Kollnburg zurückgehen.

Weihnachtliche Brauchkunst ist vielgestaltig und konzentriert sich nicht nur auf die Krippendarstellungen. Wenden wir uns deshalb einem neuen Abschnitt zu. Da wären die wächsernen Christkindl oder „Fatschenkindl" zu nennen. Sie gehörten zur bäuerlichen Hofweihnacht noch ehe Christbaum und Adventkranz die Obere Stube erfüllten: Aus Wachs bossiert, mit krausem Haar gekrönt, in Seide und Spitzen gewandet, auf Watte gebettet, umrankt von allerlei Blumen und Zierwerk in Gespinst und Flitter, besäumt mit Gold- und Silberchenille, in die manchmal Reliquienpartikel eingenäht sind, beherrschten diese Wachsbilder den feiertäglichen Andachtswinkel. Im allgemeinen war nur die Kopfpartie aus Wachs geformt, während der Körper durch Holz- oder Stoffwalzen ersetzt war. Wachsengel assistierten in verklärter Pose, Edelsteinimitationen und Glasperlen ließen Bethlehem und den kärglichen Stall auf weitem Felde vergessen. Meist lagen diese Fatschenkindl in einem Schrein aus Glas, der ausgeschlagen war mit gemustertem Papier, das ein wenig an die bäuerlichen Stoff- und Webmuster angelehnt war. Die Wachschristkindl zählen zur Kategorie der Klosterarbeiten. Nonnen in Seligenthal oder Waldsassen zum Beispiel stellten sie her. Doch wurden sie auch vom häuslichen Gewerbe erzeugt. Alfred Fuchs teilt uns für Waldkirchen eine gewisse Karolina Haubéck mit, deren Gebilde um die Mitte des 19. Jahrhunderts eine schnelle Verbreitung erfuhren. Auch Stücke aus München und Salzburg sind unter den Funden. Hausierer und Devotionalienhändler trugen sie aufs Land.

Im Hintergrund der wächsernen Christkindl stand nicht allein der weihnachtliche Gedanke, sondern dazu auch eine eifrige Christkindlverehrung, welche die Bitte um reichen Kindersegen einschloß. Die einzige Christkindlwallfahrt Niederbayerns hat sich in Ringelai gehalten. Dort hängt in der Pfarrkirche ein vielbesuchtes, gemaltes Bild, die Kopie der Gnadentafel zu Raab in Ungarn.

Aufrecht stehend wird das gekrönte „Prager Jesukindl" dargestellt. Es ist aus Wachs, Holz oder Ton und dürfte heute noch über manchem Türstock thronen. Unsere Großeltern bauten das Kindl über die Weihnachten zwischen Kerzenleuchtern auf. Wallfahrer brachten es vor 1900 zusammen mit köstlichen Ankleide- und Nadelstichbildern, worauf das Prager Jesukindl abgebildet ist, aus Böhmen mit, wenn sie den Heiligen Berg oder das Grab des Hl. Nepomuk in Prag besucht hatten.

Seltener freilich als das Christkindl begegnet uns in der weihnachtlichen Thematik des Grenzwaldes der Engel. Aus dem Erzgebirge kamen die hausindustriellen Engelleuchter, die ich noch vor Jahren in den Bauernstuben von Gehmannsberg betrachten konnte. Die hölzernen Engel, bemalt und auf einem Reifen befestigt, drehten sich munter über den wärmenden Kerzen. Ein Modekauf war schon um 1900 der Nürnberger Rauschgoldengel. Er war ganz vom bewußten Kunstgewerbe eingeholt und konnte bei uns nie so recht heimisch werden.

Haus- und Brauchkunst f ü r und a u s dem Bayerischen Wald wäre nur unvollkommen behandelt, würde man nicht auch das weihnachtliche Hinterglasbild erwähnen. Hier sind es vor allem die Raimundsreuter Taferl, welche uns schon gegen Ende des 18. Jahrhunderts Weihnachtsmotive schenken. Der Zyklus beginnt mit der „Verkündigung" und spannt den farbenreichen Bogen über die „Empfängnis", die „Geburt" und die „Flucht" bis hin zu den „Drei Königen." Dieselbe Malschule fertigte Themenvorwürfe wie „Josef oder Maria mit Kind", den globustragenden Gottessohn, den späte Raimundsreuter zeigen. In geradezu apokalyptischer Schau sehen wir das kleine Jesukindl auf dem Kreuze ausgestreckt, naiv-zart, aber schon auf das unausbleibliche Leiden und Sterben hinweisend. Die barock aufgefaßte Kartusche aber führt uns wieder zurück in die Weihnacht.

In der Heiligen Nacht war schon um 1700 die „Mettenkerze" allgemein gebräuchlich. Auf ein besonders gewirktes Tuch mit pflanzlichen oder figürlichen Mustern gestellt, brannte sie über die Mettennacht bis zum Taganläuten. Ärmere Leute setzten an die Stelle der Kerze das aufgewickelte und mit Gold und Farben belegte Wachsstöckl. Es wurde im Auf und Ab des Lebens wie des Jahres oft aus der Truhe geholt.

Eine reiche Formenwelt hat schließlich die Gebrauchskunst um den Christbaum ausgebildet. Die ersten Christbäume können wir mit Vorbehalt schon um 1860 lokalisieren. Es waren zunächst schmuckarme Tannen oder Fichten, die dann, als das Schenken aufkam, mit silber- oder goldbronzierten Nüssen behängt wurden. Festtagsgebäck kam hinzu, geprägt in kerbgeschnitzten Modeln, die meist dem städtischen Handwerk der Formenschneider oder Lebzelter entstammen. Fatschenkindl, Nikolaus, Engel oder Tannenzweig dienten als Vorlage.

Verspiegelte Christbaumkugeln und Gehänge setzten sich erst gegen Ende des 19. Jahrhunderts durch: Nikolausköpfe, Nüsse, Äpfel, Vögel und konkave Kugeln standen im Vordergrund. Nirgendwo fehlten die gläsernen Christbaumketten. Seltsam aber, wie spärlich sonst die waldlerische Glaskunst um Weihnachten vertreten war. Die Erzählung weiß zwar von den „hängenden Glaschristbäumen" verschiedener Hüttenherrn, doch kann nur Paul Friedl mit einem ähnlichen, aber konkreten Beispiel aufwarten: Noch vor 40 Jahren, so schreibt er 1965, befand sich in der Schloßkapelle zu Deffernik im Böhmerwald ein kunstvoll geblasenes „Paradeisl". Diese Weihnachtsgestelle, in Pyramidenform aufgebaut, die Holzstäbe — so heute — durch Äpfel verbunden und mit Nadelzweigen verziert, sind nicht zuletzt durch die Kulturpflege des Bayerischen Waldvereins im letzten Jahrzehnt wiedererweckt worden.

Weihnachtliche Brauchkunst und Gebrauchskunst ist ein sehr wesentliches Segment in der Volkskunst allgemein. Im volkstümlichen Bereich ist sie weithin das Anliegen einer sozialen Gruppe, einer Gemeinschaft, die es heute nicht mehr gibt und die einstmals abseits der großen Kunstentwicklung lag. Sie holte zwar ihre Gegenstände und Vorbilder aus der Stadt, wählte aber nach eigenem Geschmack aus oder setzte die Angebote nach ihren spezifischen Möglichkeiten und Intentionen um. Die Produkte beweisen im gesamten ein ästhetisches Empfinden dort, wo es sich um gekauftes Gut handelt. Sie spiegeln aber auch ein kräftiges Ausdrucksbedürfnis wider, wo wir es mit den relativen Eigenschöpfungen des Einzelnen aus dem Volk zu tun haben. Inwieweit uns aber bei den Krippen etwa die Werke einheimischer Laienkünstler wie Holzhauer, Bauern oder Glasmacher gegenübertreten, läßt sich nicht mehr mit Gewißheit sagen. Denn in fast allen Weihnachtskrippen wird eine bestimmte Verschmelzung von Bastelei, feierabendlicher Kunstübung und professionellem Handwerk sichtbar. Die meisten der erwähnten Dinge kommen aus dem 19. Jahrhundert. Das hat seinen tiefen Grund. Um 1850 nämlich gelang dem Christtag erst der endgültige Durchbruch zum volkstümlichen Familien- und Schenkfest. Vorher waren Ostern, Pfingsten und gar mancher Bauernfeiertag im Brauchjahr weitaus bedeutsamer. Im Waldland gefertigte Brauchkunst ist selten. Sie wurde so scheint es, häufiger f ü r den Bayerischen Wald hergestellt und fand hier ein offenes Absatzgebiet. Das Volk hat die manchmal fremdländisch anmutenden Krippen, wächsernen Kindl und Engel angenommen und lebendig gebraucht, ja sich damit identifiziert. So sind sie zu einem wahrhaft waldlerischen Kultureigentum geworden — untrennbar mit der Landschaft und ihren Menschen verknüpft.

REINHARD HALLER

36

Warum wir Ochs und Esel zueinander sagen

Da Brennavata war a rechta Sinnierer. Stundenlang hot er an seiner Tabakspfeifa ziagn kinna und in de blaue Rauchwölkerl einisirmeln. Und wenn a dann den zerkautn Beissa schö gemählich aussagnomma hot, und die brauna Safttröpfala af'n Bodn oi san, wos eahm natürlich jedesmal ein ghörigen Verweis eintragn hot, nou hot ma fast rechan kenna, öitz kummt wieda wos Neis.

Na, und da is a halt am Heiling Abend ganz vasunna an der Krippen ghockt, hot dem scheckign Ochsn neben der Muattagottes den öhastn Qualm von seinm Christkindltobak in die kullerrunden Augn eineblousn, und wöi a wieda amal sin' Beisser odraht hot, hot a zfriedn in sein Boat einebrummt: „Äizala woiß i dös a!"

„Wos woißt nachher, Opa?" hot se de kloa Moagret an eahm hikuschelt. „Na ja, dös halt, warum mir Menschn akkrat Ochs und Esel zuananda sagn, wenn mir uns unna Dummheit vorwerfn."

De kloa Moagret war gspannt wöi a Regenschirm. Dös gibt bestimmt wieda a intressante Gschicht. Se hot n Opa sein' Oam um ihren Schopf umegschobn und bettelt: „Göih zu, dazähl mas, Opa!"

Der hot sa nuamal sei Pfeifa gstopft und nou hot a angfanga: „Woißt", hot a gsagt, „dös war nämli so: Sell Nacht , wou unsere löibe Frau und der heili Josef zBethlehem druntn im eiskaltn Stoll Logie nehma hobn möissn, da war doch" – er hot dabei in Krippn einezoagt – „a Ochs und a Esl dabei. Des moissn zwoa recht löiba Vöicha gwen sa, denn schau, wöi dann um Mitternacht as Christkindl kumma ist und vor lauta Kältn bloß a so bibbert hot, dou hom se de zwoa Vöicha anblinzelt und dann homs as eahrere Nüsta um de nackertn Oamal und Föißln a ganz woama Wind umeblosn. Dös woa grod wöi beiara Dampfheizung, so wacherl woam. A da Mut-

tagottes ist hoamli worn und dem Josef seine Föiß hom a as schlottern aufgäihat.

Na ja, dou drüba hot se natürlich dMuttagottes massig gfreit, wou ja dLeit goua so hoatherzi gwen san.

Sie hot mit ihrer feina Händ zwischen den langa Oualappn vom Esl krault und ist dem Ochsn über sei breite Nosn gstricha. Dann hots as Kindl agschaut und gmoint: ‚Derf i?' Des hot bloß a weng aus de Äugerl zwinkert. ‚Freili!' Und da hot dMuttagottes zu de zwoa gsagt: ‚Äitza paßts af! Weils enk goa so löib seids, drum derfst ös äitza a vostäih, wos dEngl singa und de Hirtn, wou noucha kumma, redn werdn. Und noucha sollts enk a redn derfa, heit Nacht und alle Joa wieda, wenns heilige Nacht is. Bis in dMitternacht. Und nou kennts es allen dazähln, wos enk dalebts habts!'

Wos glaabst, Moagreterl. Sie hots kaam zEnd gsagt ghabt, da hat da Ochs seine Augn weit afgrissen und da grau Esel hot seine langa Ouan wie zwoa grousse Kochlöffel afgstellt. Ja, wos war denn öitza dös?! Mei, war des schöi! A sechana Gsang von da Höih oba und dann de Freid, wou se Hirtn untaanand beredt hom. Dös ham sie öitza vastandn und begriffen. Sie zwoa!

Bloß as Redn homs ganz vagessn dabei vor lauta Hihorcha und Zouschaua. Und erst, als oins in der Nacht war, nou hättn se's a gern amal probiert, as Jauchzn und as Dazähln. Oba mei, aus is gwen. Aus dem Ochsn seim ‚Muatagott' s' ist bloß mehr a ‚Muu' worn und da Esel hot vom ‚Jauchzet dem Herrn' a blos de erstn zwoa Buchstabn hikröigt. ‚J-a . . .' und aus is gwen.

Äitza warns scho beinah zum Heiln kumma, wenn eahna niat eigfalln war, daß ja übers Joa wieda a so a Stund häin, wous nouchha redn und singa kanntn."

Da Großvadda hot sa sei ausgangene Pfeifa wieda azündt

und de kloa Moagret hot voller Ungeduld gstoussn: „Göih, weida, Opa! Dazähl!"

„Na ja!" hot der sein Dischkurs afgnumma, a blaue Wolkn Rauch in den blonden Schopf vo da Moagret blousn. „Na ja, as ganze Joa homs se se natürlich draf gfreit, wenns wieda heili Nacht werdn tat. Und anscheinend hots se unter de andern Vöicha doch as Joa üba scho wos ummagsagt ghabt, denn wöis dann wieda Heiling Abnd gwen ist, sans alle auf Bethlehem affeglaffa. Du löiba Gott, war dös a Menagerie! Alle sans dougwen: dLöw'n und Tiger, dBärn, dHeischrecka, dAdler und Fledermeis, dWölf, dFüchs, dHosn, sogoa dSchlanga und dFeldmeis. Und umman Ochsn und Esel sans ummegstandn wöi dLeit af da Kirwa uman billigen Jakob.

No hots zBethlehem drin zwölfe gschlogn. Äitza häits agöih soln. Meiserlstad is am Feld worn und Köpf und Häls hams alle gstreckt, am weitastn natürli da Giraff, daß eahna ja koa Sterbnswörtl askumma tat. Und stad woa's wöi in da Kirchn bei der heiling Wandlung.

Gout. Äitza noucha hot se da Ochs auf seine Hinterhaxn gstellt wöi a Domprediger, da Esl hot sei Ouan noa mal so lang gmacht, und nou hams as Mäul afgrissen . . . Oba, o Jamma, o Schrecka, dou homs doch damals voran Joa glatt vor lauta Schaua und Häian as Redn vogessen ghabt. Deixlnoamal! Dös war a Pech! Da Ochs hot wieda bloß sei ‚Mu' statt da Mu-ttagottes aussabracht und dem graua Esl ist wieda d' Stimm übergschnappt. Wöi a Jauchzn hot wolln, nix is aussakumma, wöi a „J-a!' Se homs noamal, und wida und wida probiert, nix is dras woan als a brummigs ‚Mu' und a übergschnappts ‚J-a!'

Äitza häistdas höian solln, de andern Vöicha. Gschimpft und gschpott homs in oana Tur üba den Ochs und Esl. Da grouße Schäferhund vom Schwobnbauan hot bellt: ‚Dou hosts, dou hosts!', da Elefant hot trompetat ‚Ferchtalich, ferchtalich!', de schwoaz Krouha hot krächzt ‚Ätsch, ätsch, ätsch!' und am lautestn war an Hannahirtn sei Goaßbock. Der hot üba alle weggmeckert: ‚Mäh, san de bläd, mäh, san de bläd!' Und da Kini vo de Vöicha, da Löwe, woißt, der hot as Urteil gsprocha:

‚Du bist und bleibst a dummer Ochs und du a ganz saudummer Esel!'"

Da Brennavadda hot asgsetzt und gschmunzelt. „Siehgst, Moagreterl, und äitza moin i halt allaweil, in der Stund mou oina vo de Hirtn durch a Ostloch gspitzt hom und zoughurcht bei der Blamasch; denn am andan Tog hams se dLeit zBethlehem drin scho mit Ochs und Esl gschimpft, wenn se se eahnane Dummheit vorghaltn hom. Na ja, und so toun ses ja heit nu . . ."

So hot da alt Brennavadda seinem Enkl Moagret am Heiling Abend de Gschicht erklärt. Er hot sa no an Schöppl Tabak in sein porzelanern Pfeifatopf gstopft und bedächti dazou gnickt!

„Ja, gwiß ist de Sach a so gwen, ganz gwiß . . ."

Vülleicht hot a recht ghat, da alte Sinniera!

FRITZ MORGENSCHWEIS

Der Thamer mit dem Hammer

Jetzt sind wir mitten im Winter drin: unser Hof ist ganz eingeschneit. Draußen ist die Arbeit ausgegangen. Die Mutter strickt Strümpfe an mit der Schafwoll, der Vater liest im Kalender und schreibt was hinein von der Blaßl; der Melch hantiert an der Hoiselbänk. Die Birkenscheitel prasseln und halten die Stube warm bis in den Abend hinein.

Vor dem Thomastag sind wir bei der Ahnl gesessen auf der Ofenbank. „Jetzt wird bald der ‚Thamer mit'n Hammer‘ kommen", hat sie angefangen, „in einer Nacht im Jahr schreckt er die bösen Buben; wer immer ein Bockschädel gewesen ist und grad was anders getan hat, was ihm geschafft war, dem klopft er mit seinem Hammer an den Kopf, daß er leichter folgt und alles nicht nach seinem Schädel geht."

Unser Thomerl ist an diesem Tag recht brav gewesen, daß sich sogar die Mutter gewundert hat. „Was ist es denn heut mit ihm", hat sie gemeint, „er von selber das ganze Holz hereingetragen, und kein Mensch hat es ihm geschafft." „Ja, heut kommt der Thamer", hab ich gesagt, „den fürcht er".

In der Futterweil hat der Thomerl schon essen und ins Bett gehen wollen; aber es ist noch nichts fertig gewesen. Die Mariandel hat keine Angst gehabt; sie hat immer ihr Sprüchl gesagt: Der Thamer mit'n Hammer
schlagt 's Waberl an 'n Kopf;
sagt 's Waberl zum Thamer:
du knipfeter Knopf,
tu eini dein Hammer
und pack mi beim Schopf.

Unser Thomerl hätt's auch gern gesagt, aber er ist stecken geblieben und einen Schopf hat er auch nicht.

Da hat es auch schon an die Haustür gepumpert: Bumm, bumm und nochmal bumm. Der Thomerl ist ganz weiß geworden und hat sich hinterm Ofen versteckt. Ich bin ans Fenster hin. Da hab ich ihn schon stehen sehen, wieder hat er sich gemeldet, und diesmal recht fest. Die Mutter hat gelacht: „Warum hast denn die Tür nicht zugesperrt? Hast vor lauter Ängsten heut offen lassen, so, jetzt kommt er herein."

Die Stubentür ist aufgeflogen, und mitten in die Stube ist der Thamer gestiegen, ganz langsam, mit schweren Stiefeln. Er ist größer als der Vater gewesen, einen Dengelhammer hat er in der Hand geschwungen. Sein Mantel ist von Haar und Pelz gewesen, und aus seinem weißen Bart hat er gebrummt: „Wo ist er denn, der Bockschädel, der unfolgsame? Her mit dem Bürscherl!"

Da hat der Thomerl aufbegehrt wie ein Angsterer und ist um die Mutter herum. Einkrallt hat er sich in ihren Rock und drin versteckt, daß ihm ja nichts geschieht. Der Thamer hat den Hammer geschwungen, auf und ab und hin und her, und hat recht wild getan und mit den Füßen gestampft. Die Mutter hat den Fürchtling gepackt und vorgeschoben. Die Händ hat er vors Gesicht gehalten und an den Kopf, daß er ja nichts sehen sollt.

„Brauchst wieder so lang, bis du hörst? Willst du gleich springen, wenn dir die Mutter was schafft? Gehst du gleich zum Essen, wenn das erstemal geschrien wird?"

Der Thomerl hat gerotzt und geweint und allerweil ja, ja gesagt. „Dann will ich noch ein Jahr zuschauen, wie du's machst", hat der Thamer gewettert und ist zur Tür hinaus. Dann hat er nochmal den Hammer hereingehalten, und beim Kapellenbänkerl draußen hab ich ihn eine Zeitlang noch klopfen hören.

„So einen braven Thomerl haben wir schon lang nimmer gehabt", hat die Mutter ein paar Tag hernach gesagt. Aber bis zum Sonntag hat er halt schon wieder aufs Holztragen vergessen und auch den Thamer mit dem Hammer, den knipfeten Knopf.

SEPP FISCHER

Rauhe Kindheit

Droben auf der einsamen Schneid von Stocköden im Bayerischen Wald stehen zwei Bauernhöfe. „Beim Sonnleitner" und „Beim Kaltenbüchler" heißt man sie. Seit Jahrhunderten hausen ihre Geschlechter hier in naher Nachbarschaft. Dies Nebeneinanderleben bleibt sich im Grunde immer gleich; es ist seit je und so wie überall bestimmt vom gegenseitigen Vergleichen und Unterscheiden, vom Messen eigener Geltung an der des andern. Es wächst schon mit den Kindern auf, härtet sie, gibt ihnen Kräfte und Behauptungswillen. Die Alten schmunzeln dann zumeist, wenn sie sehen, wie sich eins am andern erprobt.

Auf Stocköden ist es wieder Winter geworden. Ein kleines Licht fällt aus der Stube des Kaltenbüchlerhofes in den noch nächtigen Morgen. Wie ein dünner Faden liegt es auf der flaumigen Schneedecke. Manchmal zerreißt es ein runder Schatten, wenn der Sonnleitner Blas seinen Kopf zum Fenster streckt.

„Weiter, tracht' euch in die Schul!", ruft er hinein in den wurrlenden Kinderlärm.

Wie er schon zu befehlen weiß! Nun ja, als einziger Sproß auf seinem Vaterhof kann er sich diesen Ton seit Jahren schon erlauben.

„Weiter, weiter!", drängt er.

Er hat sich auf ein Reisigbündel gestellt und haucht zur Kurzweil ein Sehloch durchs Eisblumengespinst. Da drinnen geht es drunter und drüber, und die Kaltenbüchlerin hat alle Hände voll zu tun. Vinz, der Älteste vom Schübel, ist schon ungeduldig und schlapft in Vaters Langstiefeln dröhnend durch die Stube, daß die Luft wie Abdampf einer Dreschmaschine aus den Schäften zischt. Die Burgl wirft sich jetzt das Schaltuch um und nadelt es mit geübtem Griff dicht unterm Kinn zusammen. Die kleine Vevi und die

Lies sind auch schon fertig. Nur der Sepp sucht noch eifrig nach seinem Schnürl, um sich die Hosenschläuche zuzubinden, aber dort liegt ein Strumpfband auf dem Kanapee, und des Vinzen Hosensack ist außerdem für alle Bubennöte gut ausgestattet. Und jetzt wird gegangen.

Hinterm Hauseck steht der zottige Böhmwind, der grobe Rauhbauz, der Bösewicht und Kinderschreck. Jählings springt er vor und reiht sich ein. Der Blas hat das an seiner Brust hängende Öllämpchen auf Groß gestellt. Dagegen kann die alte Laterne des Vinz nicht aufkommen. Sie muß zurücktreten heute, und hat doch schon so vielen vorangeleuchtet, nicht nur zur Schule allein, auch für manche auf dem letzten Weg ins Tal. „Kommt ihr nach?", fragt der Blas aus seinen guten Stiefeln und aus dem hellen Licht. Mehr herausfordernd als hilfsbereit hört sich diese Frage. „Der hat leicht reden", denken die hinter ihm Stapfenden. Aber wer bliebe da von den Kaltenbüchlerkindern zurück, wenn der Sonnleitnerbub trumpfen will! Das hat selbst die kleine Vevi schon in sich, und sie trägt tapfer ihre sieben Jährlein durch den tiefen Schnee. Der Vinz ist hinter ihr als letzter. Soviel Licht gibt die Laterne doch, daß die kleine Schwester in der Spur der Vorderen bleiben kann. Sie muß gut aufpassen; wenn sie danebenträte, versänke sie bis an den Leib. Der Böhmwind schwingt die scharfe Geißel und haut die Backen rot. Er fährt in den Schnee, er stiebt ihn auf und flitzt ihn in die junge Schar. Er streckt die Zunge höhnisch aus, verlügt den Weg, zertritt das Wort und beißt sein Lachen in die Augen. Sßchui! Wie faucht dies Bleckmaul ins Gesicht! Wie schlagen sich die groben Tatzen in die Kleider! Die alten Fichten schaudern auf, die nackten Buchenäste ächzen. Sßchui! Der Böhmwind hält sein böses Jagen. Was ist da schon ein Lämpchen oder gar so eine armselige Laterne? Sie sind schon längst verlöscht.

„Kommt ihr nach?"

Zerrissen flattert die Frage im Wind, und doch ist ihr selbstbewußter Ton nicht zu verkennen. Ja, sie kommen. Der Vinz hat seinen Schulpack der Burgel gegeben und trägt die Vevi buckelkraxen. Seine ungeschlachten Stiefel schlappern und sein junges Brüstel dampft.

„Kommt ihr nach?"

Wenn man nur auch einmal so frei dahinstapfen könnte, dann hätte der da vorn wohl keine Zeit zum Fragen mehr.

„Kommt ihr nach?"

Jetzt aber hat der Vinz genug. Er tritt samt der Vevi aus der Spur und watet sich mit aller Kraft den drei Geschwistern vor. Es ist ein dummes Stückl, das er da macht, jedoch soll man sich vielleicht noch länger fordern lassen?

Der Blas merkt am schweren Stiefeltritt, daß sich hinter ihm etwas geändert hat, und der Vinz gibt ihm auch gleich recht klare Auskunft: „Brauchst nicht mehr fragen! Ich bin schon da."

Er führt seine Geschwister an, mehr will er nicht. Es hätte keinen Sinn, sich mit dem anderen auf ein Rennen einzulassen. Mag er ausgreifen, wie er will und noch so wild mit seinen Armen rudern, er rennt nur mit sich selbst. Lauf zu!

Es tagt. Klirrklar steht aus den Bergen der rote Himmel auf, indessen auf der Abendseite die Wälder noch im dunklen Frostblau starren. Jetzt ruft der Vinz zurück:

„Kommt ihr nach?"

Das klingt wohl anders.

„Vinz, wart ein bissel!", kommt es vertraut nach vorn zu ihm.

Er steht und setzt die Vevi ab. Sie kann jetzt schon alleine laufen. Gar seltsam schaut sich dies mühe Vorwärtskommen an. In den schwarzen Tüchern, deren Rückenzipfel bis auf den Boden reichen, stelzen die Schwestern dahin wie Krähenvögel. Der Lies ist das ganze Gefieder zerzaust. Sie zieht den aufgegangenen Schal auf einer Seite nach wie einen lahmen Flügel. Die Burgl hat sich gut gehalten. Ihr frisches Gesicht glüht aus dem schwarzen Wollplust wie ein lustiger Sabinerapfel. Und der Sepp will erst gar nicht beachtet werden.

Es kann schon wieder weitergehen. Das Bärnbachholz hat den Wind jetzt aufgefangen und ihn in seine tiefen Tobel eingesteckt, und gleich am drüberen Waldrand liegt schon das Dorf. Der Blas wird wohl schon längst am Ofengitter sein froststeifes Röckel auftauen. Oder er wird auf der Bühne, die seit einigen Tagen im Schulzimmer aufgeschlagen ist, hin und her stolzieren und seine Rolle sagen; denn heute ist der letzte Schultag vor den Weihnachtsferien, und da wird Theater gespielt, und die Leute kommen von überall herbei. „Haltet dies kleine Stückel Weg noch aus! Geh nur, Vevi! Wirst sehen, wie gut der Vinz und die Burgl spielen werden. Und jetzt lauf noch ein bissel, weil die Schule schon beginnt."

Es wäre nicht notwendig gewesen, das spätere Eintreffen der Kaltenbüchlerkinder eigens anzukündigen und so ausführlich zu rechtfertigen; dies Wetter hat jedem selber die Antwort schon vor der Frage eingeblasen. Die älteren Buben machen dem Blas den Vorwurf, daß er nicht beim Schübel geblieben ist. Aber die wissen ja nicht, worum es ging.

Wie die Spätlinge jetzt eintreten, da merken alle, daß hier das Mitleid, das der Blas zu wecken versucht, entschiedener Abwehr begegnet. Nein, nein, der Sturm hat ihnen nichts getan. Man sieht es ja, jedes macht sein fröhliches Gesicht. Wenn auch die Vevi und die Lies ein wenig schleppend an ihre Plätze gehen, so braucht man sich dabei nichts zu denken. Schaut ihnen nur nicht gar so genau zu, wie sie jetzt langsam ihre Schulsachen auspacken! Hört lieber darauf, wie der Vinz und die Burgl dem Lehrer eingehend von der Freude ihrer Eltern auf das Theater erzählen und von allem Möglichen noch, was ihnen im Augenblick einfällt.

Es ist gut, daß dieser gleich weiß, warum sich die beiden

so ereifern, so kann er die Aufmerksamkeit wieder auf andere Dinge lenken.

Im Sitzen spürt jetzt auch der Vinz, daß er müde ist. Wenn nur die alte Schulbank nicht jedes Einnicken vermeldete, dann könnte man ein kurzes Schläfchen wagen. Aber sie begehrt ja schon bei jedem Schnaufer auf, der einmal ein bissel tiefer geht. Man darf es ihr nicht übelnehmen, sie möchte halt auch einmal ihre Ruhe haben. Sie trägt noch das ungefüge K, das der Kaltenbüchler-Großvater als Bub schon eingeschnitten hat, und dann den Ring herum, den einst der Vater kerbte, und jetzt die Stacheln dran vom Vinz, daß das Ganze aussieht wie das Kartenzeichen einer Festung. Man darf es ihr nicht übelnehmen, dieser alten Bank, die noch außerdem ein ganzes Wirrsal anderer Geschlechterrunen birgt.

Die Lies und die Vevi kämpfen ehrlich und lange schon gegen die wohlige Wärme, mit der das singende Ofenfeuer sie berieselt, und gegen eine eintönig sich abspulende Stimme, die sie nur immer fester einlullt. Die Burgl hat schon manchen Huster auf die beiden herübergeworfen, aber allmählich versagt auch dies sonst so aufrüttelnde Mittel. Immer kleiner werden die Augen, immer tiefer sinken die Köpfel nieder; immer kecker stellen sich die steifgeflochtenen Zöpfe, und plumps und plumps sind die beiden selig eingenickt.

„Sie sind recht müd", sagt der Sonnleitner Blas, der sie in ihrem stillen Schlummer bald entdeckt hat.

Doch die Burgl fällt ihm ins Wort: „Nein, die sind gleich wieder wach", und ein Ruf von ihr reißt sie auf.

Der Lehrer weiß das gezielte Mitleid des Blas wohl zu deuten und auch die gute Strenge, die aus dem Schwesterherzen kam.

„Laß sie schlafen!", beschwichtigte er die Burgl, „sie sollen heute auch einmal einen guten Tag haben."

Draußen hat sich überm Kugelholz dichtes Bauschgewölk heraufgeschoben. Ein Goldammerschwarm ist auf dem Strohwickel vom Brunnenbaum eingefallen, neuen Schnee verkündend. Der Böhmwind packt mit rauhen Griffen die hungernden Vögel und wirft sie wieder über die verschneiten Dächer fort, hinaus in die heimatlose, weiße Weite. In hellen Schwaden schneit es heran, und dunkel kommt es aus den Wäldern nach. Das Schulhaus ist eingewirbelt. Wie schön ist jetzt das Geborgensein! Die Buchenscheite im grünen Kachelofen prasseln, und die Lampen glühen warm. An den Fenstern wehen die Flocken wild vorbei, und der Wind johlt hinter ihnen drein. Mag es wacheln, denken die Kinder vom Dorf, wir haben keinen weiten Schulweg. Mag es wacheln, denken die von Ödstadl, durchs Hochbuchet kann kein Sturm. Aber auch die Stocködener, der Sonnleitnerbub und die Kaltenbüchlerkinder, können heute unbekümmert in dies tolle Treiben schauen; heute kommen ja die Eltern herunter, mit den Rössern sogar und dem Leiterschlitten. Da ist der Heimweg eine wahre Lust, da möchten wohl die meisten auf Stocköden wohnen.

Es schneit dahin. Es schneit die frischen Bahnen wieder zu, es schneit den Dächern höhere Hauben auf, den Bäumen neue Lasten. Es schneit dem Mittag in den Mund und aller Arbeit in die Arme. Es schneit hinweg über Dorf und Einschicht, und alles ist still geworden ...

Winter im Waldgebirg, man muß dich nur kennen, sich frühzeitig härten und rauhen an dir, dann bist du ein Vater, ein guter Vater.

MAX MATHEIS

Das St. Oswalder Christkindl

Pfarrer Heinrich Hockgeiger in Sankt Oswald ist ein kunstsinniger Mann. Seit er die Pfarrstelle des schöngelegenen Bayerwalddorfes am Fuße von Rachel und Lusen versieht, ist er unablässig bemüht, die Kirche innen und außen zu verschönern. Er war noch nicht lange auf seinem Posten, als ihm wieder einmal eine Idee kam. Zu einem richtigen Weihnachtsfest, so sagte sich der geistliche Herr, gehört auch ein Christkindl. Aber ein solches hatte seine Pfarrkirche nicht. Woher nehmen? Eines kaufen, vielleicht aus Wachs? Oder war eines aus Holz besser? Mit Wald und Holz hatten die Waldler doch ständig zu tun. Da fiel ihm ein, daß im nahen Spiegelau der Holzbildhauer Hans Lentner wohnte, bekannt weit und breit als ein hervorragender Schnitzer von Madonnen, Kruzifixen und Heiligen. Bei ihm bestellte der Pfarrherr also ein Christkindl, schön groß, pausbackert, lieb, doch auch mit dem nötigen himmlischen Glanz und göttlichen Schein. Hans Lentner mit seinem großen Bart hatte zwar stets viel Arbeit, aber den hochwürdigen Gast kannte er schon gut und daher sagte er zu. Schließlich kam das Weihnachtsfest. Als am Tag vor dem Heiligen Abend der Mesner die Kirche für das Fest herrichtete, stellte er auch die neue Krippe auf, die für das Lentner-Christkindl gemacht worden war und tat Stroh hinein. Doch wo sollte er die Krippe hinstellen? Und wo war denn das Christkindl? „Um Gotteswillen", meinte der Pfarrer, „das muß ich morgen gleich vom Lentner holen."

Das tat er auch. Eigentlich muß ich besser sagen, das wollte er tun. Denn als er am Heiligen Abend kurz vor Mittag in die Werkstatt des Spiegelauer Künstlers kam, da war dieser höchst überrascht über diesen Gast. Und dann gestand er, daß er das Christkindl ganz vergessen hatte. „Wissens, Herr Pfarrer, sicher hams doch no was zu erledigen. Ich mach's eaner derweil fertig!" sagte Hans Lentner. Dabei holte er aus einer Ecke das hervor, was einmal dieses St. Oswalder Christkindl werden sollte. Viel war da noch nicht zu sehen. Ein wuchtiges und kantiges Stück Holz, aus dem an einem Ende — ganz grob vorgearbeitet — ein plumper Kinderkopf und der Ansatz zweier Arme zu erkennen waren. „Ja, aber, dös bringen'S doch nimmer fertig!" wandte der Pfarrer ein. Doch der Bildhauer beschwichtigte den verzweifelten Pfarrherrn. Er fange jetzt sofort an und am Abend könne er das Christkindl abholen.

Die Kirchturmuhr von Spiegelau schlug gerade die vierte Nachmittagsstunde, da fuhr der St. Oswalder Pfarrherr wieder am Schnitzerhäusl vor. Aber in der Werkstube des Künstlers traf er nur auf einen eifrig werkelnden Schnitzer, der ihn kurz über die Brille ansah und meinte: „Ja, Herr Pfarrer, da sans no zu früh dran. Aber dös Christkindl werd no fertig!" Was wollte der Geistliche da machen? Er setzte sich also ins Auto und fuhr hinauf in das idyllische Bergdorf Waldhäuser am Fuße des Lusen, denn in der dortigen Filialkirche mußte er bereits um sechs Uhr abends die Christmette für die Waldhäuserer Pfarrkinder halten. Kalt war's draußen! Ein herrlich kalter Weihnachtsabend. Hier und da leuchteten schon die Lichter der ersten Christbäume aus den Fenstern der Häuser und Höfe. Schön war die Abendmette dort oben. Doch kaum war am Ende das „Stille Nacht, Heilige Nacht" verklungen, da hatte es der Pfarrer plötzlich eilig. Schnell umgezogen und hinein ins Auto. Doch nicht nach St. Oswald, sondern hinunter nach Spiegelau steuerte der

43

Geistliche seinen Volkswagen. Kurz vor acht Uhr abends stand er wieder in der niedrigen Schnitzstube. Draußen schneite es inzwischen mächtig. Überall war Weihnachtsfriede, überall leuchteten Christbäume aus den Fenstern auf die menschenleeren Straßen und Wege. „Glei hob is!" meinte Hans Lentner. Doch was sah der Geistliche? Der Holzklotz war noch immer größtenteils ein Holzklotz, nur an einem Ende erkannte man jetzt ein liebliches, strahlendes Kindergesicht und zwei allerliebst ausgestreckte Arme. „So, schaugn's, is nöt schö?" fragte der bärtige Mann. „Da nehmens jetzt a grouß weiß Tuach und wickeln des Christkindl schö ei, wie ma halt a Christkindl eiwickelt! Und nach de Feiertäg, da bringens ma dös Christkindl nomal, dann mach is endgülti fertig!" Was blieb dem Pfarrer sonst übrig!

Als um Mitternacht die St. Oswalder zur Christmette kamen, sahen sie erstmals in ihrer Pfarrkirche ganz vorne beim Speisgitter eine richtige große Krippe und darin auf Stroh, mit einem neuen, großen Leintuch umwickelt, ein Christkindl! Daß dies noch gar nicht in den kleinen Füßen frieren konnte, weil es keine hatte, das wußten nur wenige Eingeweihte.

Als die Weihnachtszeit vorbei war, nahm Pfarrer Hockgeiger sofort sein halbfertiges Christkindl und brachte es wieder in die Schnitzwerkstatt. Hans Lentner sagte zu, es baldmöglichst fertigzuschnitzen. Doch Künstler sind eigene Leute und so ein gefragter Mann, wie es der Johann Lentner ist, der hat halt immer mehr Aufträge als er eigentlich ausführen kann. Aber diesmal ließ der St. Oswalder Pfarrherr nicht locker. Immer wieder erkundigte er sich und stellte auch mit Befriedigung fest, daß so nach und nach, ganz wie er eben Lust hatte, Hans Lentner dem pausbackerten Christkindl auch einen Brustkorb, einen Säuglingsbauch und ein paar wursterte Fußerl wachsen ließ. Wieder kam der Heilige Abend. Als der Pfarrer um elf Uhr in die Werkstatt trat, legte der Schnitzer gerade letzte Hand an, wie man so schön sagt. Doch diesmal ließ sich der Auftraggeber nicht wegschicken. Er setzte sich zu dem Alten und so erlebte er, wie sein Christkindl durch das Messer des Künstlers sozusagen zum Leben erweckt wurde. Hier noch eine Kleinigkeit weg, dort das Knie noch etwas runder, den einen Finger etwas schmäler und noch einen Grad Fröhlichkeit mehr ins Gesicht.

Endlich — es war längst Nachmittag — da war es soweit. In eine Decke eingewickelt trug der Geistliche sein Christkindl hinaus ins Auto und legte es behutsam auf den Rücksitz. Genauso, wie er es schon viele Male gesehen hatte, wenn junge Erdenbürger zur Taufe in seine Kirche gebracht werden. Zur Mitternacht konnten bei der Christmette die St. Oswalder erstmals ihr neues Christkindl ganz sehen, wie es mit ausgestreckten Armen unter der großen Tanne vor dem Altar zu ihnen herlächelte.

Doch als die Weihnachtstage vorbei waren, da wanderte das Christkindl nochmals aus. Es kam zum Kirchenmaler nach Cham, der ihm mit kundiger Hand seine hölzerne Windel vergoldete und mit einem Hauch von Farbe dem Lindenholzkörper zusätzliches Leben einflößte. Und am nächsten Weihnachtsfest war das nunmehr dreijährige Christkindl endlich rundherum fertig. Es hat jetzt schöne dunkle Haare, große leuchtende Augen und einen roten Mund. Seine ausgebreiteten Arme hält es so, als wollte es sagen: So, da bin ich jetzt. Und es blickt die großen und kleinen Waldler freundlich an und kündet ihnen in der kalten Winternacht das große Ereignis der Geburt Christi.

Diese wahre Geschichte zeigt aber auch, daß es selbst für einen Pfarrherrn mitunter recht schwierig ist, seinen Pfarrkindern ein Christkindl in die Krippe zu legen.

WALTHER ZEITLER

Seite 45:
Das St. Oswalder Christkindl

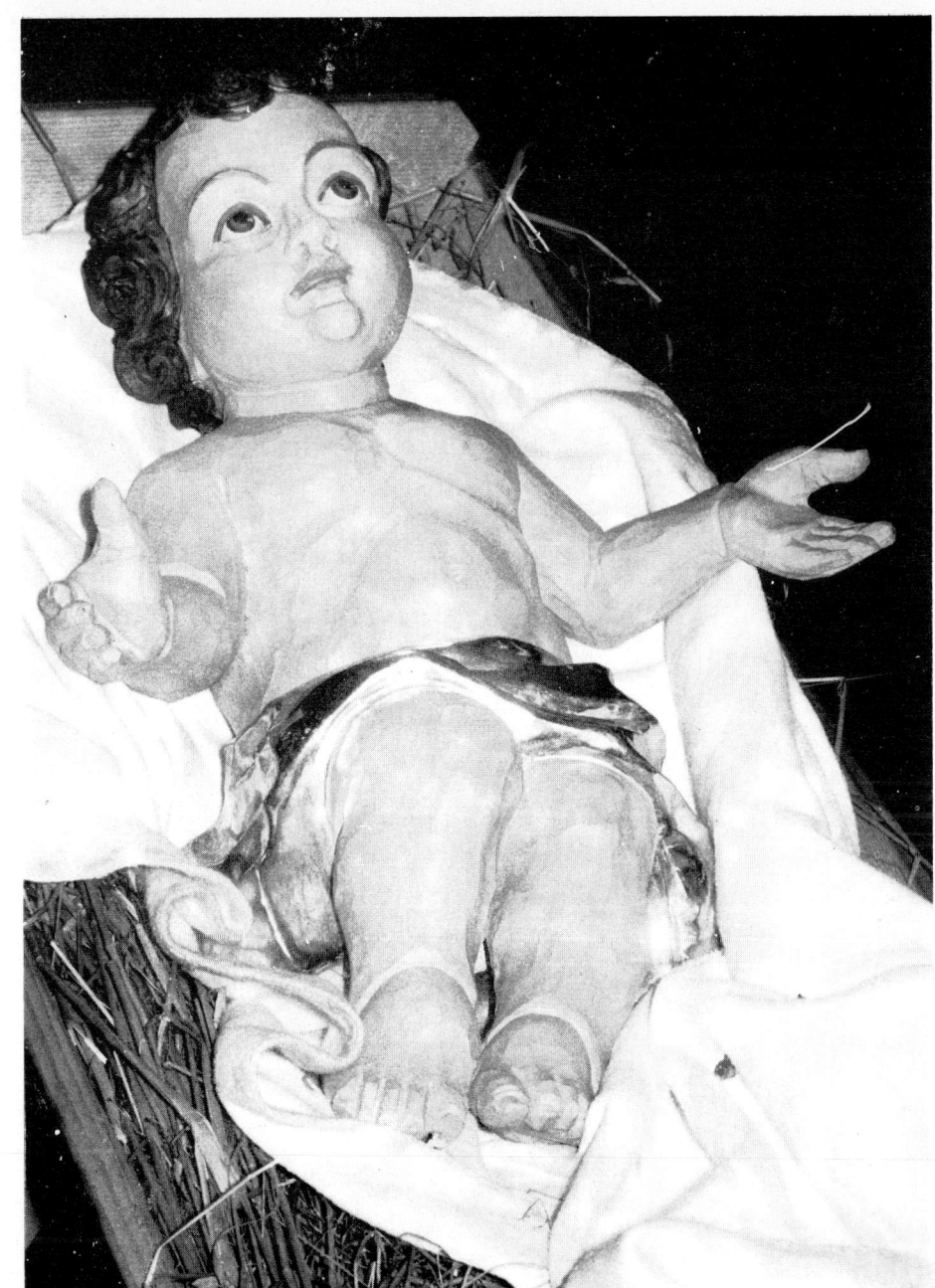

Geschichte der Weihnachtskrippe

Kein Brauch, der mit dem Kirchenjahr verbunden ist, hat in den breiten Volksschichten von ganz Mittel- und Südeuropa stärkere Wurzel gefaßt als der Aufbau der Weihnachtskrippe. Krippenkunst ist eine liebenswürdige Kleinkunst, die bei uns seit Jahrhunderten blüht.

Die Idee der Krippe ist unwandelbar, doch ihre Ausgestaltung richtet sich nach den Menschen der verschiedenen Zeiten und Völker, spiegelt ihr Denken und Empfinden und portraitiert in der Nachbarschaft der Krippe die eigene Umwelt, das städtische oder dörfliche Leben.

Als Geburtsjahr der Weihnachtskrippe gilt das Jahr 1223, als Franz von Assisi im Wald von Feccio eine Weihnachtsfeier abhielt mit Figuren und ausgestopften — manche sagen auch mit lebendigen — Tieren das weihnachtliche Geschehen für seine andächtigen Zuschauer und Zuhörer darstellte.

Dieser Brauch fand dann bald überall Nachahmer, von Sizilien bis hinauf nach Flandern, von Spanien bis Österreich. In Altbayern und Tirol wurde er aber besonders heimisch, viele behaupten sogar, er sei von hier ausgegangen. In Italien verehrte man auch das sogenannte „Bambino im Kästchen", ein Fatschen- oder Wickelkind unter einem Glassturz.

Die Figuren der Krippe wurden meist von unbekannten einheimischen Künstlern geschnitzt. Durch sie wird die Krippe erst lebendig und sie erzählen die biblischen Geschehnisse in allen Einzelheiten. Der gläubige Sinn und die Freude an der Prachtentfaltung, wie sie Altbayern und Tirolern eigen sind, konnten sich an den Krippendarstellungen so recht entfalten.

Auch Phantasie und Humor sind dabei nicht zu kurz gekommen. Dafür gibt es in jeder großen Krippenschau genügend Beispiele: Da hält — man glaubt nicht recht zu sehen — vor den Toren Bethlehems eine Kompanie Kaiserjäger Wache. In der sogenannten Elefantenkrippe zu Brixen ist ein Schweineschlachten mit allem Drum und Dran dargestellt. Die Kirche von Großthalham erwarb 1758 eine Krippe, in der das militärische Gefolge eines der Hl. Drei Könige originalgetreu uniformierte kurbayrische Husaren waren! Auch zur politischen Satire mußte das Kripperl schon herhalten: Der Tiroler Heimatforscher Mang berichtet von einer Krippe, in der der Schornsteinfeger zum Rauchfang eines Hauses hineinschaut. Das sollte eine Anspielung auf

49

die gesetzliche Verfügung Kaiser Josef II. an die Kaminkehrer sein, bei der Ausübung ihres Berufes zu riechen, ob die Frauen nicht heimlich den damals in den österreichischen Landen streng verbotenen Kaffee kochten.

In der Zeit des Rokoko tritt uns in der Krippe die Schäferpoesie entgegen. Dabei brachte die Phantasie der Aufsteller oft Dinge in das Kripperl mit hinein, die mit dem weihnachtlichen Geschehen wirklich nichts mehr zu tun hatten. Darum darf es uns nicht wunder nehmen, daß die Aufklärung Front machte gegen die Krippendarstellung, nachdem ihr früher schon einmal die Reformation den Krieg erklärt hatte. Im Jahre 1803, also in einer Zeit, in der die Säkularisation Klöster und Kirchen schloß und die Passionsspiele in Oberammergau verboten waren, wurde auch das Kripperl aus den Kirchen Bayerns verbannt. Doch aus dem Herzen des Volkes konnte der alte Brauch nicht gerissen werden.

Zweifellos liegt auch eine Ursache für die Beliebtheit der Krippen in der natürlichen Aufgeschlossenheit und Freude des Altbayern und Alpenländlers am Theatralischen. Der Norden Deutschlands, auch das katholische Rheinland und Westfalen dagegen haben erst spät und dann nur vereinzelt zum Kripperl gefunden.

Es besteht auch eine enge Verwandtschaft zwischen den Krippendarstellungen und dem geistlichen Theater. Der Gegenreformation und ihren Hauptträgern, den Jesuiten, war die Krippe, ebenso wie das Theater, eine wertvolle pädagogische Hilfe zur Veranschaulichung und Vertiefung des biblischen Geschehens.

Um 1600 wurde in unserer ostbayerischen Heimat der Krippenbau in den Kirchen eingeführt. Aus der Chronik der Oberpfälzer Krippenbauten wissen wir, das z. B. die katholische Kirche in Walderbach schon um 1671 eine eigene Krippe besaß. Heute ist sie allerdings nicht mehr vorhanden — fünf Brände und Plünderungen, das übersteht kein Kircheninventar!

Die wertvollste und älteste Krippe dürfte die von Heilbrünnl bei Roding sein. Ursprünglich soll diese Krippe ja aus der Pfarrkirche oder dem Spital von Cham stammen, vielleicht kam sie im Zuge der Entbarockisierung nach Heilbrünnl, wird aber jetzt in Roding aufbewahrt.

Der Schnitzer war schon ein Künstler von Rang! Dafür sprechen vor allem die ausdrucksvollen Köpfe der Hauptfiguren. Da die Krippen laufend ergänzt und erweitert wurden, haben sie meist keinen einheitlichen Stil und auch die Größe der Figuren ist oft recht unterschiedlich, so auch in Heilbrünnl.

Beim Gefolge der Weisen waren die Schnitzer recht auf ihre Phantasie angewiesen. Das zeigen vor allem die beiden Kamele, die ausschauen „wie bucklige Rösser mit schiach langen Krägn", wie es in einem alpenländischen Weihnachtslied heißt.

Ein echter Elefant hat bei dem grauen Ungetüm der Krippe auch nicht Pate gestanden. Aber, was machte das schon aus, die andächtigen Kripperlbesucher hatten ja damals auch noch keinen echten Elefanten gesehen.

In der Biedermeierzeit fand die Krippe Eingang in die Familien. Seit dieser Zeit gibt es in Stadt und Land eine Menge heimischer Darstellungen.

Bei der jahrhundertelangen Tradition der Krippendarstellungen, die alle nach Zeit und Ort vielfältige Variationen über dasselbe Thema, die Geburt des Herrn, darstellen, ist nur verständlich, daß Krippen auch gesammelt werden, und das nicht erst in jüngster Zeit.

Die schönste, reichste und wertvollste Sammlung hat das Nationalmuseum in München. Eine ähnliche befindet sich in Innsbruck im Tiroler Volkskundemuseum.

In Saalfelden im Salzburger Land gibt es ein Krippenmuseum, das 150 Krippen zeigt, in allen Größen: von zehn Quadratmeter Fläche bis herunter zur Krippe in der Zigarrenschachtel. In Regensburg hat sich ein Krippenverein der Gestaltung der Weihnachtskrippen und der Pflege der Krippenkunst angenommen. In Cham findet auch regelmäßig eine Krippenschau statt. Einige recht schöne Krippen beherbergt das Oberhausmuseum in Passau, weihnachtliche Volkskunst aus der Oberpfalz und Niederbayern das städtische Museum Regensburg.

WILLI STRASSER

Das Röhrnbacher Krippenspiel

Weihnachten, das Christfest, das schönste und volkstümlichste Fest des Jahres, ist uralt. In Rom, unter Papst Liberius, wurde am 25. Dezember des Jahres 354 die Christmette zum erstenmal gefeiert. Deutschland hat das hohe Fest erst später, zur Zeit Kaiser Karls des Großen im Jahr 813 durch die Mainzer Kirchenversammlung eingeführt. Altheidnische Losnachtbräuche vermengten sich mit ihm, und auch der altdeutsche Name der geweihten oder heiligen Nächte ging über auf das neue Licht- und Winterfest. Christentum und Heidentum lagen damals noch in argem Widerstreit. Darum versuchte die Kirche mit Schauspielen und Schaustellungen dem Volk die neue Heilsbotschaft, namentlich die Lebens- und Leidensgeschichte des Heilandes, recht handgreiflich und anschaulich zu machen. Der große Heilige Franz von Assisi soll dann im Jahr 1223 auch die Krippenlegung des göttlichen Kindes zum ersten Male feierlich begangen haben.

Schon früh schrieben Mönche und Weltpriester sogenannte „Mysterienspiele", geistliche Oster- und Weihnachtsspiele. Das Volk fand großen Gefallen daran und fing bald selber an, auf eigene Faust Stücke zu gestalten. Das älteste vollständig erhaltene deutsche Weihnachtsspiel ist das aus St. Gallen in der Schweiz aus dem endenden 13. Jahrhundert. Viele volkstümliche Weihnachtsspiele sind aus dem Böhmerwald überliefert worden; Dreikönigsspiele mit dem „Sternsingen" schlossen sich daran und oft verschmolzen beide. Auch in unserer engeren Heimat wurden alle Jahre solche Krippenspiele mit dem „Kindlwiegen" aufgeführt. Bereits im 17. Jahrhundert zeigten die Waldkirchner ein Weihnachtsspiel in ihrem Markt, und da sie offenbar recht gute Schauspieler waren, wurde

ihr Stück auch in der Umgebung verlangt und gespielt. So meldet die Freyunger Kirchenrechnung des Jahres 1631 kurz und bündig: „Zu H(eiligen) Weynächten denen von Waldtkhirchen, so die Histori von der Geburt Christi hie agirt, ain halb Spiz Väßl Pier bezahlt 6 s(chilling) 24 d(enar = Pfennig)."

Ein uraltes Krippenspiel, ja eines der ältesten bairischen überhaupt, blieb im nahen Markt Röhrnbach überliefert. Freilich, seit über hundert Jahren war dieses in seinen Anfängen vielleicht aus dem 16. Jahrhundert stammende und in der spielfreudigen Barockzeit zur endgültigen Form gebildete Weihnachtsspiel verklungen: Unter dem Röhrnbacher Pfarrherrn Joseph Butz (gestorben 1856) hat man es zum letzten Male aufgeführt. Erhalten geblieben uns aber in der Sammlung des Volksliedforschers August Hartmann der Text nach der alten Spielerhandschrift des Dienstknechtes Matthias Kobler aus Kleinwiesen von 1837 und die Liederniederschriften des Röhrnbacher Schullehrers Alois Heilmayr. Der Münchner Universitäts-Professor und bekannte Volksliedforscher Dr. Kurt Huber, Freund und Schicksalsgefährte der von den Nazis hingerichteten Geschwister Scholl, hat schließlich das Spiel neu belebt. So konnte diese „Christkindel-Kumedi" endlich wieder gespielt werden: 1935 in München von einer Zwiesler Spielgruppe unter Leitung des Baumsteftenlenz, dann nach dem Krieg im Jahr 1958 in Zwiesel und ein Jahr darauf in Röhrnbach selber, wobei die alte, traute, volkstümliche Weise treu bewahrt geblieben ist.

Das Röhrnbacher Krippenspiel gleicht in Form und Aufbau sehr den anderen Weihnachtsspielen, die uns aus Altbaiern überliefert sind. Herbergsuche, Verkündung der Geburt des Heilands durch die Engel, Anbetung durch die Hirten, Kindleinwiegen, Besuch der Heiligen drei Könige und des „Landpflegers" Herodes, Anbetung durch die Könige, Flucht der Heiligen Familie nach Ägypten und endlich des Herodes schreckliche Höllenfahrt reihen sich in bunter Folge aneinander. Schriftdeutsch und Mundart sind in den Liedern köstlich verquickt.

Da singt ein Hirte nach der Verkündung das Wecklied:

Gotts Wunder! Jetztunder
was hab ich derblickt!
Stehts auf, liebe Buama,
seggts, was uns Gott schickt!
Dort drunten im Feldlein,
da glanzt es so schön,
wir müssen hingehen,
muß wer dorten stehn.

Dort drunten in Bethlehem,
glaub i, daß's brinnt.
Ei daß' uns beim Schlapprament,
d'Stadt ham a' zündt!
O Buama, gehts schleuni,
gehts in die Stadt 'nei!
Der Sewold is kemma,
mir solln uns erfreun.

Und die zwei andern, vom Schlaf erwachten Hirten stimmen gleich mit ein:

A Engel is kemma,
der hat uns verkündt:
Solln ebbas mitnehma,
fürs göttliche Kind.
Es is ja geboren
zu Bel'hem im Stall,

sunst wärn wir verloren
zwengs Adam sein Fall.

In diesem stimmungsvollen Röhrnbacher Weihnachtsspiel klingt noch altbairisches Brauchtum in wundersamer Weise mit. Der listige Bauer im Herodesspiel ist der mittelalterliche Narr, und am Schluß des Spieles holt der Teufel den Herodes in die Hölle, so daß auch hier das Gute übers Böse siegt:

Da hast du es, da hast du es!
Wigeldi, wageldi!
Gehst nöt, so trag i di!
Herodes, dein Leib und Seel gehöret mein!
Ich fahr mit dir in die höllische Pein!

Während des Spieles steht die Heilige Familie stets im Hintergrund, der Engel hält darüber den „fungazeten" Stern, und das mildert die derbe, bäuerliche Weise des Spiels, verschönt sie überaus und zeigt so recht die große Frömmigkeit, mit der die Weihnachtslegende vor Jahrhunderten in den großen Wirts- und Bauernstuben des weltvergeßnen Waldmarkts dargestellt wurde. Sparsam ist die Anwendung dramatischer Mittel, ein Chor dient als Erzähler, der die einzelnen Szenen miteinander verknüpft. In seinen jüngeren barocken Liedern übernimmt er die Rolle der mit dem Geschehen empfindenden, jauchzenden und klagenden Seele des Zuschauers.
Das schlichte Bauernspiel rührt tief zu Herzen. Uraltes Brauchtum, mittelalterliche Tanzform und halbkirchliche Ansingweise, das evangelische Weihnachtslied und Hans Sachs' bürgerlich- reformatorische Bühnenkunst, das vornehme Pastorale des Barock und bäuerisches Hirtengsangl in Schalmeienton, dies alles klingt zum Lob des Herrn zusammen.

PAUL PRAXL

Herbergsuche aus dem Röhrnbacher Krippenspiel

Das Bühnenbild zeigt den Platz vor der Herberge in Bethlehem

ENGEL:

(wird von einem Buben oder kleinem Mädchen dargestellt. Tritt weißgekleidet aus dem Vorhang, auf dem Kopf eine gezackte Krone, die nach oben breiter wird, ein Seidenband als Gürtel und eines um den rechten Arm, in der Hand ein Szepter, von welchem seidene Schnüre und Bänder herunterhängen)

Gott in der Höh sei Ehr allein
und Fried den Menschen, die eines guten Willens sein!
Wie geschrieben steht in dem Gesatz,
wie uns die Schrift hat längst gesagt:
Das Gesatz ist über die Maßen,
daß sich Josef und Maria schätzen und schreiben lassen.

(Wirt kommt heraus und setzt sich schweigend auf einen Stuhl zur rechten Seite des Spielraumes!)

JOSEPH:

(Er tritt mit Maria auf. Er hat einen sehr breiten, weitscheiberten Hut, großen grauen Bart aus Tannenflechte, ein Schurzfell um, in der Rechten eine ganz aus Holz gefertigte Axt (Bandhacka), auf welche er sich stützt. Er geht immer gebeugt.)

Maria, Maria, mein vertrautes Weib,
merk auf mein Wort und behalt's mit Fleiß!
Ich kann es nicht länger verschweigen;
ich muß es dir anzeigen.

Es ist ein Brief ausgangen auf alle Land und Straßen,
daß sich ein jedermann soll schreiben und schätzen lassen.
Weil wir unter dem Kaiser leben,
so müssen wir uns auch unter die Schätzung geben.

MARIA:

(Wird durch ein 12—13jähriges Mädchen dargestellt. Es ist ganz weiß gekleidet; als Gürtel trägt es ein Seidenband, auf dem Haupt ein dreieckig gelegtes weißes Tuch, von dem zwei Enden vorne über die Schulter, das dritte auf den Rücken hinab fallen. Auf diesem Tuch ist oben ein Krönlein befestigt, aus goldpapierüberzogenem Pappendeckel, sehr klein und etwas über die Stirne vorgeneigt.

Mein lieber Mann! bin schon bereit,
Dir nachzufolgen alle Zeit.

singt dann:

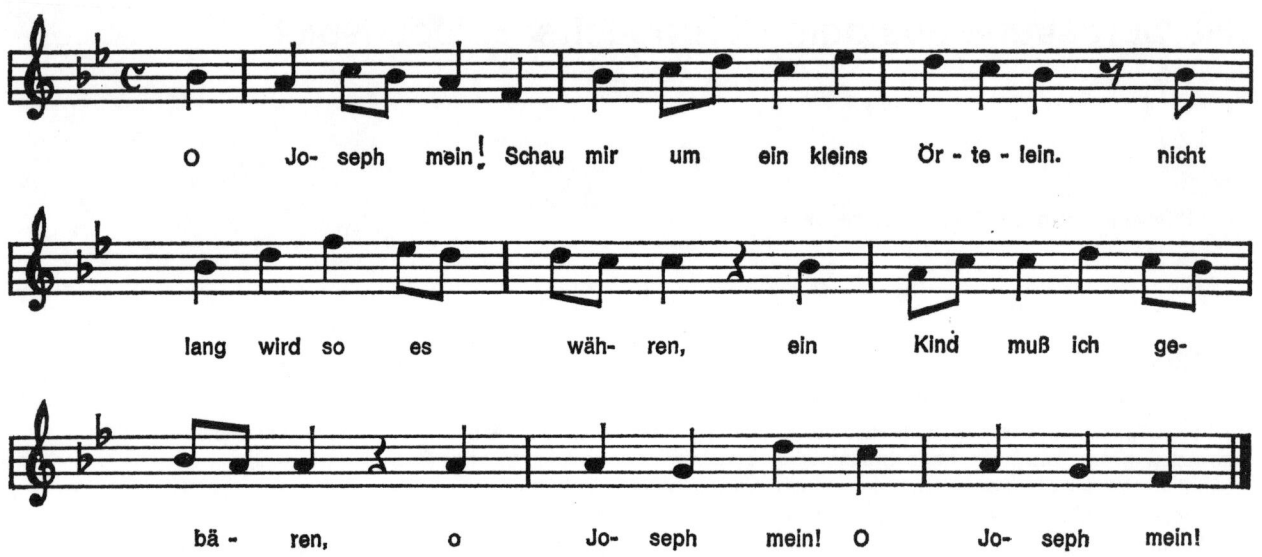

O Joseph mein! Schau mir um ein kleins Örte-lein. nicht lang wird so es wäh-ren, ein Kind muß ich ge-bä-ren, o Joseph mein! O Joseph mein!

(Joseph geht zum Wirt, klopft mit der Axt auf den Boden)

WIRT:

(mit grünem Häublein und weißer Schürze, in Hemdärmeln auf dem Stuhl sitzend)
Wer klopft vor meiner Tür?

JOSEPH:

Ach! arme Leut sind hier.

WIRT:

Was wolln sie da bei mir?

JOSEPH:

Frommer Herr Wirt, beherbergt uns doch diese Nacht!
Mit uns sollt ihr sein nicht beschwert;
wir nehmen vorlieb mit einem schlechten Ort.

WIRT:

Was hab' ich mit dir und deinem Weib zu schaffen?
Wer weiß, wo ihr seid hergeloffen?
Packt euch weg von meiner Tür,
macht mir keine Ungelegenheit dahier!
Von euch hab ich ein schlechten Gewinn.
Schaut euch um einen Ort und geht nur hin!

JOSEPH (geht zur Maria):

O Jungfrau rein,
nach deim Begehren kann's nicht sein.
Zu spat seind wir angekommen,
die Herberg seind eing'nommen

/ : in Bethlehem : /

MARIA (singt auf die vorige Melodie):

O Joseph mein,
wo werden wir heut kehren ein?
Bleibn wir auf offner Gassen,
so friert uns über die Maßen,
/ : O Joseph mein : /

spricht dann:

O Joseph mein, schau noch einmal hinein!

JOSEPH:

Ja, Maria, es hamt mi aber eh scho gar granti angschrian!
(geht zum Wirt)

So will ich ja gehen und schauen herum,
ob ich nicht doch eine Herberg bekumm.
Geh schon herum den ganzen Abend spat
wohl in der ganzen Bethlehemstadt;
hab noch keine Herberg bekommen.
Ach, Gott, tu unser erbarmen!
Wie ungern g'hal't man die Armen!

ZWEITER WIRT:

Wer klopft vor meiner Tür?

JOSEPH:

Ach! arme Leut sein hier!

WIRT:

Was wollt ihr da bei mir?

JOSEPH:

Ich bitt euch, frommer Herr Wirt, beherbergt uns doch
diese Nacht!

Mit uns sollt ihr sein nicht beschwert;
Wir nehmen vorlieb mit einem schlechten Ort.

WIRT:

Ich glaub, ihr seid nicht g'scheid!
Laßt mir mein Haus ung'heit!
Groß Wunder ich von euch vernimm;
Ihr klopft herum, wie ein gottlos Bettelg'sind!
Mein Haus ist schon mit Leuten voll,
ihr wollt denn bleiben in einem alten Stall.
Wenn ihr euch darin wollt erwarmen,
so will ich mich doch euer erbarmen.
Kommt herein! Ich will euch zeigen,
wo ihr diese Nacht könnt bleiben.

(Ein Spieler trägt das Kripperl heraus und stellt es gegen-
über der mit einem Vorhang verdeckten Tür auf den Boden)

JOSEPH (singt nach der eingangs angegebenen Melodie):

O Jungfrau rein,
die Not muß eine Tugend sein.
Ein Stall ist übrigblieben,
Da sein wir unvertrieben!
/ : O Jungfrau rein! : /

MARIA (singt auf die gleiche Melodie):

O Joseph mein,
wie kann die Welt so untreu sein,
mich schwanger auszuschließen,
daß wir im Stall sein müssen,
/ : O Joseph mein! : /

Alle singen daraufhin:

In ei - nen Stall gin-gen sie hi-nein, da - rin ein Ochs und
E - se - lein das Heu beim Krip-pe- lein a - ßen. Beim
Krip pe- lein kniet ein al- ter Mann, er be- tet das klei-ne
Kin- de-lein an, er küs- set ihm sei - ne Fü - ße. O
Sün - der mein, komm auch her - bei thu Dei - ne Sünd ab-

büß - en! Ist uns ge - born ein Kind - lein klein von
ei - ner Jungfrau keusch und rein; fall sel - bi - gem zu Fü - ßen, wenn
Du willst einst nach Dei nem Tod die Got - tes - gnad ge - nie - ßen!

(Während der Chor dieses Lied hinter dem Vorhang singt, erhebt sich der Wirt von seinem Stuhl, tritt zu Maria und Joseph und führt sie langsam, Schritt für Schritt, zum Kripperl, das den Stall bezeichnet. Maria setzt sich sogleich daneben auf einen Fußschemel. In der Krippe liegt das geschnitzte oder wächserne Christkindl. Zu beiden Seiten stehen auf dem Stubenboden ein hölzerner Ochse und ein hölzerner Esel, drei Zoll hoch und vier bis fünf Zoll lang. Vor der Wiege ist auf einer Spange eine Kerze befestigt, welche so lange brennt als Maria und Joseph außerhalb des Vorhangs sind, das heißt von ihrer Ankunft im Stall bis dahin, wo sie der Engel nach Ägypten abfordert. Wenn alle singen „Er küßt ihm seine Füße", neigt sich Joseph und küßt dem Kindlein die Füße. Dann läßt er sich zur Linken Marias auf denselben Fußschemel nieder, so daß er ihren linken Arm berührt. Beide bleiben nun fest aneinandergeschlossen sitzen.)

57

Buama auf!

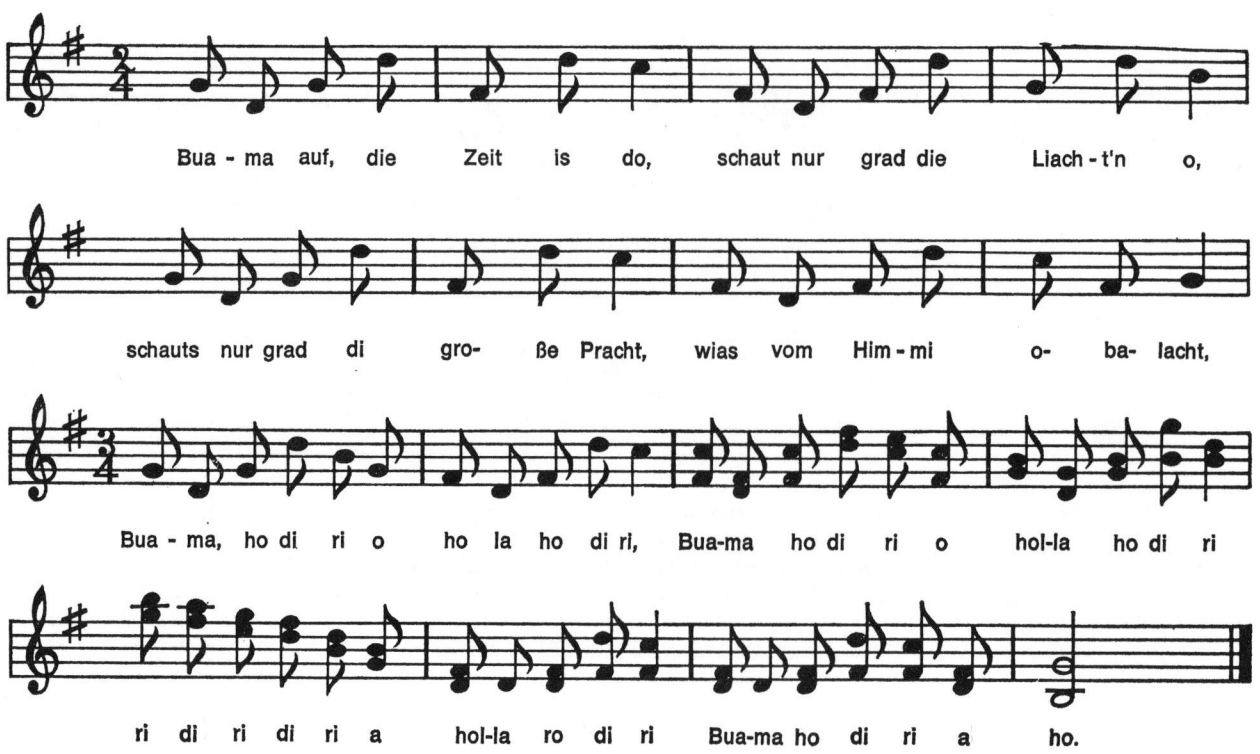

Bua - ma auf, die Zeit is do, schaut nur grad die Liach - t'n o,

schauts nur grad di gro- ße Pracht, wias vom Him - mi o- ba- lacht,

Bua - ma, ho di ri o ho la ho di ri, Bua-ma ho di ri o hol-la ho di ri

ri di ri di ri a hol-la ro di ri Bua-ma ho di ri a ho.

Waldkinder

Tiaf im Schnee san unterganga
d' Einödhäus'l drobn im Reut.
Woaßt schier nimmer aufiz'kemma,
hat eah Weg und Steg verschneit.

Längst hat alle Strohwischsteckern,
dö am Weg'l gstand'n san,
z'rupft und z'rauft der oarge Böhmwind
und vergrabn in tiafe Wah'n.

Und im Wald da biang si' nieder
voller Schnee die junga Baam,
muaßt dir jeden Schritt derraufa,
findst durchs eigne Woad'l kaam.

Aber do' san d' Häus'lkinder
scho am Schulweg lang vor Tag,
stapfen staad dahi durch d' Hölzer,
hörst koan Murrer, hörst koa Klag.

Buam ham d' Stiefeln an vom Vater
und sein wollern Schlips dazua,
Dirndl steckan in an Schaltuach
und in alte Schnabelschuah.

Oft da sinkans bis an Bauch ein,
aber koans laßt's ander hint,
und die Größern treten Bahn aus,
schaun grad, daß all's nachifindt.

Guate dritthalb Stundon brauchans
abi bis in eahna Schui.
Mei', dö Kinder von der Stadt drin
waar der halbert Weg scho z'vui.

Schwitzad kemmans ei' in d'Schuistubn,
ganz durchnaßt und ganz verschneit.
Und wias nachad lobt der Lehrer,
glanzen d'Augn eah voller Freud.

2. Schauts im Ochsenstall da hint, liegt a wunderbarlich's Kind, kemma is's vom Himmö drob'n. Buama laßts uns's Kind'l lob'n.

3. Und d' Maria schlaft a wei(l) und da Josef steht dabei, daß mir's Kindl neamd daschreckt und die Maria neamd aufweckt.

4. Hörst, wia d' Engln jodln toan, weg'n dem Butzerl, weg'n dem kloan, hammans halt a solche Freud, denn jetzt kimmt a neue Zeit.

Prager Jesuskind

So lange christliche Menschen unsere Erde bewohnen, werden sie das Weihnachtsfest begehen und die Geburt des Herrn feiern. Jesus, das Kind, wurde in den fast 2000 Jahren Christentum „in tausend Bildern ausgedrückt", am häufigsten in der Krippe, doch auch das Bildnis des Knaben erfreute sich immer großer Verehrung. In der Stadtpfarrkirche St. Jakob in Cham und in Chamerau steht jeweils auf dem linken Seitenaltar ein sogenanntes „Prager Jesuskind" in einem gläsernen Schrein mit goldenem Barockrahmen und Zierrat. Es ist ein liebliches Kind, gekleidet in reich bestickte Seide, eine Krone auf dem hübschen Wachsköpfchen. Die rechte Hand ist segnend erhoben, in der linken ruht die Weltkugel mit dem Kreuz. Darstellungen des Jesuskindes in dieser Art gehen zurück auf das Vorbild des „Prager Jesuskindes", das heute in der Karmelitenkirche in Prag verehrt wird. Dieses Figürchen bekam eine Gräfin Lobkowitz im 17. Jahrhundert von einer spanischen Freundin zur Hochzeit geschenkt. In Spanien gab es angezogene Gliederpuppen und Heiligenstatuen bereits seit dem 14. Jahrhundert und diese Mode griff auf ganz Europa über. Die Gräfin Lobkowitz schenkte später ihren kleinen Jesusknaben dem Kloster und bald genoß das Prager Jesuskind große Verehrung. Die gestifteten Kerzen an seinem Bildnis brennen auch heute, genau wie vor 200 Jahren, und die Zahl der andächtigen Beter hat sich kaum verringert. Unser nebenstehendes Bild zeigt das „Prager Jesuskind" in der Stadtpfarrkirche in Cham, eine Darstellung aus dem 18. Jahrhundert.

WILLI STRASSER

60

Oberpfälzer Krippen sind Zeugnisse echter Volkskunst

„Mandla" und Stückla" bevölkern die stiftländischen Krippenberge

Seit Jahrhunderten hat das wunderbare Geschehen der Heiligen Nacht zur künstlerischen Gestaltung angeregt. Die Geburt Christi im Stall zu Bethlehem nahmen Künstler schon früh als Vorlage für Kirchenfresken und Altargemälde, Bibelinitialen und Kelchverzierungen. Doch die eigentliche Weihnachtskrippe, wie sie zum Ende des vorigen Jahrhunderts bei uns in vielen Häusern Einzug hielt, ist in Bayern erst seit dem 17. Jahrhundert nachweisbar. Bereits 1601 haben Jesuiten in Altötting eine Weihnachtskrippe aufgestellt, in München soll in der St. Michaelskirche 1607 die erste Weihnachtskrippe gestanden haben. Diese Krippen machten tiefen Eindruck auf die Gläubigen und fanden schnell Nachahmung. Trotz der damals geringen Reise- und Kommunikationsmöglichkeiten wird bereits 1621, also zu Beginn des 30jährigen Krieges, die erste Krippe in der Oberpfalz bezeugt. Sie wurde im Schloß zu Amberg von den Jesuiten aufgestellt, die sie als Anschauungsmodell bei der Missionierung der in Amberg lebenden Protestanten benützten. Damals konnten ja die wenigsten Menschen lesen und so stellten die Krippen eine eindrucksvolle Illustration des von den Kanzeln verkündeten Heilstextes dar.

Dann dauerte es allerdings noch lange, bis sich in der Oberpfalz eine richtige Krippenlandschaft mit typischen Weihnachtskrippen, die nur dort anzutreffen waren, herausbildete. Diese Krippenlandschaft war das Stiftland und der nördliche Oberpfälzer Wald. Sie entstand sicher unter dem Einfluß des Zisterzienserklosters Waldsassen sowie entsprechenden Anregungen aus dem Egerland und aus Böhmen. Vom Stift Waldsassen bezog dieser Raum ja nicht nur seine religiösen Impulse. Bemerkenswert ist, daß nicht namhafte, weitbekannte Künstler diese oberpfälzische Krippenlandschaft prägten, sondern in der Hauptsache ganz einfache Menschen, Handwerker, die in ihrer Freizeit zu Schnitzmesser und Stichel griffen und sich nach und nach ihre eigene Hauskrippe zusammenschnitzten. Mit der Zeit führten einige aber auch Aufträge für andere aus, was sich für die Verbreitung dieses Krippentyps sehr fruchtbar auswirkte.

Fünf Orte taten sich als Krippenorte besonders hervor: Mitterteich, Plößberg, Tirschenreuth, Waldsassen und Wondreb. In Tirschenreuth waren es vor allem die Weber, die das Leinen, sogenanntes Mühlbeuteltuch, für die Mehlsiebe webten, die sich in der Vorweihnachtszeit dem Krippenschnitzen und dem Krippenbau widmeten. Auch in Mitterteich und Waldsassen, wo man vom Kloster mannigfaltige Anregungen bekam, dürften die Leinenweber die eifrigsten Krippenschnitzer gewesen sein. Als die Handweberei durch die zunehmende Industrialisierung immer mehr an Boden verlor, stellten sich die Plößberger Weber immer mehr auf die Steinhauerei und den daraus entwickelten Glasofenbau um, bei dem sie weit in der Welt herumkamen, im Winter aber arbeitslos zu Hause saßen. Man kennt viele von ihnen noch mit Namen, zumal sie ihre Werke am Boden mit ihren Initialen kennzeichneten: Den Samuel Horn, der der erste Plößberger Krippenschnitzer war, dessen Sohn Baptist Horn, den Heinrich Hess und andere.

Das Besondere an den Tirschenreuther Krippen ist der Krippenberg. In den Familien baute man fast ausschließlich Landschaftskrippen. Sie wurden jedes Jahr neu gestaltet. Bühnen- und Kastenkrippen fand man mehr in Kirchen und Klöstern. In Mitterteich und Tirschenreuth waren Rückwand und Seitenwände der Landschaftskrippen meist bemalt, in Plößberg wurden sie mit Moos und Waldzweigen abgedeckt. Bis zu 300 verschiedene Figuren, „Mandla" genannt, standen in den größten Krippen. Dabei hatte jede Krippe verschiedene „Vorstellungen". So nennt man die Darstellung verschiedener Szenen des Weihnachtsevangeliums sowie der Tage davor und danach. Da ist an einer Stelle „Maria Verkündigung" aufgebaut, im Stall ist die Geburt mit den Hirten dargestellt und im Hintergrund sind bereits die Heiligen Drei Könige im Anmarsch. Künstlerische Leckerbissen der Oberpfalzkrippen sind aber die „Stückla". Darunter versteht man eine aus einem Stück Lindenholz herausgeschnitzte ganze Figurengruppe. Beliebte Darstellungen als „Stückla" waren der „Apfeldieb", der „Geißreiter", das ist ein Bub, der vergeblich versucht, auf eine Ziege zu steigen, der „Sautreiber" oder ganze kleine Musikkapellen. Mit fortschreitender Schnitztechnik wagten sich die Künstler auch an schwere Motive, so schnitzte man zu einer Gruppe auch Bäume und an diese gleich die Blätter daran.

Nicht immer passen Größe der Figuren, Kleidung und Darstellung vollkommen zueinander. Aber das ist gerade der Reiz dieser einmaligen Volkskrippen. Da hat sich niemand daran gestoßen, daß etwa der hl. Josef etwas größer ausgefallen ist als ein gewöhnlicher Hirte oder daß neben einem orientalischen Stall Holzhäuser im Alpenstil stehen. Mancher Kamelkopf hätte vielleicht auch genauso gut für ein Reh gepaßt, denn Rehe hatten die Künstler schon zu Dutzenden gesehen, Kamele dagegen noch nie!

In der Regel waren die Figuren aus Lindenholz geschnitzt, etwa neun oder elf Zentimeter hoch und mit Leimfarbe gefaßt. Ölfarbe war nicht so gut, sie verwischte die Feinheiten der Schnitzarbeit.

Die Krippe gehörte in der Oberpfalz zum Haus. Wer das Haus erbte, der erbte auch die Krippe. Doch mitunter wanderte schon einmal eine Figur nach auswärts, wenn eine Tochter wegheiratete und ihre Lieblingsfigur mitnahm oder der Opa sie einem zu Besuch weilenden Enkel mitgab. So kommt es, daß heute ganz reine Stiftlandkrippen von einem und demselben Schnitzer kaum noch existieren.

Für uns sind diese Krippen auch vom volkskundlichen Standpunkt sehr interessant und aufschlußreich. In der meist oberpfälzischen Krippenlandschaft gab es natürlich auch

Burgen und Ruinen, Bauernhäuser und kleine Wegkapellen, doch irgendwie lag immer ein Hauch von Orient darüber, sei es durch den Stall, durch die Könige oder die Kamele. Musikanten in Oberpfälzer Tracht blasen da zur Ehre des Neugeborenen und Werkzeuge und Hausrat entsprechen dem der damaligen Zeit in unserer Heimat.

Eine richtige Oberpfälzer Krippe braucht viel Zeit und Arbeit. Früher galt als Regel, daß man am Kirchweihmontag mit den Vorbereitungen begann. Zuerst ging man in den Wald und holte die „Requisiten": Irischmoos und Steinmoos – Stoamous –, das man von großen Granitbrocken ablöste, Kranawittstauden, Tannen- und Fichtenzweige, alte Baumschwämme, Rindenstücke, Wurzelstöcke und ein paar schön geformte Steine. Über die Krippenböcke legte man stabile Bretter und dann begann der eigentliche, Wochen dauernde Krippenaufbau. Mittelpunkt war natürlich der Stall mit der Heiligen Familie. Da es in der Oberpfalz früher sehr viele Ziegen gab, kamen die Geißen und die Hütbuben nicht zu kurz. Zäune und Brückengeländer fertigte man aus Birkenästchen.

Diese Oberpfalzkrippen waren dann auch der Mittelpunkt des Weihnachtsgeschehens in der Familie. Früher, so wird berichtet, hätte man einfach Stroh vor die Krippe geschüttet und dann hätte man sich darauf niedergelassen und all die Herrlichkeit in Ruhe bewundert. Davon weiß ich selbst nichts mehr. Doch mit meinem Vater, einem gebürtigen Wiesauer wie ich, bin ich regelmäßig in die alte Heimat gefahren, im Frühjahr zur Wallfahrt nach Fuchsmühl, an Allerheiligen zum Gräberbesuch und einmal haben wir zur Weihnachtszeit einen Besuch gemacht, da waren wir in Tirschenreuth, in Kornthan und Wiesau bei Bekannten und Verwandten. Und damals, es war etwa 1929, sah ich erstmals solch große Hauskrippen. Für uns Kinder hatte man einen niedrigen Antritt gemacht, von dem aus auch wir alles gut überblicken konnten. Auf der Heimfahrt habe ich im Zug meinen Vater solange gequält, bis er zusagte, mir auch eine Krippe zu bauen. So bekam ich 1931 eine wunderschöne Krippe aus Holz, mit einem Schindeldach. Den Stall habe ich nicht mehr, doch die Tonfiguren besitze ich noch. Zuerst dachte ich, diese seien aus Wiesau, wo ein Onkel im Tonwerk arbeitete. Doch als ich ab 1934 von Waldershof nach Marktredwitz in die Realschule ging, sah ich am Schulweg beim Hafnermeister Wilhelm Meyer in Marktredwitz ähnliche handgemachte Tonfiguren, so daß meine wohl auch von ihm waren. Meine Krippe hatte damals schon eine Stallbeleuchtung mit Taschenlampenbatteriebetrieb. Die Schafe dagegen waren nicht stilecht. Sie waren aus Holz und stammten aus dem Erzgebirge. Das waren liebliche Bätzerln mit echter weißer Wolle.

Heute wird vor allem in Plößberg die oberpfälzische Krippentradition hochgehalten. Alle fünf Jahre, zuletzt 1980, findet eine große Krippenausstellung statt. Auch Hauskrippen sind in der Zeit von Weihnachten bis Hl. Drei König zu besichtigen. Eine große Plößberger Krippe hat die Gemeinde das ganze Jahr über zur Besichtigung aufgestellt. Im Stiftlandmuseum in Tirschenreuth und im Stadtmuseum Weiden sind ebenfalls schöne oberpfälzische Krippen zu bewundern. Bei der großen Europäischen Krippenausstellung 1979 in Nürnberg fanden Plößberger Krippen im übrigen große Beachtung.

WALTHER ZEITLER

Gebet vor der Krippn

Du Kind in da Krippn,
i knia vor dir her.
Vül mechat i bittn,
di anschaun is mehr.

Du streckst deine Händ hi
so oamselig und schwach,
und dennerst, des glaab i,
haltens d' Welt und mei Sach.

Um di is a Friedn,
daß ma alles vogißt,
an Streit und as Hoamweh
und wos sonst an oan frißt.

Was soll i drum bettln
um des oda 's sell?
Bei dir bin i aufghobn
und alles is hell.

Net bittn na, danka,
des steht ma im Sinn:
Daß du zu uns kemma
und i bei dir bin!

FRITZ MORGENSCHWEIS   67

Wie unsere Eltern dem Christkind geholfen haben

Kindheitserinnerungen aus dem Böhmerwald

Wenn nach dem Allerwelts-Kirchweih-Sonntag in den Schaufenstern die schokoladenen Nikolause und Weihnachtsmänner gleich in Regimentsstärke in Reih und Glied aufmarschieren, dann fällt auch dem allergrößten Hetzmenschen ein, daß Weihnachten naht. Dann erinnert man sich an all die Weihnachtsfeste, die man schon erlebt hat. Und ich muß sagen – vielleicht geht es Vielen so – die schönsten Weihnachten waren doch die daheim im Elternhaus, wenngleich man als kleiner Dreikäsehoch in der Deckelhose oder im Sackkittel herumlief. Ich will einmal erzählen, wie Eltern und Christkind zusammengeholfen haben, um uns Kindern eine kleine, nein, eine überaus große Freude zu machen.

Wenn man vor dem letzten Krieg auf einem Berggipfel des Böhmerwaldes stand und blickte über die Höhen und Täler, so mußte man sagen: Böhmerwald und Bayerwald sind ja ein und dasselbe. Hüben und drüben in den Niederungen Dörfer und Städte und an den Berghängen und Waldrändern die Häuser und Hütten der Leinenweber, der Holzbitzler, der Waldarbeiter, Brasil-Schmuggler und Grenzgeher, der Taglöhner und die „Inhäusl" der Bauern. Mein Vaterhaus gehörte zu dieser Kategorie und da ist es um die Jahrhundertwende zu Weihnachten so zugegangen: Nach Allerheiligen sind die Sitzweilen angegangen. Wenn die Kinder in der Schlafkammer waren, haben Vater und Mutter auf der Ofenbank beratschlagt: „Ja, was werden wir den Kindern zum Christkindl geben?" Das Geldtascherl war mager, darum hieß es, selbst etwas zu machen. Was man dazu in erster Linie brauchte war Holz und das gab es in Hülle und Fülle. Daraus haben geschickte Elternhände die schönsten Spielsachen zusammengebastelt.

Der Wunschzettel der Kinder war ja nicht groß. Die Deandln wünschten sich alle eine „Dogga", wie bei uns eine Puppe genannt wurde. Wer schon eine hatte, bekam ein Bettchen dazu oder eine Wiege. „Doggen" gab es in zwei Ausführungen. Wenn sie der Vater machte, so schnitzte er sie aus Holz. Die Arme wurden so gemacht: Aus einem kreisrunden Brett wurde ein großes Loch herausgeschnitten, so daß sich ein Holzring ergab. Der wurde geteilt und fertig waren die beiden Arme, die nun der Puppe angesetzt wurden, wodurch diese aussah, als stütze sie die Arme in die Hüften. Beine hatten die Holzpuppen keine, denn sie wurden stets mit langem Kleid gefertigt. Die hölzernen „Doggen" wurden noch mit Eierfarben angestrichen, meist in rot, da es damals keine anderen Eierfarben gab. Die Mutter machte ihre Puppen aus Leinen und Stoffresten. Das Gesicht aus Leinen bekam zwei Knöpfe angenäht, das waren die Augen. Als Kleid trugen die Stoffpuppen meist nur einen Kittel, wie es damals üblich war. Bei den Buben war die Auswahl größer. Ein Pferdchen, ein Leiterwagen oder gar ein Bierfuhrwerk, einen Kasperl, ein Kegelspiel mit neun Kegeln und einer Kugel, eine Holzplatte mit einem Plan zum „Mühlfahr'n" auf der einen Seite und einem zum „Wolf einsperren" auf der anderen, zwei Unterhaltungsspiele, die früher in jeder Sitzweil gespielt wurden. Nicht zu vergessen vielleicht gar eine Eisenbahn mit Kurbel.

Mit welchen Werkzeugen machten die Eltern das alles? Als erstes brauchte man da eine Hoazlbank, dann ein Schnitz- oder Roafmesser, eine Handsäge, einen Bohrer und, nicht zu vergessen, einen Leimtiegel. Aus astfreiem Holz wurden zuerst dünne Spalten abgekloben, dann dieselben mit dem Roafmesser schön glatt geschnitten und dann die einzelnen Teile mit der Säge ausgeschnitten. Manches wurde fast fertig aus dem Wald geholt, so die Kufen für die Puppenwiegen. Dazu dienten krummgewachsene Haselnußäste. Genagelt wurde ausschließlich mit Holznägeln. Diese wurden vor dem Einschlagen in Leinöl getaucht, damit sie später nicht herausfielen.

Eine Gaudi gab's beim alten Hiasl-Binder. Dem sein Bruder war in Wien und hatte, als er auf Besuch kam, seinen Bruderskindern ein selbstgebasteltes Auto mitgebracht. Freilich nur aus vier Brettern zusammengenagelt, vorn und hinten eine „Sitzbank" darin und eine Garnspule als Lenkrad. Die Binderkinder waren ungemein stolz auf dieses Ding. Doch die alten Leute glaubten damals, so ein Automobil würde vom Höllenankerl angetrieben. So schlug die Großmutter Zeter und Mordio über das Teufelszeug. Die Kinder durften damit nur spielen, wenn die Großmutter außer Hause war.

Natürlich mußten die Spielsachen auch bemalt werden. Dazu gehörte schon eine ganze Portion Geschicklichkeit. Auch bei den Farben hieß es: Woher nehmen, um sie nicht kaufen zu müssen? Als Rot dienten die Reste der Eierfarben, Lila machte man mit dem Saft von roten Rüben, braune Farbe gab der Sud abgekochter Zwiebelhäute oder Walnußblätter. Auch das sogenannte Zimmermannsrötel war ein gutes Farbmittel.

Mancher Kinderwunsch zielte auf ein Schaukelpferd. Ein geschickter Holzbitzler wurde auch diesem Wunsch gerecht, wenn auch mit großer Mühe, aber immerhin auch wieder ohne Kosten. Als Kufen dienten zwei krummgewachsene Buchenäste, Rumpf und Füße in einem lieferte ein Fichtenbaum, aus dem in einem halben Meter Abstand jeweils zwei starke Äste herauswuchsen. Das waren die Füße des Pferdes. An Stelle des Schwanzes wurde ein Loch gebohrt und ein Schüppel Pferdehaare hineingeleimt. Vorne erhielt das Rumpfstück einen Einschnitt, darin steckten Hals und Kopf. Diese waren aus einem Brett herausgeschnitten.

Beim Kirmzäuner-Micherl hat das Christkind dem kleinen Micherl einmal so ein unverwüstliches Schaukelpferd ins Haus gebracht. Doch beim ersten Ritt ist dem Kleinen in aller Herrgottsfrühe ein Malheur passiert. Wie er aufgestanden ist und sein Schaukelpferd gesehen hat, da ist er sofort in der Unterhose losgeritten. Aber leider war die braune Farbe, mit der der Vater sein Werk am Abend angestrichen hatte, noch nicht ganz fest und des Micherls Unterhose hat bei dem Ritt ziemlich viel Farbe abbekommen. Wie die Mutter das sah, schimpfte sie: „Aber Micherl, schämst dich denn nicht, bist schon vier Jahre alt und da passiert dir noch so etwas!"

Auch die sogenannten nützlichen Geschenke darf man nicht vergessen. Während der Vater auf der Hoazlbank bitzelte, saß das fleißige Mütterlein auf der Ofenbank und strickte warme Fäustlinge, Strümpfe und Mützen. Aus dem selbstgewebten Loden, bei uns „Tscherka" genannt, wurden unverwüstliche Bubenhosen geschneidert. Alle Kinder bekamen ein Paar „Poutschen", das waren eine Art Halbschuhe, die von der Mutter aus alten Kleiderresten zusammengeschneidert und mit einer dicken Filzsohle versehen wurden. Bei trockenem Frostwetter wurden sie in Haus und Hof getragen.

Für jeden im Haus mußte es ein Weihnachtsgeschenk geben. Der Vater bekam von der Mutter einen gehäkelten Tabaksbeutel, umgekehrt die Mutter vom Vater ein Gewürzschränkerl. Der alte Neel – so hieß bei uns der Großvater – ein Schachterl aus Holz fürs Rasierzeug, die Naal oder Großmutter einen Bilderrahmen – fein geschnitzt, und so hatte jedes Familienmitglied seine Freude.

Wenn dann an Weihnachten Verwandte und Bekannte zur Sitzweil kamen, so wurden die gebastelten Sachen bestaunt und die Künstler mit Fragen bestürmt: Ja, wie hast Du denn das gemacht und wie ist denn das zustande gekommen?

Halt, jetzt hätt' ich bald den Christbaum vergessen, besser gesagt das Christbäumchen. Wie armselig war er doch im Vergleich zu einem heutigen Christbaum, aber wie himmelhoch die Freude der Kinder beim Anblick eines solchen Bäumchens. Was hatte denn schon eine arme Familie zum Hinaufhängen? Wenn die Mutter im Laufe des Jahres irgend ein Stückchen Seidenpapier fand oder gar ein Stück Stanniol, so wurde das gesammelt. Zu Weihnachten wurde da jeweils ein Stück Würfelzucker eingewickelt und der Baum damit behängt. Kleine rotwangige Äpfel kamen unten daran, einige Nüsse, aus Hafermehl und Sirup hergestelltes Gebäck und einige Lichtlein, vom Wachsstock der Mutter möglichst kurz abgeschnitten, erleuchteten die ganze Herrlichkeit. Glaskugeln und Lametta waren bei uns natürlich unbekannt.

Unvergeßlich bleibt mir da immer der Christbaum bei meinen Vettersleuten. Die hatten ein Dutzend Kinder und in der kleinen Stube war fast kein Platz für das Bäumchen. Aber der findige Vettersmann hing denselben mit einem starken Bindfaden an den Trambalken, also an den großen Zimmerbalken, der die Deckenbretter trug. Da wurde er von allen Kindern gebührend bestaunt. Der kleine weiße Spitz, als wenn er Verstand gehabt hätte, legte sich genau unter den Baum auf den Fußboden. Wenn dann oben durch die Zimmerwärme ein Stück Gebäck weich wurde und herunterfiel, hat er gleich zugeschnappt.
Ja, so haben seinerzeit unsere Eltern dem lieben Christkind geholfen, den Kindern eine große Freude zu machen, ohne viel Geld, ohne telefonische Bestellung und ohne Kaufhaus. Aber mit einem Herzen aus Gold voller Liebe und Güte für ihre Kinder.

JOSEF PSCHEIDL

Winterabend

Samten streicht die Nacht heran.
Schön hat es geschneit — so lind!
Da — der Mond! Ein goldner Kahn!
Fensterläden zu, geschwind!

Haustür ächzt im sichern Schloß.
Irgendwo ein Kind noch singt.
Warm im Stall schnauft Rind und Roß.
Wanduhr zäh die Zeit herbringt.

Aufgeräumt ist längst der Raum.
Äpfel summen süß und zart.
Horch! Der Hund! Er klagt im Traum?
Nur der Sturm erhebt sich hart.

Ruhig die paar Mannesworte. —
Ahne nickt schon eine Weile.
Kätzchen rührt sich nicht vom Orte.
Weltenfern sind Last und Eile.

Nächstes Jahr, ja — so Gott will —
liegt ein Kindlein in der Wiege.
Dann ist es nicht halb so still,
prophezeit die alte Stiege.

MATHILDE BAUMANN

Der bayerische Weihnachter

Was im Hause sitzt und steht, krabbelt und zappelt, also jung und alt, Vater, Mutter, kleine Ware, Ähnl und Ahnl, Knecht und Dirn, das sammelt sich in der Christabendwoche um den „Weihnachter". Diesen Hochnamen führt in Bayern die wohlgemastete Mettensau.

Und halb und halb kein Wunder, wenn der Weihnachter der Brennpunkt der ganzen Familie ist! Ist er ja doch der goldene Born, aus welchem die weihnachtlichen Tafelfreuden alle quellen: die Mettenblunze, der Speck, die Brühsuppe, die Leber- und Röselwürste, der duftende Schweinsbraten. Der Weihnachter zeigt ebenfalls untrüglich die Begüterung an. Hält er zwei Zentner, so signalisiert er den Großhof, mit anderthalb Zentnern den Mittelbauer, aber selbst das bayerische Tagwerkerhäusl hat seinen Weihnachter mit einem Dreiviertelzentner.

Vielfach sticht der bayerische Bauer mit höchsteigener Hand die Mettensau, oder der Baumann, oder der Oberknecht. Vielfach auch macht der Metzger die Runde im Dorf und auf den Einöden.

Schon der Metzeltag selbst, falls er nicht etwa ein rotes Abstinenzkreuzlein trägt, führt einen wichtigen Leibschmaus mit sich: die sogenannte „Britsuppe". Sie kommt vom Abbrühen der Würste und gilt als Leckerbissen dann, wenn vom Wurstelstock noch ein erklecklicher Fleischrest in den Kessel abfällt und ganz besonders, wenn etliche Leberwürste bersten und ausrinnen. Fehlte die Britsuppe, der ganze Bauernhof käme in Aufstand. Eine Extrafreude macht den bayerischen Buben die „Saublattern", wie sie auf gut ländlich die Schweinsblase nennen. Schon stehen sie mit dem Federkiele bereit, üben an dem Ding ihre Lungen und blasen um die Wette auf. Mittlerweile tritt der Oberknecht in ihren Kreis ein und bläst auch mit und möglicherweise bläst der Bauer in höchsteigener Person, umschnürt zuletzt den Hals der Blase und hängt sie an die Ofenstange.

Von nun an bedarf es ein väterliches Gnadenwort, wenn die Buben mit ihr noch den Fangball spielen wollen. Die Schweinsblase ist nämlich ein Wertstück im bayerischen Bauernhause; in ihr liegen noch immer die silbernen Barschätze, sie vertritt dem Hausherrn die Stelle der Schatulle. Vom regelrecht zerstückten Weihnachter werden nun die Viertel an die Eisenhaken aufgehängt, der Speck und die Würste in Schüsseln küchenfertig gestellt und das Speisegewölbe diebsicher verschlossen.

Die Mettensau hat nämlich verschlagene Feinde. Dem bayerischen Bauer seinen Weihnachter lebendig oder tot aus dem Stall oder Keller wegfingern, das gilt weit eher nur für ein lustiges Schelmstücklein als für eine Sünde. Zum Schaden kommt noch das Gespött. Die Diebe lachen sich ins Fäustlein und lassen sich ihren wohlfeilen Weihnachtsbraten schmecken, während die Bauern den Ausgestohlenen auch noch bis aufs Blut hänseln. Das um so mehr, wenn er nicht lammgelassen seine Mettensau verschmerzt oder wenn ihm gar die langfingernden Spottvögel noch einen rechten Tort aufspielten. Wenn sie z. B. ehe sie mit dem Leibschmaus abzogen, noch alle Milchweitlinge vor seiner Schlafstube auftürmten, so daß, als die Morgenstunde kam, die zehntausend Geschirre krachend und polternd auf die heraustretende hocherschrokkene Hausfrau hereinpurzelten.

JOSEPH SCHLICHT   71

Die Gotteszeller Klosterweihnacht

Das ehemalige Zisterzienserkloster Gotteszell im Bayerischen Wald stand im 18. Jahrhundert in voller Blüte. Herausragende Person jener Zeit war Abt Wilhelm II., der von 1716 bis 1760 segensreich in jeder Beziehung wirkte. Dies bestätigt nicht nur seine Grabplatte in der Klosterkirche, sondern auch zahlreiche Urkunden berichten von seiner Schaffenskraft.

Unter den Hochfesten der katholischen Kirche ragte im Kloster vor allem die Geburt unseres Herrn und Erlösers heraus, galt es doch, gerade dieses Ereignis volksansprechend zu gestalten. Zu den Weihnachtstagen Anno Domini 1722 bot man erstmals eine noch nie dagewesene „Festifalität". Prior Pater Benedikt und Pater Antonius hatten eine ausgiebige Festfolge einstudiert. Bei mäßigem Frost und geringer Schneedecke zogen am Heiligen Abend immer mehr Gläubige zu Fuß und mit Pferdeschlitten dem Kloster zu, wo sie aufmerksame Bewirtung erfuhren.

Bei einbrechender Dunkelheit wurden oberhalb des Klosters, dem Gießhübel zu, an verschiedenen Stellen gewaltige Stapel von Scheitholz angezündet, die das ganze Tal gluthell machten und so hell brannten, als ob ein gewaltiges Nordlicht unheimlich leuchtete. Trompetenstöße und Böllerschüsse erklangen, als Abt und Konvent mit vielen Gläubigen feierlich zur illuminierten Klosterkirche hinaufzogen. Nach einem herrlich gesungenen Lied stieg Abt Wilhelm II. hinauf auf die Kanzel, um von dort die große Weihnachtspredigt zu halten, die „vom ganzen Kirchenraum ehrerbietigst aufgenommen wurde und zu vielfältigen Ehrfurchtszähren Anlaß gab".

Danach gab man das Zeichen zum Aufbruch zu den Klosterstallungen, denn dort war das Christkind in eine Krippe gelegt und wartete der Anbetung. Ungewohnt der vielen Menschen hatte das Stallpersonal erhebliche Mühe, die vielen Pferde ruhig zu halten. In vollem Ornat sang Abt Wilhelm dann in lateinischer Sprache das Lukas-Evangelium dieser Heiligen Nacht und dem Wunder der Geburt Christi. Und dann erklang zum ersten Male in der fast 500jährigen Geschichte des Waldklosters im Stall das „quia natus est vobis hodie Salvator, qui est Christus Dominus!" – „Heute ist uns geboren der Erlöser, der ist Christus der Herr". Alle Gläubigen im Stall beugten die Knie, als Abt Wilhelm das Leintuch von der Krippe nahm und dem Kind seine Ehrerbietung erwies. Dann nahm der Abt das Kind in die Arme, verbarg es unter dem Rauchmantel und führte die Prozession zurück in die Kirche. Dort wurde die Messe der Nacht gefeiert und mit Glockengeläut, Böllerschüssen und Posaunenstößen endete die noch nie dagewesene Glaubenskundgebung im Waldkloster.

Viele Gläubige begaben sich in die Quartiere, andere eilten zu den Beichtstühlen, um die Vergebung ihrer Sünden zu erlangen, und als über der Oberbreitenau die Morgenröte heraufzog, versammelten sich wiederum alle in der Kirche um die Morgenmesse mit der Anbetung der Hirten zu feiern. Zur neunten Vormittagsstunde, als sich Abt Wilhelm II. zur dritten Weihnachtsmesse – „Und das Wort ist Fleisch geworden" – anschickte, war das Gotteshaus wiederum bis zum letzten Platz besetzt. Alle Kirchenbesucher zogen nochmals zur Krippe und zum Christkind und erwiesen dem Kind zum Abschied ihre Demut. Nun kam nach dem Glauben auch der Körper zu seinem Recht: Überall im Kloster waren Tische und Bänke aufgestellt und es gab Speis und Trank in Fülle. Lange Zeit sprach man von dieser Weihnacht und da man so viele Gläubige aus nah und fern damals zum Kloster pilgern gesehen, entschloß man sich zur Einmaligkeit: 1736 sollte eine wundervolle Bergweihnacht gefeiert werden.

Zwischen 1729 und 1735 hatte man den nahen Kalvarienberg zu einem Pilgerort ausgestaltet, der vor allem an die Leidensstationen des Erlösers erinnern sollte. Neben der Kreuzgruppe stand auf dem Kalvarienberg eine Eremitenklause und das Singknabenhaus, in dem der Klosternachwuchs die ersten Jahre geschult wurde. In einem daran angebauten Stadel lagerte Brennholz und Werkzeug. Dort oben, so beschloß man im Kloster, sollte die Bergweihnacht gefeiert werden. Durch eine Christnachtfeier noch nicht gekannter Art wollte man symbolisch die Geburt Christi und den Opfertod des Herrn miteinander verbinden.

Aus nah und fern, zu Fuß und auf Schlittengefährten, kamen sie am Heiligen Abend ins Kloster Gotteszell. Etwa eine Stunde vor Mitternacht formierte sich die Prozession vor der Klosterkirche. Durch das obere Tor ging es auf leicht verschneitem Pfade in Serpentinen hinan; voran schritten die Trompeter und Paukenschläger, mit brennenden Kerzen in den Händen folgten die Klosterschüler und der gesamte Konvent. Prior Pater Adelbert trug unter dem Rauchmantel die Figur des Christkindes, begleitet von Abt Wilhelm II. mit Krummstab und Mitra. Die lange Schar der Gläubigen schloß sich an.

Als Stall zu Bethlehem hatte man oben auf der Bergkuppe symbolisch den Stall des Singknabenhauses ausgestaltet. Seitlich stand die hölzerne Krippe, in der Mitte ein Tragaltar. Als die Prozession oben angekommen, trat zuerst der Abt in den Raum, legte seine Amtsinsignien auf den Altar, schritt zu dem am Eingang wartenden Prior zurück, nahm die Christkindfigur in die Arme und legte sie sodann andachtsvoll in die Krippe. Unter Böllerknall und Trompetenschall wurde ein großer Holzstoß zum weihnachtlichen Freudenfeuer entzündet. Der Feuerschein tauchte Menschen und Berg ins Geisterhafte, ja Überirdische. Im Stadel, dessen Seitenbretter zur besseren Einsicht abgenommen waren, schritt der Abt unter großer Assistenz zur ersten Mitternachtsmette. Weithin schallte der Gesang des Diakons, Pater Johannes, der das Lukas-Evangelium sang: „ . . . ich verkünde Euch eine große

Freude, die heute dem Erdkreis zuteil wurde: Heute ist Euch der Erlöser geboren, der ist Christus der Herr . . ." Anschließend hielt der als großer Prediger weitum bekannte Abt seine „Bergpredigt". Johann Balthasar Paul Scheich, jahrzehntelang Kloster- und Marktrichter in Ruhmannsfelden, der 1777 verstarb, berichtet als Chronist, daß „Freudenzähren eifrig geflossen seien ob der nachhaltigen Wirkung des Gotteswortes". Zur Wandlung, der Wiedergeburt des Gottessohnes, fielen die Glocken der Abteikirche im Tale mit ihren ehernen Zungen in die Lobpreisung ein.

Nach über zwei Stunden Festlichkeiten auf dem Berg zog man hinunter ins Tal, wo für alle Teilnehmer Speise und Trank aufgetischt waren. Auch für Nächtigung war gesorgt. Klosterrichter Scheich vermerkt schließlich, daß in späteren Jahren mehrmals eine Bergweihnacht zu wiederholen erwogen wurde. Man habe jedoch stets darauf verzichtet, um die Einmaligkeit dieser Weihnachtsstunden im Jahre 1736 nicht anzutasten.

Weihnachtlicher Jungbrunnen für die Pferde

Eine weitere Besonderheit aus dem Gotteszeller Klosterleben der damaligen Zeit war das Aderlassen der Pferde und die Pferdesegnung am Stefanitag, dem 2. Weihnachtsfeiertag. Das Kloster war ob seiner Pferdezucht landum bekannt. Der Pferdesegnung durch den Abt ging eine besondere Handlung voraus. Viele Pferdehalter ließen durch den Bruder Augustin, der als besonderer Pferdekenner und erfolgreicher Pferdezüchter galt, an ihren Rössern den Aderlaß durchführen. Mittels einer Schnappzange wurde möglichst schmerzlos eine Vene am Hals geöffnet und solange offen gehalten, bis nach Erkenntnis des Spezialisten genügend „abgestandenes Blut" herausgeflossen war. Man schwor auf diese Prozedur, die das Leben der Pferde verlängern und ihre Kraft mehren würde. Zwei Knechte mußten das Blut, das natürlich in Strömen floß, in Schaffeln auffangen. Ein Teil wurde sofort zu den Fischweihern getragen, die Fischzucht stand ja bekanntlich bei den Zisterziensern wegen deren Fastengeboten hoch im Kurs, ein anderer Teil, so ist zu vermuten, wurde in den klösterlichen Eiskellern eingefroren und dann im Frühjahr in den Fischweihern an die Karpfen verfüttert.

Sichtlich ermüdet von dem Blutverlust nahmen die Pferde dann den kirchlichen Segen hin, der da lautete: „Herr, unser Gott, Du gabst uns die Tiere als treue und arbeitswillige Weggefährten. Gib ihnen die Kraft, daß sie uns durch diese helfen, auch zu Deiner Lobpreisung zu arbeiten. Wende ab von ihnen jegliche Krankheit und gib denen, die für die Erhaltung der Gattung ausersehen, die Gnade der Fortpflanzung. Amen."

Im zweiten Hochpfeiler der Evangelienseite in der Klosterkirche Gotteszell ist eine Gedenkplatte für Abt Wilhelm II. eingelassen, welche lateinisch abgefaßt ist. Ihr Text lautet etwa in Deutsch:

Der hier liegt in der Urne
stand und blühte in langem Leben
als Mönch und Priesterjubilar –
Darüber hinaus geschmückt mit der äbtlichen Mitra
durch fast ebensoviele Jahre.
Genannt
          W i l h e l m
mit dem glücklichen Namen und Vorzeichen der Zweite

Er leistete viel in Gotteszell,
was ihm auch glücklich Erfolg brachte.
Von der Mühe ruht nun der Leib
und ach, er zerfällt in Erde.
Doch Leser wundere Dich nicht,
auch Du wirst einmal Staub sein.
In einem Hause dieser Art wohnt schließlich jeder Mensch.
Steh' und bete, daß Wilhelms Seele dort die ewige Gnade empfange.
Weil er auch selber immer ein Herr

von Mitleid war und allen,
soweit gekonnt, Gutes getan.
† im Jahr 1760 am 22. März
im 79. Jahr seines Lebens
im 44. Jahr seiner Regierung.
Requ. in pace

Dem Initiator der großen Bergweihnacht 1736 zum Danke und zur Erinnerung!

FRITZ SCHOSSER

Die Christkindlwallfahrt in Ringelai

Wenn wir von der Wallfahrt zum „Christkindl" hören, denken wir sofort an die Wallfahrt Christkindl bei Steyr in Österreich, die 1691 entstanden ist und in unserer Zeit berühmt wurde, weil ungezählte Weihnachtsgrüße von dort mit dem Poststempel „Christkindl" versehen in alle Welt gehen. Nun hat aber auch das Pfarrdorf Ringelai westlich von Freyung seine Christkindlwallfahrt, übrigens die einzige im Bayerischen Wald. In der 1919/20 erbauten Pfarrkirche „Zu Unserer Lieben Frau, Maria Schutzfrau Bayerns" hängt ein Marienbild. Es zeigt Maria mit gefalteten Händen vor dem Christkind, das auf einem mit einer Prunkdecke gezierten Strohbettlein liegt. Bei genauerer Betrachtung erweist sich dieses Bild als Gnaden- und Wallfahrtsbild zum Christkindl. Eine Inschrift unter der Darstellung meldet: „Zum lieben Christkindl von Ringolay pilgerten vor Jahrzehnten die Bewohner unserer Waldheimat und fanden bei ihm allezeit Hilfe in ihren Anliegen. Jahrzehntelang war dann unser Heiligtum vergessen. Seit der Mettennacht des Heilsjahres 1937 schmückt das Gnadenbild des früheren Michaelskirchleins die neue Kirche zu Unserer Lieben Frau, der Schutzherrin Bayerns. O Christkindlein von Ringolay, steh uns in allen Nöten bei!"

Das Dorf Ringelai mit der 1747 erbauten Michaelskirche gehörte früher zur Pfarrei Perlesreut. 1904 wurde es Expositur, 1921 Pfarrei. Im Jahre 1917 holte der damalige Expositus Joseph Kainz das Gnadenbild vom Dachboden und erkundigte sich beim Generalkonservatorium der Kunstdenkmale und Altertümer Bayerns in München, wie alt das Bild wohl sei und was eine geheimnisvolle lateinische Inschrift am oberen Rand des Ölbildes bedeute. Generalkonservator Dr. Georg Hager konnte die wahrscheinlich falsch wiedergegebene Schrift auch nicht entziffern, brachte aber heraus, daß das Bild die Jahreszahl 1697 und den Namen „Jaurini" trage. Dieser weise auf Raab in Ungarn hin. Das Bild könnte demnach eine Kopie eines Gnadenbildes in Raab sein. Das Gnadenbild aber wanderte anscheinend wieder auf den Dachboden.

Im Jahre 1937 holte es Pfarrer Matthias Siglmüller wieder vom Kirchenboden herunter, ließ es durch den Maler Segl in Osterhofen restaurieren und stellte es in der Pfarrkirche auf. Sogleich meldete auch das Pfarrarchiv, daß in der Mettennacht die Leute wieder mit Windlichtern und Blendlaternen von allen Höhen her zur Mette zogen und eine Wallfahrt zum Christkindl machten. Man versuchte offenbar, auf dem Umweg über altes Volksbrauchtum diese Wallfahrt wieder zu beleben. Doch im letzten Weltkrieg waren Mettennachtsfeiern verboten. Christmetten mußten schon am Nachmittag des Heiligen Abends abgehalten werden. Dadurch, und durch den Wirrwarr der Nachkriegsjahre verschwand Bild und Wallfahrt wieder aus dem Gedächtnis der Menschen. Im Jahre 1965 ließ Pfarrer Hugo Birke das Gnadenbild durch Kunstmaler Ohme in Passau reinigen, so daß es seit Weihnachten 1965 wieder in seiner ganzen Schönheit erstrahlt.

Wie alt ist diese Christkindlwallfahrt in Ringelai? Sie ist jedenfalls über 200 Jahre alt. In einem Paramentenschrank der Sakristei befindet sich noch ein Hinterglasvotivbild zum Christkindl, das aus der alten Kirche St. Michael gerettet wurde. Es trägt die Inschrift „Ex Voto 1766", wurde also vor über zweihundert Jahren geopfert. Da das 18. Jahr-

75

hundert sehr wallfahrtsfreudig war, mag damals auch die Blütezeit der Christkindlwallfahrt gewesen sein. In der Aufklärungszeit, also in der ersten Hälfte des 19. Jahrhunderts, gingen alle Wallfahrten stark zurück, ja sie wurden sogar von der Regierung verboten.

Wie alt ist nun das Gnadenbild der Christkindlwallfahrt in Ringelai? Das Chronogramm oben am Ölbild gibt die Jahreszahl 1697 an. Die lateinische Inschrift war lange rätselhaft. Eine ungarische Ordensschwester kam nun 1966 in das Altersheim St. Josef in Neidberg, Pfarrei Ringelai. Als diese die Pfarrkirche in Ringelai betrat, erkannte sie auf den ersten Blick das Marienbild als die „Muttergottes von Raab". Eine andere Schwester, die zur ungarischen Provinz der gleichen Kongregation gehörte, besaß eine genauere Beschreibung und die Geschichte des Marienbildes von Raab in ungarischer Sprache. Die Übersetzung ergab die Lösung: Das Marienbild der Ringelaier Christkindlwallfahrt ist eine Kopie des Marienbildes von Raab. Tatsache ist: Das Raaber Marienbild stammt aus Irland und wurde in der grausamen Katholikenverfolgung durch Oliver Cromwell 1649 von Bischof Walter Lynch von Clonfort auf der Flucht aus Irland über Brüssel nach Wien mitgenommen. Dort traf er den Raaber Bischof Janos Püsky, der ihn brüderlich mit nach Raab nahm, ihm ein Kanonikat übertrug und ihn zu seinem Weihbischof ernannte. Bischof Lynch starb 1663. Nach seinem Tode brachte man das Marienbild aus seiner Wohnung in die Domkirche, wo es vom Volke hoch verehrt wurde. Da geschah am 17. März 1697, am Fest des hl. Patrik, des Patrons von Irland, in der Raaber Domkirche ein außerordentliches Ereignis: Drei Stunden lang rannen aus den Augen der Madonna blutige Tränen. Ganz Raab geriet in helle Aufregung und strömte im Dom zusammen, um das Mirakel zu schauen. Genaueste Untersuchungen durch die zuständigen kirchlichen Behörden ergaben keinen natürlichen Grund für die Tränen, die auf einem Tuch aufgefangen wurden, das heute noch im Raaber Dom gezeigt wird und am 17. März jeweils zur Verehrung ausgestellt wird. Es ist begreiflich, daß von da an das Muttergottesbild erst recht verehrt und ihm ein eigener Altar errichtet wurde, vor dem sich die Raaber Bischöfe in einer Gruft bestatten ließen.

Und nun fällt einiges Licht auf die schwerverständliche Inschrift am Madonnenbild in Ringelai. Dort steht: „InstItVIt Laetare ChorUs sVDorqVe MarIae JaVrInI trInIs perqVItas IVIt ab horIs". Wie erwähnt, zeigt das Chronogramm die Jahreszahl 1697, also das Jahr, in dem das Raaber Bild blutige Tränen weinte. Mit „Sudor MarIae" will die Inschrift auf die Schweißtränen Mariens hinweisen.

Die Einwohner von Ringelai haben diese Vorgänge nicht gekannt. Für sie ist das Bild nach wie vor das Gnadenbild zum Christkindl von Ringelai, das auf unbekannte Weise vor über zweihundert Jahren in die alte St. Michaelskirche der Pfarrei gekommen ist.

JOSEF HUBER

Zum lieben Chriftkindl von Ringolay
pilgerten ſchon vor Jahrhunderten die Bewohner unſerer Waldheimat und
fanden bei ihm allezeit Hilfe in ihren Anliegen. Jahrzehntelang war dann unſer Heiligtum vergeſſen. Seit der Mettennacht des Heilsjahres 1937 ſchmückt das Gnadenbild des früheren Michaelskirchleins die neue Kirche zu Unſerer Lieben Frau, der
Schirmherrin Bayerns.   O Chriſtkindlein von Ringolay,
                              Steh uns in allen Nöten bei!

Das Weihnachtsmotiv
im Hinterglasbild des Bayerischen und Böhmerwaldes

Was aus vergangenen Jahrhunderten an Hinterglasbildern auf uns überkommen ist, bedeutet ein kostbares Erbe. Wohl kaum ein Zweig der Volkskunst hat gerade unserer Landschaft soviel geschenkt, wie die Hinterglasmalerei. Die Hinterglasbilder waren nicht nur für den Menschen der damaligen Zeit wertvoller Besitz, der in Wallfahrtskirchen, Kapellen und im Hergottswinkel der Bauernhäuser seinen festen Platz hatte. Wertvoller Besitz sind sie uns auch heute, Schlüssel zu einer vergangenen Zeit und ihren Menschen.

Die Hinterglasmalerei ist Jahrhunderte alt. Die Rückseite von Glastafeln zu bemalen und damit das Glas zugleich als Malgrund und Schutzschicht zu verwenden, hat Maler immer wieder fasziniert. Freilich war die Hinterglasmalerei etwa vom 14. Jahrhundert an bis nach dem 30jährigen Kriege fast ausschließlich Domäne des städtischen Kunsthandwerks. Der große Durchbruch zur Volkskunst vollzog sich etwa um die Mitte des 18. Jahrhunderts. Dabei spielten auch wirtschaftliche Gründe eine Rolle. Sie zwangen unter anderem Glasveredler der Glashütten Nordböhmens, sich anderwärts neue Arbeitsplätze zu suchen. Ihre Ansiedlung im böhmischen, bayerischen und österreichischen Grenzgebiet hat der Hinterglasmalerei sicher großen Auftrieb gegeben. Anderseits hat aber auch das Aufblühen der Wallfahrten die Hinterglasbilderzeugung wesentlich beeinflußt. Die Malerorte Raimundsreut am Südhang des Lusenmassivs, Außergefild, nur wenige Kilometer jenseits der Grenze, und Neukirchen beim hl. Blut waren bald über den engeren Bereich hinaus bekannt.

Die Technik der Hinterglasmalerei war nicht einheitlich. Es bestanden örtliche Besonderheiten. Als erstes wurde der sogenannte Riß erstellt, die auf Papier gezeichneten Umrißlinien des Motivs. Sie entstanden meist nach Kupfer- oder Stahlstichen, die mehr oder weniger frei übernommen wurden, und so ihre volkstümliche Abwandlung erfuhren. Hierin lag die erste Eigenleistung des Malers. Der Riß wurde unter die Glasplatte gelegt und nun wurden die Umrißlinien mit einem feinen Pinsel mit schwarzer oder brauner Farbe nachgezogen. Dann folgte das Ausfüllen der Flächen mit den verschiedenen Farben. Dabei wurde das Bild mit der linken Hand gehalten und in Durchsicht auf der Rückseite bemalt. Verwendet wurden Wasser- und Ölfarben. Dabei hatten — bedingt durch verschiedene Grundstoffe und Mischungen — die einzelnen Malerschulen ihre charakteristischen Farben, die heute oft allein zur Herkunftsbestimmung ausreichen.

Auch die Rahmen entstanden in eigener Herstellung. Sie waren meist profilierte Rippenleistenrahmen in schwarz oder grün; die innerste Rippe war häufig andersfarbig, bevorzugt rot oder gelb, abgesetzt. Man findet aber auch glatte schwarze oder braune Rahmen.

Vielfältig die Farben, vielfältig die Dekore, vielfältig sind aber auch die Motive der volkstümlichen Hinterglasmalerei. Da sind zunächst in unüberschaubarer Zahl die Gestalten der Heiligen als Namenspatrone, Nothelfer und Fürbitter, als Beschützer von Haus und Hof und Vieh, als Helfer in allen Nöten. Die Namensfeste dieser Heiligen waren fester Bestandteil des bäuerlichen Jahres.

Dann kommen die Muttergottesdarstellungen in ihrer Vielgestaltigkeit: Das Mariahilf-Motiv in Anlehnung an das in unserer Gegend verbreitete Cranachbild, das Motiv der schmerzhaften Muttergottes, dann die verschiedenen Nachbildungen der Gnadenbilder unserer Marienwallfahrten, die Motive aus dem Marienleben von der Selbdrittdarstellung bis zur Marienkrönung und schließlich die Darstellungen aus dem Leben und Leiden Jesu.

Zu den innigsten Motiven volkstümlicher Hinterglasmalerei gehören die der Weihnachtszeit. Und so wie in der Krippenkunst und im Volkslied ist das Geschehen der Heiligen Nacht das zentrale Thema des Weihnachtsbildes. Hier ist es dem Maler gesetzt, mit den bescheidenen Mitteln der ihm zur Verfügung stehenden Technik, aber mit der ihm eigenen Aussagekraft und dem ihm eigenen Sinn für Abstraktion das ihm wohl am meisten ansprechende Thema des Kindes im Stall zu gestalten. Wie die Heilige Nacht Frieden und Ruhe ausstrahlt, kennt auch das Bild der Weihnacht keine Bewegung.

Man kann mit Max Piccard sagen: So unbewegt sind Josef und Maria, daß sie nicht merken, wie das Kindlein geboren wird. Als ein Wunder fällt es zwischen sie und sie können nicht anders, als es anbeten.

Dies gilt auch für die hier wiedergegebene Außergefilder Heilige Nacht. Mit den sparsamen Mitteln, mit denen der Maler den Ort des Geschehens gestaltet, ermöglicht er geradezu eine meditative Versenkung. Alles im Bilde ist auf die Mitte, das göttliche Kind, hingeordnet. Mensch und Tier bezeugen die Gottheit des Kindes.

Farbgebung und Komposition dieses Bildes stellen einen Höhepunkt in der Frühzeit der Außergefilder Hinterglasmalerei dar. In dieser ersten Periode etwa bis 1820 sind in Außergefild wertvolle Hinterglasmalereien entstanden. In dieser Zeit bestand ein reger Maleraustausch mit Raimundsreut. Aber auch die Verderber-Werkstatt nach 1820 hat in den ersten Jahrzehnten ihres Bestehens noch relativ gute und ansprechende Bilder angefertigt. Es ist interessant, daß sich gerade die Verderber-Werkstatt dem damals aufkommenden Farbdruck am längsten widersetzen konnte. Nicht Absatzschwierigkeiten sondern ein Brandunglück, dem das Anwesen des Hinterglasmalers Verderber zum Opfer fiel, setzte der Außergefilder Hinterglasmalerei ein Ende.

Zu den Weihnachtsdarstellungen im weiteren Sinne ist auch die Maria lactans – die stillende Maria – zu zählen. Dieses alte christliche Motiv hat hier die Neukirchner Schule aufgegriffen und zur Darstellung gebracht. Das Bild ist in zarten Pastelltönen gemalt. Auffallend sind die mit breiten Pinselstrichen markierten Gewandfalten. Bilder dieser Art findet man im Neukirchner Raum öfters. Die Neukirchner Maler, die ja aus der bürgerlichen Malerei hervorgingen, verfügten über eine sehr breite Skala von Stilmitteln, so daß sich in dieser Schule alle Übergänge vom primitiven bis zum künstlerisch gestalteten Bild finden. Die bekanntesten Neukirchner Maler waren die Wittmann, die vier Generationen lang als Hinterglasmaler tätig waren. Ihr Lehrmeister war vermutlich der aus einer Eggenfelder Malerfamilie stammende Anton Schlögel, der bereits im 17. Jahrhundert in Neukirchen ansässig wurde und 1733 in Neukirchen starb. Schüler der Wittmann waren die Malerfamilie Stoiber in Haibühl.

Die folgenden Bilder sind Raimundsreuter Arbeiten. Sie behandeln zunächst die mit dem weihnachtlichen Geschehen eng verbundenen Motive der Heiligen Drei Könige und der Flucht nach Ägypten.

Die Dreikönigsdarstellung ist in eine der üblichen Raimundsreuter ovalen Kartuschen gesetzt. Ein Gruppenbild der Könige, mit Prunkgewändern, die Weihegaben in ihren Händen haltend, über ihnen der sie begleitende Stern. Uralte, vergessene Vorstellungen, die sich an die Dreikönigslegende knüpfen, werden in diesem Bilde wieder lebendig. So sind die Könige in drei verschiedenen Lebensaltern dargestellt – ausgedrückt durch den verschiedenen Bartwuchs. Dadurch sollen die verschiedenen Altersstufen von 60, 40 und 20 Jahren und die Verkörperung von Fühlen, Denken und Wollen symbolisiert werden.

Vor dunklem Hintergrund wirkt die Gruppe Marias mit dem Kinde auf dem Reittier und dem das Tier führenden Josef wie ein einziger Körper. Die Raimundsreuter Maler – Meister der Abstraktion – haben auf das sonst übliche Beiwerk verzichtet. Das Schwarz des Hintergrundes soll die auf der Flucht lauernden Gefahren symbolisieren.

Das Ende der Weihnachtszeit mit ihrer Krippen- und Bilderseligkeit ist das Fest Mariä Lichtmess. Auch dieses, aus dem bäuerlichen Jahresablauf nicht wegzudenkende Fest hat die Hinterglasmalerei zu Bildern angeregt. Aus der Frühzeit der Raimundsreuter Schule stammt das in diesem Buch wiedergegebene ikonenhafte Lichtmeßmotiv. Maria im Prunkgewand, als Himmelskönigin, in einem Spalier brennender Kerzen stehend, in der Linken den gekrönten Jesusknaben, der eine Taube in der Hand hält, in der Rechten eine brennende Kerze. Das Prunkgewand, in zarten Grün-Brauntönen gehalten, ist reich verziert.

Diese drei Raimundsreuter Weihnachtsbilder entstammen verschiedener Epochen dieser Schule. Gleich ist ihnen die Synthese von realistischer Darstellungsweise und einer ihnen eigenen, gekonnten Abstraktion.

Raimundsreut war der bedeutendste Glasmalerort im Bayerischen Wald. Die Bilderzeugung in Raimundsreut ist unlösbar mit dem der Familie Peterhansl verbunden, die die Maltradition begründete und auch ihr Ende miterlebte. Ein bleibendes Denkmal haben sich die Raimundsreuter Glasmaler durch ihrer Hände Werk selbst gesetzt.

Die Weihnachtsmotive im Hinterglasbild gehören zu den schönsten, die uns die Volkskunst geschenkt hat. Armut, Hirten, Krippe und Stall waren den Malern der damaligen Zeit keine leeren Begriffe. So schufen sie aus dankbarem Herzen ihre Bilder von der Weihnacht. Sie drückten mit dem Pinsel das aus, was Rainer Maria Rilke in die Worte faßte:

„Alle Verkündigungen der Vorzeit reichten nicht hin, diese Nacht anzusagen, alle Hymnen, die je zu ihrem Preise gesungen worden sind, reichten nicht an die Stille und Spannung heran, in der Hirten und Könige niederknieten, so wie ja auch wir, keiner von uns, je imstande gewesen ist, während diese Wundernacht ihm geschieht, die Maße seines Erlebens anzugeben".

RAIMUND SCHUSTER

Waldler-Weihnacht

Vöi Stern schimmernd oba af d'Wejt,
d'Loterna am himmlischn Zejt.
Der Wind wachlt um, wos nöt stehjt.
Ös stapfts durchn Schneej übers Fejd,
wot'ts tuif durchn Woid und werd'ts mejd.
Und wer vo da Mettn hoamgehjt,
is' reich wor'n an Gnad — nöt an Gejd! —
und strahlt grad wej d'Baam volla Lejt.

Jeds Johr lusts ös af und göbst acht,
ös Wajdler! — Dö Heilige Nacht
hat uns allzamm 's Christkindl 'bracht
voa zwoatausnd Johr, — mit Pracht
nöt, aba mit göttlicha Macht!
— nöt grouß und nöt laut, ganz ganz sacht!
Dös Bouerl im Kripperl betracht;
in an Strouhschüwö habns es ei'gmacht —
und tragt doch d'Wejt im Händerl und lacht.

Wos schenkst du dem Kind, so alloi
mit Maria und Josef im Stoi?
Der Ochs und der Esl sejmoi
mit'm Schnauferer wirmans an Stoi.
Und d' Hirtn? — Vo denö gebn oi
Milch, Butta, Brout, Bätzerl und Woi.
— Goid, Wehrach und Myrrhn hamand koi!
— Ejtzt bät und af d' Knej niedafoi!

Und is' enga Herz ejtzad voi,
dann singst eam, wos's Schöinste sei' soi!

KARL HEINRICH KRÄMER   83

Weihnachtsbäckerei

Die einstige Armut der Waldler hat sich mehr mit dem Idyll der Weihnachtszeit, mit schneeumhüllter Stille, gelbem Lichtleinschein aus kleinen Holzhausfenstern, orgelklingender Christmette und Arbeitsruhe, denn mit großen Festesfreuden begnügen müssen. Was da an Culinaria aufgetischt werden konnte, war bescheiden. Von Mandeln und Mandarinen, von Stollen und Honigkuchen, Gansbraten und Punsch war weniger die Rede als vom Kolatzer, einem schlichten Kletzenbrot, frischen Rösel-, also Blutwürsten, von der geschlachteten Jahressau und ein paar würzigen Zelten. Mit der Zeit aber wurde das Leben leichter, der Küchenzettel bunter, das Backwerk feiner. Hier einige Rezepte:

Anisbusserl

4 Eier, 250 g feiner Zucker oder Puderzucker, 3 Packerl Vanillinzucker und etwas Salz werden weißschaumig gerührt. Man gibt 300—325 g Mehl und zuletzt 1 Eßlöffel verlesenen Anis darunter. Aus der zarten Masse werden mit dem Spritzbeutel oder Löffel Häufchen in genügend weiter Entfernung gesetzt, denn die Busserl laufen auseinander. Man läßt sie über Nacht trocknen und bäckt sie dann etwa 10 Minuten hell aus.

Würz-Zelten

230 g Butterschmalz, 250 g Zucker und 4 Eier werden mit Salz gerührt. Daran gibt man 500 g Mehl, 1 Packerl Backpulver, etwas Milch (ca. 1/8 Liter), je 125 g feingewürfeltes Zitronat und Orangeat, 250 g Sultaninen, 250 g sehr fein geschnittene Feigen sowie je eine gute Prise Zimt, Muskat, Kardamom und ein wenig Anis. Der tüchtig verknetete Teig wird gut 1/2 cm dick ausgewellt und auf ein gefettetes Blech gelegt. Man bäckt ihn ungefähr 3/4 Stunden, bestreicht ihn dann dünn mit Zuckerguß und schneidet Zelten (Lebkuchen) davon.

Anis-Platzerl

400 g Mehl, 1/2 Backpulver, etwas Salz, 150 g Zucker, 2 Eier, 150 g Butter, etwas Mandelöl, Rum-Aroma und 1 Vanillinzukker, eine Prise Zimt und reichlich Anis, etwas Muskat und wenig sauren Rahm verknetet man recht gut und läßt den Teig einige Stunden kühl stehen. Man wellt ihn aus, sticht Weihnachtsplatzerl aus und bäckt sie hell. Zuletzt kann man sie mit etwas Zuckerguß bestreichen.

Braune Lebkuchen

625 g Mehl, 1 Beutel Lebkuchengewürz, je 1 Prise Zimt, Nelken und Piment, Saft und Schale von 1 Zitrone, je 50 g feingehacktes Zitronat und Orangeat, 200 g gemahlene Haselnüsse, 100 g Zucker, 3 Eier, 300 g Honig, 8 g Hirschhornsalz und 12 g Pottasche, in etwas schwarzem Kaffee aufgelöst, knetet man sorgfältig durch. Am andern Tag macht man 2—3 Partien aus dem Teig, knetet sie noch einmal durch und läßt sie erneut kurz liegen. Dann wellt man ihn 1/2 cm dick aus, und sticht Lebkuchen aus, die mit verdünntem Honig bestrichen und mit Nüssen besteckt oder mit Buntzucker überstreut werden. Man bäckt sie 25 Minuten bei Mittelhitze.

Zimtscheiben

4 kleine Eier, 250 g Zucker, 1 Packerl Vanillinzucker und etwas Salz werden sehr schaumig gerührt. Daran gibt man 300 g Mehl und 125 g Stärkemehl, das mit 3 Kaffeelöffeln Backpulver gemischt wird, 350 g grobgeriebene Haselnüsse, 35 g kleingehacktes Zitronat, die abgeriebene Schale von 1 Zitrone, 1 gehäuften Kaffeelöffel Zimt, ½ Kaffeelöffel Nelken, etwas Koriander und 1 Eßlöffel Schnaps. Aus dem Teig formt man zwei lange Rollen und bäckt sie auf gefettetem Blech goldbraun. Sie werden zu Scheiben geschnitten, die man auf dem Blech bei milder Hitze wie Zwieback bäht und zuletzt noch dünn mit etwas Zuckerguß überstreicht.

Honig-Manderl

2 Eier, 60 g Butter, 350 g Zucker, 250 g Honig und etwas Salz rührt man gut durch und würzt kräftig mit 1 Packerl Vanillinzucker und Lebkuchengewürz, etwas Muskat und 1 gehäuften Eßlöffel Kakao. Dann folgen 750 g Mehl, 15 g Hirschhornsalz, das in ⅛ Liter schwarzem Kaffee gelöst wurde, und 50 g geriebene Hasel- oder Walnüsse. Der Teig wird gut verknetet und eine Weile kühl gestellt. Man wellt ihn hierauf dicklich aus und schneidet knapp handgroße Manderl (oder Nikolaus) aus. Diese werden rund 20 Minuten gebacken und dann mit weißem und rotem Zuckerguß, Silberperlen, Pinienkernen und Schokoladenstreuseln lustig garniert.

Gegossene Lebkuchen

2 Eier, 50 g Butter und 200 g Zucker werden sehr schaumig gerührt. Man gibt 200 g weichen Honig, 1 Beutel Lebkuchengewürz, etwas Piment, ½ Tasse Rosinen, ebensoviel gemahlene Nüsse, 1 Eßlöffel Kakao, 1 Beutel Backpulver und 400 g Mehl dazu. Der Teig wird mit etwas schwarzem Kaffee geschmeidig gemacht, so daß er zähreißend wird und gießt ihn auf ein gut gefettetes Blech mit Rand. Die Oberfläche wird mit nasser Hand geglättet. Dann bäckt man den Kuchen 20–25 Minuten bei guter Mittelhitze. Nach dem Erkalten glasiert man ihn leicht mit einer Zucker- oder Schokoladenglasur und schneidet ihn dann gefällig zu Lebkuchen.

ERNA HORN

Die unheimliche Specht'n!

Weihnachtsbräuche in der nördlichen Oberpfalz

Nahe bei Falkenberg im Stiftland, nach Tirschenreuth zu, liegt das Dorf Pirk. Die acht stattlichen Bauernanwesen schmiegen sich der Bodenmulde an, die der Schwingenberg nach Westen freigibt. Zusammen mit Seidlersreuth und Gumpen bildete Pirk eine bescheidene, eigenständig gewachsene Gemeinde. Zur Kirche und zum Friedhof ziehen die Bauern nach Falkenberg, dorthin schickten sie auch ihre Kinder zur Schule.

Als unsere Dörfer noch kleine Oasen der Selbständigkeit waren, gab es noch viele Bräuche und Gepflogenheiten, die heute abhanden gekommen und fremd geworden sind. So ist es auch manchem alten Weihnachtsbrauch ergangen. Einst waren sie Mittelpunkt unseres kindlichen Erlebens und schon bald weiß niemand mehr von ihnen zu erzählen.

Ich habe sie nie richtig gesehen, die Specht'n am Heiligen Abend. Trotzdem hat sie mir schreckliche Ängste eingejagt, weil mein Schulfreund aus Pirk, der Hanf Alis, sie so bildhaft in ihrer Grausamkeit und Gefährlichkeit schildern konnte. Am Heiligen Abend trieb die Specht'n ihr Unwesen. Sie war überall und nirgends. Mit Vorliebe soll sie sich in den Obstgärten herumgetrieben haben. Zur Mittagszeit dieses Tages, das wußte in Pirk jedes Kind, mußte der Specht'n das Essen getragen werden. Ein Fischgericht mit viel Kartoffeln, es war ja ein strenger Fasttag, stellte die Bäuerin in den Pirker Bauernhöfen am Heiligen Abend auf den Mittagstisch. Dazu gab es noch Hefenknödel und Hutzel. Von diesem Essen mußte auch die Specht'n ihren Anteil bekommen.

Kaum war der letzte Ton des Mittagläutens verstummt, das Mittagmahl beendet, da stürmten die Kinder mit den Speiseresten, den säuberlich entfieselten Fischgräten und den Stielen der verzehrten Hutzeln, in den Garten hinaus. Unter allen Obstbäumen mußte davon um die Baumstämme herum etwas ausgestreut werden. Scheu blickte dabei jedes Kind um sich, um ja nicht unversehens von der Specht'n erhascht zu werden. Wenn dies geschah, so war es geschehen. Ausgerüstet mit Sichel und Messer hatte sie es auf die kleinen Kinder abgesehen und schlitzte ihnen den Bauch in der Quere auf und stieb fort mit ihnen. Sie soll mit weißen Tüchern und Stroh bekleidet gewesen sein und als Nase hatte sie einen großen Spechtschnabel. Ein schmutziges Kopftuch, unter dem Kinn mit einer großen Schlaufe gebunden, umhüllte das gerunzelte Faltengesicht.

Wie heilfroh wird der kleine Hanf Alis gewesen sein, wenn er nach dem mittäglichen Essentragen für die Specht'n unversehrt ins Haus zurückkehrte. Und man kann sich vorstellen, wie brav er und seine Geschwister dem Rat der Mutter folgend, sich rasch zu Bett legten, um Schlaf für den mitternächtlichen Mettengang zur Falkenberger Kirche zu sammeln. So war die Specht'n am Heiligen Abend zum guten Geist der Hanf-Bäuerin geworden. Alis und seine Geschwister träumten in den Weihnachtshimmel hinein, während die nimmermüde Mutter endlich die Zeit fand, das Christkindlzimmer zu richten. Wie mußte sich eine Bäuerin die Stunden abstehlen, wollte sie über die Weihnachtszeit den Schleier des Geheimnisvollen breiten!

Allzuviel Zeit blieb der Bäuerin sowieso nicht. Die vierte Nachmittagsstunde verlangte im Stall den Einsatz aller zur Versorgung des Viehs, wollte man zu rechten Zeit den Heiligen Abend einläuten. Und selbst das Christkindl hatte eine große Aufgabe vor sich, wollte es bei allen Kindern zukehren. Für ein Bauernkind war es selbstverständlich: Nur mit schnellen Pferden konnte das Christkindl von Dorf zu Dorf und von Hof zu Hof eilen, um seine Gaben zu verteilen. Und schnelle Pferde, das wußte man, brauchen guten Hafer. So geboten die Eltern dem kleinen Alis, während der Fütterungszeit eine Brotlaibschüssel, mit Hafer gefüllt, vor die Toreinfahrt zu stellen, damit sich die Christkindlpferde daran laben konnten. Und nur eine kurze Weile verging, da war die Laibschüssel wie ausgeleckt. Und beruhigt konnte sie der Alis ins Haus zurückholen.

Noch einmal war am Heiligen Abend mit der Specht'n eine Prüfung zu bestehen. Wie zur Mittagspause, so mußte ihr auch am Abend das Essen in den Garten getragen werden. Doch da war es schon dunkel und die Kinder getrauten sich nicht mehr ins Freie hinaus. Bis zur Türe wagten sie noch ihren Schritt. Von da weg mußten die älteren Brüder, schnell von Baum zu Baum springend, der Specht'n das Essen legen. Kaum waren die Essenträger zurück, so war im fahlen Schein am Rande der Obstbäume eine strohvermummte Gestalt, einem Schemen gleich, zu sehen. Deutlich vernehmbar war das Wetzen ihrer Messer und Sicheln zu hören. Die Specht'n ging um!

Da waren sie dann alle froh, daß sie nach dem Essentragen für die Specht'n alle wohlbehalten und unverletzt in die warme Küche zurückgekehrt waren. Und erst jetzt kam bei den Kindern die richtige Stimmung für den Heiligen Abend auf. Als nach dem Gebet-Läuten, welches vom Dachglöcklein beim Galgerten, das war der Hausname des Bauern Andreas Weiß, besorgt wurde, der Galgert dem Chrsitkindl mit seinem Gewehr einige Schuß Ehrensalut zollte und das „Christkindl" damit angeschossen hatte, zog der weihnachtliche Friede vollends im Dorf Pirk ein.

ANTON BÖHM

Herbergssuche heute

Äiamal traam i wirkli vo dem,
i war sellmal dabei gwen in Bethlehem
und häit de zwoa stapfa seng, stroußaf, strouß o.
Nou, här i mei Herz, und des frougt me so:

Hättst du eppa niat dein Hund af sie ghetzt,
dein Schnobl an eahra Oamseligkeit gwetzt?
Hättst du di niat in da Bettstod umdraht
und brummt: Louts ma mei Rouh, es is scho spat!

Warst du leicht afgstandn und asse für dTür:
„Gäihts eina, es zwoa, gäihts eina zu mir!"
Warst du nu in dKuchl, häist as Feia agschürt
und dene zwoa Fretta a Suppn agrührt?

Natürli hätt i! Wos eppa sunst! –
Bloß, wenn i afwach, bleibt davo koa Dunst.
Wenn mi dou oina stärt, flouch i loudamasse
und jog n öiastn Bettlma asse,
paß af, daß ma koina in Weg einelaaft,
der Soafa und Schoubandl klappernd vokaaft.
Dou schloch i um an Krüppl an mords trum Hackn,
sunst kannt mi am End nu s Mitleid dapackn.

Wos soll i macha? Wou kummat ma hi?
Es gibt halt de Oama, und schuld bi niat i!
Bloß, Härgod, i bitt, wann i wieda mal tram:
Weck me af, und gib, daß i mi wenigstns schaam!

FRITZ MORGENSCHWEIS

Zwei Weihnachten

Hoch droben überm Donautal lag das einsame Walddörflein, in das ich mich zu Anfang des Jahrhunderts freiwillig als Lehrer gemeldet hatte. Die Berge, der Wald, die einfachen anspruchslosen Menschen, nicht zuletzt die herrliche Aussicht auf die fernen Alpen, dies alles hatte mich in Bann geschlagen. Nicht minder beeindruckte mich der Waldwinter, ein Winter, wie ich ihn im Flachlande nie erlebt hatte. Gleich über Nacht schneite es das Weiß über einen Meter tief hernieder. Doch nicht genug; weitere Schneefälle setzten ein, so daß sich im Dörfchen Wehen bis zu drei Meter aufstauten. Wenn dann dem Kaplan aus der Nachbarstadt, der im Bergkirchlein am Sonntag den Gottesdienst feierte, am Samstag die Wege ausgeschaufelt wurden, so legten sich über Nacht wieder Schneewehen darüber. Die Schulkinder stapften tapfer über die gebahnten Wege; waren sie aber zu stark verschneit, so erschienen trotzdem ganz sicher zwei vom Hochwalde oben, der Franzl und die Marie. Sie stellten sich sogar ein, wenn der Sturmwind das ebenerdige Schulhaus so mit Schnee umgab, daß man nur dann den blauen Himmel durch die Fenster hindurch erblickte, wenn man sich bückte.

In einem solchen Winter bedeutete das Weihnachtsfest einen ganz besonderen Höhepunkt. Sehnsüchtige Kinderaugen streiften die Türe des Lehrmittelzimmers. Wußten die Kinder doch, daß sich hinter derselben Waren aus der Stadt München aufstapelten. Ein wohlhabender Kaufmann, der im Sommer zur Jagd hier weilte, hatte sie gesammelt und gespendet. Spuren von Tannennadeln verrieten den Christbaum, den ihr Lehrer von der Fichtenhöhe geholt hatte. Daß in diesem Zimmer Geheimnisvolles vorging, war offensichtlich.

Am letzten Schultag vor den Weihnachtsferien, einem Tage vor dem heiligen Abend, fehlte niemand in der Schulbank. Ein Klingeln nach dem Morgengebet, die Türe tat sich auf und der freundliche Jagdpächter trug den glitzernden Baum mit bunten Kugeln und roten Kerzen herein und stellte ihn auf den Katheder. Dann schleppte er alle Geschenke aus der fernen Landeshauptstadt heran und legte sie auf den langen Tisch. Das Staunen war so groß, daß die Einsätze zum Liede „Leise rieselt der Schnee" nur zögernd und langsam kamen. Dann entzündeten zwei Mädchen von der Paßhöhe die Kerzen des Baumes. Diese Auszeichnung war der Lohn für die weiten Schulwege, die sie täglich zurücklegen mußten. Ihre roten Backen — Hirgstmilli und Kartoffeln das ganze Jahr über taten ihnen keinen Eintrag — glänzten heute noch mehr. Unter Geigenbegleitung sangen sie nun begeistert „Stille Nacht, heilige Nacht". Die allergrößte Spannung aber erregten die gespendeten Kleidungsstücke, besaß doch keines der Kinder, deren Väter Holzfäller und Kleingütler waren, einen Mantel für den rauhen Bergwinter. Die Augen des Franzl vom Hochwald lösten sich nicht mehr von einem Lodenmantel, der für seine Größe zu passen schien. Freudestrahlend nahm er ihn aus Lehrerhänden in Empfang. Keines der Kinder ging leer aus und jubelnd verließen sie den Raum, um voller Freude ihre Geschenke zuhause vorweisen zu können.

Viele Jahre vergingen. Der Weltkrieg 1914 begann. Nur ein paar ältere Männer in der Gemeinde waren von der Einberufung zum Heere verschont worden. Auch anderswo sah es nicht besser aus, denn täglich pilgerten Frauenprozessionen betend den Berg herauf, um bei der hilfreichen Muttergottes im Bergkirchlein Hilfe für ihre Soldatenmänner zu erflehen. Bitter hart lastete auf ihnen das Los der Vereinsamten. Eines Tages folgte auch der Lehrer dem Einberufungsbefehle; der blutjunge Franzl vom Hochwalde war ihm schon als Kriegsfreiwilliger vorausgeeilt.

Der Zufall wollte es, daß sie sich wieder an einem Weihnachtsabend begegneten. Es war vor Ypern in Flandern. Während draußen schwere Geschütze brüllten, verlas der Führer der Haubitzenbatterie vor dem Weihnachtsbäumchen im Unterstande das Weihnachtsevangelium. Noch nie in ihrem Leben hatten die Zuhörer die Friedensbotschaft mit solcher Rührung vernommen. Und beide, der Franzl, ein gefreiter Geschützführer und der Nachrichtenoffizier, sein ehemaliger Lehrer, sahen dabei im Geiste ihre Heimat, das Walddörflein und die alte Schulstube im Lichterglanz. Was gilt der Weihnachtsfriede in einem erbarmungslosen Kriege? Nichts! Feuerüberfälle auf die deutschen Vorlinien, Kommandos „An die Geschütze!" Die Weihnachtsnacht erhellten farbige Leuchtraketen. Unter Krachen flammte das Feuer einschlagender Granaten auf und drohend und singend schwirrten Granatsplitter durch die Luft. In dieser Nacht des Friedens war die Hölle los.

Nur mit größter Anstrengung konnte ich inmitten dieses nächtlichen Kriegsgetöses die Morsezeichen einer vorgeschobenen Stellung entziffern: „Geschützführer und zwei Mann tot, Hilfe und Ersatz notwendig". Der Hauptmann der Batterie ordnete Franzl und zwei Mann ab, den Bedrohten Hilfe zu bringen. Sie mußten durch die wegelose Nacht, in der der Tod lauerte. „Gott mit dir, Franzl", konnte ich ihm noch nachrufen. Franzl ist vorne nicht angekommen, der nächste Tag brachte ihn als Toten zurück.

Der Krieg ist zu Ende gegangen. Mich verschlug das Schicksal in eine Stadt an der Donau. Von hier aus unternahm ich einen Schulausflug in meine so geliebten Berge. Den Abstieg nahmen wir über den Hochwald vorbei an Franzls Elternhaus. Aus dem dürftigen Häuschen sah eine Frau die Schülerschar vorüberziehen und spähte auch nach dem Lehrer. Da eilte die Marie, Franzls Schwester, auch schon herbei und reichte mir die Hand. Ihre letzte Frage war: „Wie starb Franzl?" „Wie ein tapferer Soldat", antwortete ich, drückte ihr die Hand und wanderte wortlos der Schülerschar nach. Erst im Bergkirchlein, das wir besuchten, fand ich wieder Worte und erzählte den Lauschenden von dem Waldlerbuben Franzl und den zwei Weihnachten.

OTTO GEYER

Fürstensteiner Weihnacht

Meine Großmutter fing vierzehn Tage vor Weihnachten zu backen an. Es gab immer nur eine einzige Kuchenart, aber die war aufs feinste zubereitet, weil man fast alles, in erster Linie Mehl und reines Butterschmalz, im Haus hatte. Ich bin nämlich in einem Fürstensteiner Bauernhof aufgewachsen. Die einzigen fremden Zutaten waren Backpulver und Vanillezucker. Ein Hauptereignis war der Tag, an dem unser Schwein geschlachtet wurde, denn da gab es auch für uns Kinder Blut- und Leberwürste, für die Erwachsenen dazu etwas Kesselfleisch. Das frische Fleisch wurde in einem großen Surkübel eingesalzen. Das Mittagessen am Heiligen Abend bestand für Eltern, Kinder und Dienstboten aus einer einfachen Brotsuppe mit aufgeschmalzten Zwiebeln, aus sonst nichts, denn der 24. Dezember galt als Fasttag.

Mit der Stallarbeit wurde an diesem Tag schon um 1/2 5 Uhr nachmittag begonnen, weil sie um 6 Uhr beendet sein mußte. Dann kam endlich die ersehnte Stunde, die uns Kinder mit allen übrigen Hausbewohnern in der Bauernstube bei der Christbescherung vereinte. Ach, war das bei uns eine aufregende Angelegenheit! Besonders der Augenblick, in dem der Großvater mit dem geschmückten Weihnachtsbäumchen in der Hand zur Tür hereinkam! „Das goldene Rößl" — sagte er zu uns — „hat das Bäumerl eben gerade im Hof aufgestellt gehabt!" Wir bewunderten mit offenen Augen und Mund all die bescheidenen Herrlichkeiten, die an den grünen Zweigerln hingen: bunte Glaskugeln, die natürlich im Bayerischen Wald selbst hergestellt worden waren, ein paar rote und weiße Kerzchen, eine Anzahl Nüsse und runde „Guatln", sogenannte Plätzchen, die die Großmutter selbst gemacht hatte. Der Christbaum bekam seinen Platz auf dem mit einem weißen Linnen bedeckten Tisch in unserer Bauernstube.

Ihr möchtet gerne wissen, was ich als Enkelkind von meiner Großmutter als Weihnachtsgeschenk bekam? Es war ein aus Stroh geflochtenes Brotkörberl, in dem beim Schwarzbrotbacken der Teig lag; jetzt aber war es gefüllt mit rotbackigen Äpfeln, Kletzen, Zuckerfeigen, Plätzchen, Leckerln und zwei dünnen Rippen Blockschokolade, auch ein paar vergoldete Nüsse und ein kleines Lebkuchenbusserl fand ich drin. Und ganz obendrauf lagen zwei Mandarinen, „die sind von der Frau Hauptlehrer", sagte meine Großmutter. Die Frau Hauptlehrer hat nämlich jeden Tag bei uns die frische Milch geholt, daher diese Spende. Gekauft hätten meine Eltern oder Großeltern solch teure Früchte gar nie. Diese Brotkörberl mit den für heutige Verhältnisse ganz undenkbar bescheidenen, ja armseligen „Christkindln", hat mich als Kind aber so beglückt, daß ich es gar nicht sagen kann. Denn so anspruchsvoll wie heute waren die Kinder damals nicht und in einem echten Waldlerbauernhaus ging es auch an Weihnachten ein bisserl armselig her, was unser Weihnachtsglück aber nicht im geringsten beeinträchtigte. Auch die Großeltern und die Dienstboten bekamen solche Geschenkkörberl spendiert, Kletzenbrot gab es dazu in rauhen Mengen, man konnte davon essen, soviel man wollte. Selbstverständlich wurde auch dieses von uns selbst gebacken. Nach der Bescherung wurde in einer großen Kanne dampfender Malzkaffee aufgetragen, und nun ließen wir es uns alle gut schmecken. Nach der Schmauserei wurde gemeinsam der Rosenkranz gebetet, wobei jedes von uns an einer anderen Stelle des Zimmers niederkniete, vor den Sitzbänken oder vor den Stühlen. Der Großvater betete vor. Nach dem Rosenkranz saßen wir alle um den runden Tisch herum in gemütlicher Unterhaltung, bis diese verstummte und die Großmutter mit der altmodischen Brille auf der Nase aus der Bibel vorlas. Der Großvater saß währenddessen mit gefalteten Händen auf dem mit rotem Samt überzogenen Kanapee, und ab und zu sah er nach dem Feuer im großen Kachelofen. Ich wartete immer ungeduldig auf den Augenblick, wo man mir versprach, mich in die Christmette mitzunehmen. Wenn

Schnee lag, dann brauchten wir dorthin eine halbe Stunde. Der Großvater hatte schon die mit einer brennenden Kerze versehene Stallaterne bereitgestellt. Mußte ich daheim bleiben, was mir sehr schmerzlich war, dann wurde ich von meinen Leuten nach ihrer Rückkehr von der Christmette geweckt, das war mitunter um zwei Uhr nachts, da gab es dann Blut- und Leberwürste und Sauerkraut. Die Großmutter blieb immer bei mir, wenn ich zur Christmette aus irgend einem Grund nicht mitgehen durfte, und erzählte mir schöne Geschichten vom Christkind im Wald.
Meine Großeltern in Fürstenstein, bei denen ich erzogen wurde, sind 77 und 87 Jahre alt geworden, sie haben in allem allzeit treu zum alten Waldlerbrauch gehalten und auch getrachtet, Sitte und Brauch von den Ahnen in mir wachzuhalten und mich mit Ehrfurcht vor diesen Dingen zu erfüllen. Die schönste Erinnerung an mein Elternhaus und an meine Großeltern in Fürstenstein ist für mich heute noch immer das Weihnachtsfest.

IDA WILHELM

Eine ungewollte Weihnachtsüberraschung

Es war um die Jahrhundertwende. Im kleinen Glasmacherdorf drehten sich die Gespräche um die Weihnachtszeit mehr um das Herrenhaus als um die eigene Familie. Es gab zwar eine kleine Bescherung zu Hause, dann aber versammelten sich die Glasmacher mit Weib und Kind vor dem Hause des Hüttenherrn und folgten der Einladung zur Weihnachtsfeier, um aus der Hand des „Herrn" und der „gnä' Frau" eine kleines Christgeschenk entgegenzunehmen, den zimmerhohen und reichgeschmückten Tannenbaum zu bewundern und eine frohe Weihnacht zu wünschen. Wenn der Hüttenherr die Klingel schwang und die „Frau" die Türe zur großen Stube öffnete und die Wartenden einließ, bestaunte man gebührend die Lichterpracht, hörte ergriffen die kleine Ansprache des Herrn, die jedes Jahr gleich lautete und in der er immer wieder wünschte, das man sich nächstes Weihnachten wieder gesund zur Feier des Heiligen Abends zusammenfinden möge. Die Tüten mit dem Weihnachtsgebäck wurden ausgeteilt; dann ging man wieder nach Hause und rüstete zur Mette.

So war es alle Jahre gewesen, bis auf das Jahr 1900. Diesmal hatte der Hüttenherr eine Weihnachtsüberraschung angekündigt, die ihm so vollständig gelang, daß man noch viele Jahre später davon erzählte und sich darüber freute. Von einer Geschäftsreise in die Schweiz hatte der „Herr" eine Überraschung mitgebracht, an der sich am Heiligen Abend seine Leute ergötzen sollten; und weil die Herrschaftsköchin dafür sorgte, daß man lange zuvor schon von diesem ‚Wunder' erfuhr, war die Spannung im Ort sehr groß. Als an diesem Heiligen Abend der „Herr" die Klingel schwang und die „gnä' Frau" mit verheißungsvollem Lächeln die Türe zum großen Zimmer öffnete und

die Leute einließ, kannte denn auch die Verwunderung keine Grenzen. Mit offenen Augen und Mündern umstanden sie den großen Lichterbaum, der, nicht wie sonst, steif und still dastand, sondern sich in seiner ganzen Pracht von Lichtern, Glaskugeln und bunten Zuckersternen langsam auf einem kastenförmigen Untersatz drehte, aus dem eine Musik kam, als spielten die Engel auf einem himmlischen Glockenspiel die „Stille Nacht".

Ergriffen drehten die Glasmacher ihre Hüte in den Händen, zischpelten die Frauen bis zu Tränen gerührt und standen die Kinder mit glückseligen Gesichtern. Stolz und erfreut darüber, daß ihm die Weihnachtsüberraschung so gut gelungen war, vergaß der „Herr" vorerst auf das Schenken und auf die Ansprache und ließ den Zauber der Musik und des sich drehenden Christbaumes eine Weile auf seine Leute einwirken. Mit einer ausholenden Handbewegung erklärte er nur, selber bewegt:

„Das ist das neueste, ein prima Schweizer Christbaumständer mit Glockenspiel."

Ehrfurchtsvoll nickten die Glasmacher und ihre Frauen.

Es war gerade die Hälfte der ersten Liedstrophe verklungen, als es einen kleinen Knax tat und der Baum sich schneller zu drehen begann. Die Kerzen wackelten, die Glaskugeln klirrten, die fromme Weise wurde zu einem Gehudel zirpender Töne. Noch ehe der Hüttenherr begriff, was geschah, und sich die Glaserleute über die Steigerung des „Wunders" freuen konnten, wurde der Baumtanz so rasend schnell, daß die Kerzen aus den Haltern fielen und wie flammende Sternschneuzer in der Stube herumflogen. Dann ging alles sehr rasch. Der „gnä' Frau" fiel eine brennende Kerze ins Haar, dem Glasmacher Schmalz in den offenen Hemdkragen, eine landete in der

Durchsicht des geheizten Kachelofens, eine andere fiel in den Korb mit den Geschenktüten und die übrigen verschwanden funkensprühend in den Ecken oder landeten auf dem Teppich. Die Glaskugeln splitterten, die Zuckersterne bröselten, und der Hüttenherr sprang ratlos um den Baum, ohne dem Unheil Einhalt gebieten zu können.

Frauen kreischten, Männer lachten, die Kinder sprangen den Kerzen nach. Der Schmalzl schlug mit den Händen gegen den brennenden Hemdlatz, die gnädige Frau raufte sich das heiße Wachs aus dem Haar; plötzlich brannte der Kittel der Hafenmacherin und aus der Durchsicht des Kachelofens quoll stinkender Dampf, der das Zimmer einnebelte. Geistesgegenwärtig wollte der Schleifermeister Hackl dem Unwesen abhelfen und ging den Christbaumständer an; er umklammerte den tanzenden Stamm und warf dabei den Baum um. Inzwischen versagte die Federkraft des Werkes — und das Weihnachtslied verstummte. Größer hätte die Weihnachtsüberraschung wirklich nicht sein können. Mit rotem Gesicht verteilte der Herr schnell die Gaben. Er verzichtete auf die Ansprache und wünschte auch nicht wie sonst fröhliche Weihnachten. Entschuldigend murmelte er nur, daß in dem Teufelswerk die Bremse versagt haben müsse.

Für die Glaserleute aber war es trotzdem die fröhlichste Weihnacht, die sie im Herrenhaus erlebt hatten, und sie waren mit der großen Weihnachtsüberraschung vollauf zufrieden.

PAUL FRIEDL

Seite 93:
Kindermann-Krippe, Waldkirchen

Seite 94:
„Heilige Familie", Kneiting bei Regensburg

Seite 95:
„Heilige Familie", Adlersberg bei Regensburg

Seite 96:
„Mettengang", Hinterglasbild von Josef Fruth

Heiliger Abend im Grenzwald früherer Zeiten

Wenn Weihnachten vor der Tür ist, wird im Grenzwaldbauernhof „geschlachtelt". „Die heiligen Zeiten muß ma' ehr'n", sagt der Hausvater, „es müssen echt schweinerne Mettenwürste sein, saftige Leberwürste und speckige Reislwürst' und Plunzen und eine fette Britsuppe." Der Störmetzger kimmt und sticht die feiste Sugel ab. Auch ein Wuserl muß daran glauben, daß es ein schmackhaftes Weihnachtsbratel werden wird. Der Mutter geht's noch dick ein, denn die Kuchel ist voller Arbeit. So ist's alle Jahr, auf die Letzt' wird's noch nejdi'. Eine großmächtige Rein voll nußerlbrauner weizener Germnudeln und ein süßes Kletzenbrot wird 'backen, daß die Ehehalten ebbes zu fieseln, zu „knangen" und zu „kauschen" haben. Und die Geschenker, d' Christkindln, für die Ehehalten müssen beim Kramer 'kauft wer'n. Die Knecht' kriegen zum Heiligen Abend Pfojder (-Hemden), Hosentrager und rotblümelte Schneuztüchl, die Dirnen einen Kittelzeug oder ein Fürtuch. „Die Ehehalten geben dafür ein Vergelt's Gott", sagt die Bäuerin, „und der gilt viel, denn der Christsegen liegt darauf."

Wenn die Leut' aus dem letzten Rorate heimkommen, wird im Haus noch zusammengearbeitet. Die Weiberts putzen auf den Knien, daß kein Dreck in die Feiertag' hineinkimmt.

Am Mittag essen die Leute Knödel und Schwammerlbrüh', oder Nudeln und Reinmus und dazu eine Zweschbenbrüh oder ein Birnkoch. „Wer fastet, bis die Stern am Himmel sind, siehgt in d' Zukunft", sagt die Ahndl.

Wenn das Stallvieh gewässert und abgefüttert und ein Hauf'n Gsod für die Feiertag geschnitten ist, wird Feierabend gemacht. So ist's altes Herkommets, und wie's schon allweil gewest ist, dabei bleibt's.

Die Knechte rennen auf's Bödel hinauf in ihr Kammerl, hanteln die Feiertagsmontur aus dem Kasten und gewanden sich um.

Wenn die Wälder sich annachten und der Hof einfinstert, guckt die Bäuerin zum Himmel hinauf. „Wenn viel Stern sind, legen die Hennen viel Eier im neuen Jahr", hat die Ahnl gesagt, und die weiß es von früher her. Der Bauer streut Brotbrösel in den Hausbrunn, daß er nit ausbleibt oder kleine Semmelbröckerl und etwas Zucker und sagt: „Hausbrunn, i bedank mich für das gute Wasser, das du mir das ganze Jahr hindurch gegeben hast." Der Bauer „drosselt" auch im Garten die Bäum', umwickelt sie nämlich mit Strohbändern, „weil es der Urähndl und der Ähndl auch getan haben", sagt er. So kann den Obstbäumen die Gefrier nit an und sie tragen dann im kommenden Jahr recht. Dann knotzt er in der Stube die Heiligabendspäne und steckt sie unters Dach, daß der Himmezer nit einschlagt, wenn im nächsten Summer die scharfen Wetter kömmen.

Heute wird zeitiger als sonst gefüttert und vorgegeben. In der Futterweil geht der Bauer und der Knecht öfters hinaus auf die Gred und schauen und lusen. Der Abendstern steht am Himmel und blinkerzt und funkerzt. Der Wind hat sich für den Augenblick gelegt und braust nit, die verschneiten Hölzer stehen wie lauschend um den Einödhof. Die Kinder sind voller Neugier und gutzen bei der Haustür heraus und lusen, ob sie nit die Glöckel vom Christkindlschlittengespann klinseln hören.

Wenn's vom Turme her sechse schlagt, wird's Burschets im Hof rebellisch. Die großen und die kleinen Knechte „grobben" in jeden Winkel hinein, hinter den Kommodkasten, unter die Bodenstiege, wo sie eine alte Musketen, ein altes Terzerol, einen verrosteten Knallkugelstutzen oder eine Pürschbüchse und Jagerflinte wittern, striegeln und putzen daran, wenn sie was rostig finden, und schauen inwendig hinein, schmieren mit einem Batzen Schmalz die „Hahna" ein, daß es recht kracht, wenn die Schießerei losgeht. Draußt hinter den Stadeln und Schupfen kracht bald ein Schuß um den andern durch die Christnacht, zührot springen die Funken aus den Pulverröhrln sternwärts. Von allen Einöden und Dörfern her, hinter allen Büheln und in allen Tobeln plädert es, die Hölzer um und um schrekken auf und lachen hellauf, die Hofhunde schlagen an und die Einödköter knaunzen. Die Burschen wissen jetzt gar nimmer, daß diese früher übliche gewesene Schießerei und Knallerei ein uraltherkömmlicher „Heidenlärm" gewesen ist, der ehemals die Dächereien vor bösen Leuten und feindlichen Geistern geschützt hat. Solches weiß die steinalte Ahndl noch, die denkt noch weit zurück und weiß dies von ihrer Urahndl her. In den letzten Jahren hat man dem Christkindl zu Ehren schießen und die Weihnachtsfreude überlaut machen wollen. Der Fuchshofbub und die Kameraden von den nachbarlichen Einschichthöfen kenten bengalisch funkelnde Zündhölzl an, die kaufen sie sich im Nikolaikirta drunt im Markt Neukirchen, sie lassen ihre kleinen Kapselbüchsel krachen; das langt ihnen auch. Größere Buben lassen mitunter Speiteufel ab, ein Hosensäckel voll ums andere.

Der Himmel ist voller Stern, die glitzen und glanzen. Es schneefankerlt. Gern gehen die Buben wieder in die Stube hinein. Im Ofen drin krachen die buchenen Pinkenklötze, daß die Wärme wachelt. Ab und zu riecht man schon Lebzelten und Gutseln und Äpfel und dergleichen Schmankerl und Schleckerbissen, und es ist, wie wenn rantig das Christkindl schon um die Wege wär'.

In der lichten, wachelwarmen Stube werden lauter uralte G'schichten erzählt von den Freischützen und den Mettenjagern, von den Mettenhexen, vom Mettenwein, von den Burgschätzen, die in der Christnacht gehoben werden könnten; dem alten Ähndl sein Urähndl schon hat allmal davon erzählt, wenn die Christnacht gewesen ist. Die ganze Stube lust. Die Ahndl sitzt am warmen Kachelofen auf dem Bankerl und sinniert ein Weilel; dann fallt ihr ein, wie in den Rauhnächten früherszeiten die Hexen durch die Rauchfänge gefahren und auf Besenstielen und Kehrwischen und Ofenkrucken ausgeritten sind; wie die feurigen Manndel hinter den Marterln und Flachsbrechhäuseln gelurt und die wilden Jager über den finstern Wäldern gehetzt haben. Die Knecht und die Dirnen, die allmählich auch eintreiben und heimkommen, sitzen dann am Tisch im Herrgottseck.

Die Ahndl weiß von der Guggahndl her, daß während der Mette in allen Bächen und Brünnlein unsrer Bergheimat heller Wein statt Wasser rinnt und daß der ein enzgutes Tröpfel, aber leider wunderselten zu kriegen ist.

Alle Augenblicke fragen die kloan Kinder d' Muatter und den Vatern, ob's Christkindl gwiß kimmt und ebbes ei'legt? Sie haben ein Bröserl Angst, daß es die Einödhöf und die Dörfer im hintern Wald vergessen könnt'. Und sched steigt der Vater aufs Gsodbödel hinauf und tut ein' Schübel Bra(u)nell(en)heu hinaus vor's Schüpferl; und nachher stellt er davor noch eine Standn voll warmes gutes Tranket. Wenn's Christkindl hinterm Haus durch das Gasserl daherkimmt, hält das Schlittenfuhrwerk an. Den Esel hungert ja von der weiten Reis', und weil noch ein weiter Weg ist, schmeckt ihm das Heu und das Tranket recht und tut ihm gut.

Draußen blenkerzt der Schnee und die Sterne funkerzen droben. Alle Gasserl und Steige sind einsam und leer, es ist kein Mensch mehr draußen. Alles ist daheim und wartet. Nur der Wind ist draußen, der faucht und pfaucht und kann's recht, pfurrt und surmt über die Dächer und fergelt in den Bäumen, weht den Schnee an die Stadel, Zäune, Stiegel und Gatterl und kichert in allen Winkeln, wie wenn er ein übermütiges Freuderl hätt'. Wenn nur 's Christkindl einen Christbaum und ein Spielsach nit vergessen tät, denken sich die Kinder in der Stube. Der Gangerl vom Fuchshof hat sich einen Roßstall, einen Wagen und noch allerhanderlei gewunschen, hat's auch dem Christkindl längst schon g'schrieben; das Brieferl hat er vors Fenster hinausgetan und das Christkindl hat es fortgeholt, einmal in einer staden Adventnacht, wie niemand mehr um die Wege gewest ist. Mäuserlstad lust der Gangerl hinaus ins Flötz und hinüber ins schöne Stübel; und auch's Mariannerl gibt Fried, daß 's Christkindl nit versprengt wird. Es ist so anheimelnd lauschig in der Stub'n und so still, daß man die Uhr tickeltackeln hört. Die Kinder warten hart und fangen zu beten an und sind brav. Wenn die Mutter mit aller Arbeit fertig ist, kentet sie den Kerzenleuchter an und geht mit allen nachschauen. Die Kleinen hupfen vor lauter Freud. Der Gangerl kennt's gleich, wo 's Christkindl ei'glegt hat; aus dem Schlüsselloch in der Tür der schönen Stube leuchtet 's Zühlicht heraus ins Flötz. „Da drin brennen meiner Seel' schon die Kirzl am Christbaam", sagt der Vater und klinkt die Tür auf. Die Kinder springen in die Christkindlstube hinein und die Mutter, der Vater und die großen Kinder und die Ehehalten drängen sich heran und freuen sich mit. Der Gangerl schaut und staunt und traut seinen Augen kaum und denkt sich in seinem Köpfel: „Ist's gwiß und wahr, oder traamt mir sched?" Und ihm ist, als hätt' er 's Christkindl mit seinen schönen Blondhärlein noch gesehen, wie es im schneeweißen Hemderl vor etlichen Augenblicken beim Fenster hinaus gehuscht ist.

Der Christbaum ist ein schön gewachsener tännener oder fichtener Gräßling. An den feinen Asterln hängen lebzeltene und zuckerne Stückel, rote Apferl, silberne und goldene Nüsse daran. Unterm Christbaum liegt allerhand Spielzeug, lauter schöns Dinges. Und wie die kleinen Händ' darnach langen, fragt eins das andere: „Was hat's denn dir bracht?" Da wird gesucht und geklaubt, geschmatzt und derzählt, gehammert und gebaut, gehutscht und gefahren bis in die tiefe Christnacht hinein, bis eins ums andere einnafzt vor lauter Müdsein. Jetzt müssen die kleinen Geschwistert ins Bett, aber die größeren dürfen noch aufbleiben.

Draußen rumpelt der Schneewind ums Haus, die Hoftürl knarzen und die Fensterladen knackeln, wie wenn er hinein möchte vor lauter Glust und Neugierd. Und wenn er in den Rauchfang einen tiefen Brummer tut, meint man schier, der Niklo ist heimzu am Weg und kutschiert vorbei: Hüh! Hott! Wista! Hott!

Die großen Leut bleiben auf und warten ab, bis zu der Metten Zeit wird. Um elfe läuten die ersten Kirchglocken durch die heilige Nacht. Längst schnarchen die kleinen Spielratzen. Die ersten Mettengeher stolpern talwärts am Haus vorbei. Wenn kein Mond ist und die schneeigen Steige finster sind, funzeln die Laternln der vielen Mettengeher durch die Christnacht, als wären's lauter Sterndel, die vom Winternachthimmel hernieder gepurzelt sind. Der Vater kentet den Kirchengängern das Licht in der Sturmlaterne an, daß sie auf dem Mettengang sehen, wenn sie den schneeigen Steig hinab ins Tal stapfen zur Christmette. In einer finstern Christnacht jammert mancher Bauer: „Finst're Metten, helle Stadel." Wenn aber der Mo(nd)schei(n) scheint, sagt der Bauer: „Helle Metten, finst're Stadel."

Es schneit, die Flocken tänzeln hernieder, tief verschneit schaut der Hochbogen herüber zum Fuchsenhof und seinen nachbarlichen Anwesen und hinüber auf die Osservorberglehnen. Mancher Knecht reckt draußen hinterm Stadel seine Pulverbüchse in die Höhe und feuert etliche Schüsse ab, daß es böllert und die Hunde in den Höfen anschlagen.

Der Vater und die kleinen Kinder bleiben daheim und hüten das Haus. Er schiebt den Riegel vor die Tür und schürt das Feuer im Ofen, daß die Mettenwürste gar braten und die Brütsuppe wird. Der Hausvater hat schon längst etliche große buchene und birkene Knüttel und Pinkenprügel bereit gerichtet und gelagert, er steckt einen nach dem andern in die Ofenschür, die geben aus und machen eine Hitz und halten die Stube warm, bis die Christmette vorüber ist.

Um zwölfe fangen alle Weihnachtsglocken hellauf mit dem Jubilieren an. Der Wind hält seinen Kreißter an und horcht ihnen zu.

Die Kirche ist voller Leut. Droben an der Orgel sitzt zu höchst der Organist, er haucht sich in die kalten Hände und reibt sich die Finger warm und greift dann ins Tastenwerk darein, spielt zum Mettenamt ein und werkelt, daß es nur so pfeift und schnurrt und drunten in der Kirch die Nacht aus allen Winklein huscht. Am hohen Altar vorn glitzen und glanzen die hellen Kerzen. Die Weiber knieen im Gestühl und lassen die Wachslichtel blinken. Droben am Chor wird „Stille Nacht" gesungen. Es ist allemal so schön, dies Lied. Den Alten gehn die Augen über. Wenn der Segen ausgeteilt ist und der letzte Orgelklang im hintersten Kirchenwinkel sich verschlieft, wird die Kirche wieder leer. Der Mesner löscht mit dem Löschhörndl alle Kerzenlichter ab und sperrt die Kirchtür zu. Alles tummelt sich am Weg heimzu. Die Leut vom Fuchshof und den nachbarlichen Einschichten brauchen eine gute Stunde.

In der wacherlwarmen Stube dampft schon auf dem Tisch die Mettensuppe, sie glänzt von den vielen Schmalzringeln, die drauf schwimmen und die Leberwürst' und die dicken Plunzen und Röslwürst pregeln in der Schmalzrein und duften vor lauter Gutsein. Alt's und Jung's sitzt am Tisch und ißt und schleckt, weils schmeckt, und wärmt sich das Inkreisch auf. Aber bald kriechen alle übernächtig ins Bett, daß sie sich ausranzen und ausstranzen können und zeitig wieder beim Zeug sind und den hellen Christtag nit verschnarchen und vernafzen. Goldlicht stehn die Sterne über den Bergen und Häusern. Ein Sternschneuzer sprüht durch den weiten Himmel, so licht wie ein rotguldenes Engerl, das am Weg heimzu sich verspätet hat. Und am hohen Himmel ist es so wunderhell, wie wenn das Christkindl heimgeflogen wär.

FRANZ XAVER SIEBZEHNRIEBL

Heut Nacht hat's a Schneeberl g'schneibt

Da Winter is' ei'brocha'; endli'! Heut Nacht hats erste Schneeberl g'schneibt. Des hoaßt, kalt is's scho' länger g'wen; aber es hat einfach von ob'n aber nia nix dagleichato'! Und a Winter ohne Schnee, hör ma' aaf, des is' grad a so, wia ra Bratlsoß ohne Knödl. Aber gestern hamand aaf amal an Huaber Sepperl d' Oahrwaschl pitzlt, und seine Ferschna hamand eahm so gläseri' und kriach-blau hint bo dö schafwollan Söckl aussig'schaut, daß d' gnetta Gift draaf nehma hättst kinna, daß's bald schneibt. Aa dö alt Huaberin, an Sepperl sei' Muatter, hat g'sagt, daß's ihrane Frostbeuln heut ganz elendi' juckan und beiß'n, und des is' allmoi 's bessa Zeich'n, daß's bald umschlagt. Und tatsächli' hats heut nacht na aa g'schnieb'n.

Da Sepperl hat eahm gestern scho', aus alte Vorhangstangl vo' da Muattan, unt'n bo da Mitt' vo' dö Holzschuah Kufan aufg'naglt und iaz hockt a scho' seits taglt mit sein Schwesterl ban Kriagerdenkmal aaf dö Stoastaffeln und wart' bis an Dokta und an Schullehrer dö sein mit eahnane Schlitt'n d' Boh' ei'g'fahrn ham. Zwoamoi san's iaz scho' abi. Z'erst über's Mark'bergerl, dann den seln Abschneider übern Wirt sei' Stiagerl abi, wei's da allwei so schö' aafboißt, und na ban Gangsteigerl über d'Wies'n umi. Am Bach drunt ham's aaf da obern Seit'n a weng an Schnee z'samg'schaufelt und a kloans Buckerl o'g'richt, daß's a bißl höher worn is' und da fliahgn's iaz drüber, wia Pfitschipfeil, und in oan Saus gehts na bis an Bahnhof abi. Grad schö' zun Zuaschaugn is' eahna!

„Oamoi laß i's no abifahrn, na packs i' aa", hat da Sepperl zu sein Schwesterl g'sagt und hat seine Holzschuah ba da obern Boh' no a wengl glattg'serfelt, daß's bessa rutsch'n. Und glei' hintr eah drein is' er na obig'saust. Des Buckerl ban Bach hat a g'numma wia da höchst Schifahrer, und wia ra ban Bahnhof unt' o'kemma is', hat a Backan g'habt, so roat scho', daß's grad g'leucht hamand. Und 's Katherl, sei' Schwester, hat grad a so g'fiebert, wia ra wieder kemma is'. „Mei', muß des schö' sei'", hats g'sagt und hat g'lüaht wia ra Sägspa'ofer vo' lauter Aufregung. „Fahr halt aa obi" hats da Sepperl aafg'hetzt. Aber da waar eahm bald 's Woana o'kemma dem kloan Spatz'n.

„Du woaßt as do, daß i's mit dö Holzschuah net ko", hats a etlamal aafg'schnupft, „und Schli'n ham ma' koan!" A

Weil hats eahm dabarmt, an Sepperl, na hat a g'moant: „Woaßt was, hock di' an Vatern sein Eisstock aafi, der rutscht wia da Teifi; besser wia ra jeda Schli'n!" Und vors eahm so recht b'sunna hat, obs ja oder na sag'n soll, hat an scho' daherzog'n aa. „Iaz hock di' draf Katherl", hat a eahm zuag'red't, „und fahr o'. Und i' schoiß hintdrei', na ko nixe fei'n." Und vors überhaupt g'wußt hat, wia eahm is', is's scho' g'sess'n aa; an Stui zwisch'n dö Füaß und dahi'is's ganga! — Über d' Stafen ban Wirt abi hat sie's herboißt, daß's Schroa und Pfiff to' hat, wia ra Hund, der nach acht Täg 's erstmal sein Herrn wieder sehgt. Und weiter is's g'saust übers Gangsteigerl und umi über d' Wies'n; grad g'flog'n is's! Gnetta hat sie's do a bissl mit da Angst z'toa kriagt, wei's gar a so dahi' g'schoss'n is' und hat a wengl bremst. Da Sepperl waar eahm bald hint ei'g'fahrn. Er hat grod no schreia kinna: „Laß's saus'n, Rindviech, kimmt a da Bach!" Aber da war's scho' z'spät.

Er is' grod no an ihra vabeig'flitscht, hat aber scho' unbandi' o'taun müass'n, daß a no drüberkemma is'. Und drent hats'n na g'straht, daß d' Holzschuah gra a so g'flog'n san. Na hat a no an Schroa g'hört und wia ra si' umg'schaut hat, war aaf amal neamand mehr da! Schnell hat er si' aafg'rappelt und is' an Bach zua. Da is's dringhockt 's Katherl; gnetta da Kopf hat bloß mehr no außerg'schaut. Wia dö Kloa sein Bruadern sehgt, hats 's Mäui vazog'n, und hat plärrt, wia wenn's am Spiaß steckat. „Muatta!", hats g'schrian; aber scho' so jämmerli', daß an Sepperl schiar 's Lacha o'kemma is'. „Was zahnst an a so?", hat er g'lacht. „Iaz geh no grad außa! Brauchst do net trenz'n, d'Mutta schimpft di net. Dö hat eh erst vor a etla Täg g'sagt: An Katherl sei' Hemad müaßt i' a wieder amal wasch'n. Sehgst as, iaz gehts glei' in oan dahi', iaz braucht sie's bloß mehr no aafhänga!"

Ein Heiliger Abend in Falkenberg

Dicker Rauhreif und eine dünne Schneedecke hatten das Oberpfälzer Stiftland mit einem weihnachtlichen Kleid überzogen. Wald und Flur, Häuser und Gartenzäune waren weiß überzuckert. Matt und geheimnisvoll glitzerten die Schnee- und Eiskristalle, sobald es der müden Wintersonne gelang, für wenige Augenblicke durch graue, tiefhängende Wolken und Nebel zu dringen. Kein Vogel war zu vernehmen, kein Laut durchbrach diese Stille, welche über dem alten Marktflecken Falkenberg lag. Es war Heiliger Abend.

Für mich war und blieb der Heilige Abend der Tag des Jahres, welcher sich mit keinem anderen vergleichen läßt. Ein empfängliches Gemüt verspürt seine Einmaligkeit. Vielleicht registrieren wir unbewußt, daß wir den tiefsten Stand der Sonne erreicht haben, eine Wende vor uns liegt, mit dem das Ereignis von Bethlehem verbunden bleibt.

Am frühen Nachmittag lud mein Vater meine Schwester und mich zu einem kleinen Winterspaziergang ein. Es war das einzige Mal im Jahr, wo solches geschah. Aber es war mit einem guten Grund verknüpft.

Vom Forsthaus aus gingen wir einen gemütlichen Weg, der sich in vielen Windungen zur Hammermühle hinschlängelte. Der Wachtelhund Astor begleitete uns. Er stob über die verschneite Flur, nahm Hasenspuren auf, scharrte an Mauslöchern und kehrte wieder zurück, um sich des Lobes seines Herrn zu versichern.

Unser Vater war an sich recht wortkarg. Heute, an diesem besinnlichen Tag, fesselte er jedoch meine Schwester und mich mit langen Erzählungen. Da ließ er seine Ahnen lebendig werden, die seit mehr als hundert Jahren in Falkenberg die Böhm-Lehrer-Tradition prägten. Wobei er einer der wenigen war, der auf Joseph getauft wurde und, die alte Übung verlassend, sich nicht dem Lehrerberuf, sondern dem Forstberuf zuwandte. So war er der Forstmeister in Falkenberg. Sein Onkel Matthias Böhm, bekannt als der alte Böhm-Lehrer, und sein Bruder, ebenfalls ein Matthias Böhm, wirkten beide in Falkenberg an der Volksschule.

Die alte Hammermühle mit ihren ausladenden Gebäuden erschien mir wie ein verzaubertes Schloß. Verschlossen war das große, sonst stets offene Tor zum Hof, so daß nicht einmal der wachsame Hund anschlagen mußte, um unsere Anwesenheit zu melden. Bei den Hammermühlfeldern, kurz vor der Kapelle, blieb der Vater plötzlich stehen. Und beinahe feierlich und mit erhobener Stimme und sichtlichem Stolz kündigte er ein besonderes Ereignis an: Heute in der mitternächtlichen Christmette werde es eine musikalische Besonderheit geben, von der noch niemand etwas wisse, nicht einmal der Herr Pfarrer. Sein Lehrer-Bruder werde nach der Wandlung das Weihnachtslied „Stille Nacht, Heilige Nacht" als Solo auf der Geige zu Gehör bringen, dem er als Organist eine gedämpfte Orgelbegleitung unterlegen wolle. Sie hätten dies schon eifrig, wenn auch ganz geheim geprobt und erwarteten sich eine nachhaltige Wirkung von dieser sicher sehr stimmungsvollen Überraschung.

Nach der Hammerkapelle ging es durch lichten Kiefernwald wieder abwärts der Waldnaab zu. Nun richteten sich mein Aug' und Sinn nur noch auf unser, eine Viertelgehstunde entferntes Forsthaus über der Naab. Breit und behäbig in einen großen Garten gestellt, von mächtigen Eichen gesäumt, stand es in der Winterlandschaft. Im Dämmerlicht erschien nur ein Fenster erleuchtet, das mittlere im Obergeschoß, das Fenster des Christkindlzimmers. Seit Tagen war es versperrt. Nun war mir der väterliche Spaziergang verständlich. Jetzt war die gute Mutter am Werken, dem Christkind zu helfen, die wenigen Geschenke für das Auge gefällig zurechtzule-

gen, den Baum mit Kugeln und Kerzen aufzuputzen.
Als wir das Haus betraten, war die Mutter noch immer unermüdlich tätig. Mußte sie doch noch nebenbei einen schmackhaften Festtagsschmaus bereiten. Mir dauerte dies natürlich alles viel zu lang. Selbst auf das gute Gansjung zum Abendessen hätte ich gerne verzichten können. Das Bimmeln eines kleinen Glöckleins löste endlich die Spannung. Wir Kinder sausten zum Christkindlzimmer, dessen Türe jetzt offen stand. Das flackernde Licht der Christbaumkerzen verzauberte Baum und Gabentisch. Wir betrachteten den Tannenbaum und dann machten wir uns behutsam über unsere Geschenke her. Sie haben zum Teil bis heute Jahrzehnte überdauert und sind mir Erinnerung an eine bescheidene, glückliche Oberpfälzer Jugendzeit geblieben.
Müdigkeit überfiel mich, Kopf und Augenlider zogen schwer und schwerer. Doch ich überstand es, denn heute durfte ich mit in die Christmette gehen, um des Onkels und des Vaters großes Mettensolo mitzuerleben.
Eine tiefe ruhige Nacht lag über dem Marktflecken, als wir das Forsthaus verließen. Es ging auf die zwölfte Stunde zu. Der Weg führte am Friedhof, wo die Urgroßeltern lagen, vorbei. Unwillkürlich drückte ich mich enger an die Mutter. Beim Hirtenhaus – ab hier stehen die Häuser aneinandergesetzt – reihten sich uns andere Mettenbesucher an. Dunkel blieben die Gassen, nur hie und da warf ein erleuchtetes Fenster seinen fahlgelben Schein auf den Weg. Der weite Marktplatz nahm uns auf. Und hier trennten wir uns.
Während der Vater dem Haupteingang der Kirche zuschritt, um über die Rücktreppe Chorraum und Orgelbank zu erreichen, begab ich mich an der Hand meiner Mutter zur Sakristei. Pfarrer Johann Baptist Kolhepp, Mesner Zöllner und die Ministranten rüsteten sich zur Meßfeier.
Die gerundete Figur des Pfarrers strahlte bereits im Weiß der Albe, während der Mesner versuchte, an dessen Rücken den richtigen Faltenwurf zu finden und mit dem Zingulum zu festigen. Weihrauchduft lag in dem kleinen Raum, den meine Mutter und ich, ehrerbietig zum Pfarrer grüßend, eilends durchschritten. Nach alter Tradition, als die Forstmeister noch „klösterliche Waldmeister" des Klosters Waldsassen waren, stand uns der sogenannte Zwerchstand zu, ein prunkvolles Kirchengestühl gleich neben dem Hochaltar.
Eine kräftige Orgelimprovisation meines Vaters begleitete schließlich die gemessenen Schritte des Herrn Hochwürden vom Ausgang der Sakristei zum Hochaltar, wo zunächst unter Orgelklang die Weihrauchzeremonie ablief. Schneidermeister Josef Kellner, der als Bassist des Kirchenchores neben der Orgelbank stand, gab die Zeichen für die Orgeleinsätze. Unter der Leitung meines Onkels, des Lehrers Matthias Böhm, erklang nun der feierliche Introitus des Chores, das Kyrie eleison! Man spürte schon die Größe der heiligen römisch-katholischen Kirche, wie sie mit ihren jahrhundertealten lateinischen Texten die Gläubigen ansprach, selbst, wenn diese nur wenige Worte davon verstanden.
Wie sind mir die eindringlichen Worte der hl. Wandlung im Gedächtnis verankert geblieben, wenn man sie aus greifbarer Altarnähe hunderte Male vernehmen konnte: Hoc est enim corpus meus. Und nach der Wandlung in dieser Heiligen Nacht, wo sonst das getragene „Benedictus" die Andächtigen aufhorchen läßt, setzte ein hauchzartes Orgelpiano ein. Die Violine des Lehrers Matthias Böhm griff das Thema auf und in feiner Abstimmung zwischen Violine und Orgel durchzog das alte Lied „Stille Nacht, heilige Nacht" in ergreifender Eindringlichkeit den Gottesraum. Still lauschte alles den schier überirdischen Klängen, niemand hustete, niemand räusperte sich mehr! Doch Hochwürden am Altar, für den das Solo auch eine Weihnachtsüberraschung sein sollte, drehte sich plötzlich ruckartig zum Volk und rief lautstark in die andachtsvolle Menge: „Fiedeln einstellen, in der Kirche wird nicht gekratzt!" Und dann fuhr er ohne weitere Erregung fort: „Per omnia saecula saeculorum!" Eine Bombe war explodiert! Betretenheit, Betroffenheit beim Chor und beim Kirchenvolk. Eine große Weihnachtsstimmung war begraben. Orgel und Geige waren jäh verstummt, Choreinsätze zum „Agnus Dei" fielen auseinander.
Meine Mutter und ich waren verwirrt. Wir wußten nicht, auf welchem Weg wir die Kirche verlassen sollten. Der Rückweg

durch die Sakristei erschien uns nicht ratsam. So schlichen wir uns wie Kirchendiebe durch den gegenüberliegenden Glockenturm zum Kirchenschiff hinaus auf den Marktplatz. Die Falkenberger Blasmusik hatte im Obergeschoß des Rathauses Aufstellung genommen und ließ ihre Weihnachtschoräle über die Mettenbesucher hinweg in die Heilige Nacht ertönen. Ein Brauch, den Falkenberg bis in unsere Tage bewahrt hat.

Wir sind die letzten Zeugen dieser Falkenberger Christmette vor etwa fünfzig Jahren. Werden wir ihr gerecht? Zwar wurden wir der Andacht dieser Heiligen Nacht beraubt, aber wer würde sich noch an sie erinnern, hätte nicht ein hartes Wort des Pfarrherrn sie unauslöschlich in unsere Erinnerung eingegraben!

ANTON BÖHM

Winterwald

Winterwald, in deinem Schweigen
ist der Reigen
aller Dinge erstarrt.
Winterwald, in deinem Raum
ist der Traum
eines Sommers verwahrt.
Winterwald, in deinem Licht
ist ein Gesicht
mir zugeneigt . . .
Winterwald, in deiner Sonne
lächelt Wonne
unwiederbringlich, schneestummgewordener
Zeit . . .

KARL B. KRÄMER

Winternacht

Tief duckt sich zum Turm
hin das Dörflein im Sturm.
Der Weg ist verweht,
den nun keiner mehr geht.
Vom Schneesturm umtost,
fällt der Vogel im Frost;
verloren im Schnee
irren Hase und Reh.
Wo noch einsamer Schein,
spähn die Toten hinein,
die von niemand bedacht
in gespenstischer Nacht.

JOSEF FRUTH

Weihnachts-Lied

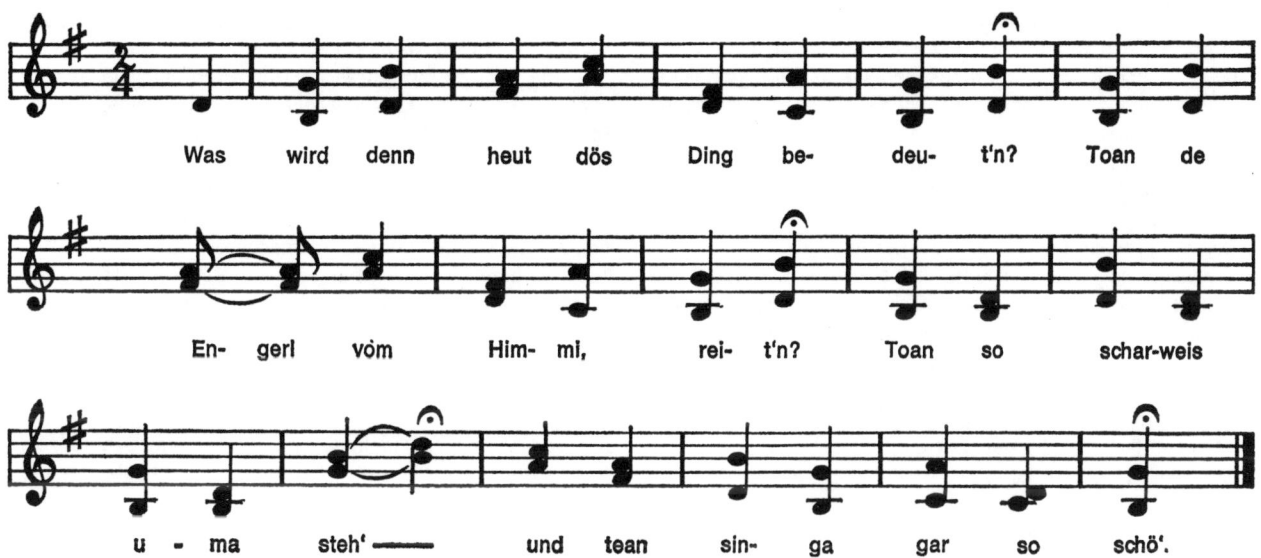

Was wird denn heut dös Ding be- deu- t'n? Toan de

En- gerl vòm Him- mi, rei- t'n? Toan so schar-weis

u - ma steh' —— und tean sin- ga gar so schö'.

2. Is dös net gar a eigne
   Muata? Legt dös Kinderl in Viech sei' Fuatta! Vata,
   du sollst g'scheita sei' — um a Bett sollst schaua fei!

3. I bin no kaum vür'n Ofa
   g'sess'n, han no kaum a Milli 'gess'n, lieg' no'
   kaum a Stund im Strouh, wird dö ganze Nacht koa Rouh!

Das Christkindl in der Glashütte

Das ewige Feuer durfte nicht ausgehen. Es brannte in einer alten knisternden Hütte im Tal der Ohe und rundum standen die alten Wälder bis hinauf zum Rachel. Wie ein eingesperrtes, unförmiges Tier mit wildfunkelnden Augen hockte der Glasofen unterm Dach und in der Feuergrube streckten sich lodernd die Scheiter. Die heiße Luft tanzte leise summend um die verlassenen Werkstätten der Glasmacher und zog fauchend das gehobene Dachgestühl ab. Draußen rauschte der Hüttenbach vorbei.

Das Feuer mußte immer brennen; auch in der heiligen Nacht, in der die Arbeit ruhte und das Glasmacherdorf ganz still geworden war und die Familien in den warmen Stuben gottselig das Christkind erwarteten.

Verlassen lag die Glashütte im Finstern am Bach und blinzelte mit trüben Ofenlichtern zu den kleinen Häusern hinüber, deren Schatten unter dem Spitztürmchen des Herrenhauses und der Turmzwiebel der Kapelle sich aus dem Grau der Schneewehen gegen den schwarzsamtenen Himmel abhoben. Droben glitzerten frostig die Sterne aus der unendlichen Tiefe der Nacht.

Als der Hüttenherr langsam, fröstelnd in seinen Pelz geduckt, durch das Dorf ging, — dem Hüttenwirt ansagte, daß er auf dem Rückweg in der Schankstube keinen Laut mehr hören und kein Licht mehr sehen wolle, begegnete ihm niemand. Diese Nacht war stiller als alle anderen, geheimnisvoller und festlicher und voller Erwartung. Er ging hinunter zur Glashütte und zog das knarrende Tor auf, horchte auf das Brausen des Feuers unter der Ofenkuppel und sah nach dem roten Schein, der an den schwarzen Wänden der weiten Hütte zuckte. Beim Werkbankl der Glasmacher klirrte ein Krug; gegen die Glut des Ofens

richtete sich ein taumelnder Schatten auf und kam ihm schwerfällig entgegen.

„Der Herr schaut noch nach?" Verwundert stand der alte Schürer vor dem Besucher.

„Gaschler, soll dich net ein Junger ablösen? Muß net sein, daß du die heilige Nacht Wache hast."

Der Alte knurrte abwehrend: „Herr, hab mir die Wache selber ausbedungen. Möcht allein sein in dieser Nacht! Seit mein Weib ..."

„Weiß schon, Gaschler. Aber laß das Trinken sein. Es nutzt mich nichts, wenn du nachlässig wirst und die Hitze heruntergeht. Der Ofen vertragt das net. Wenn er zusammenfällt, ist es aus mit der Glasmacherei".

Rauh aufbegehrend wehrte sich der Schürer: „Herr, hab ich schon einmal meine Sach net recht gemacht? Vierzig Jahr bin ich jetzt schon Schürer in der Hütte".

„Ist schon recht", besänftigte ihn der Hüttenherr, wandte sich unwillig ab und ging. Hinter ihm klirrte die Schürstange.

Seit sein Weib nicht mehr lebte, war der alte Schürer ein Einschichter geworden, der den andern fern blieb, der die Nachtschichten übernommen hatte und dabei alles vertrank, was er verdiente.

Waren seltsame Menschen diese Glashüttenleute, derb und rauh, konnten bei der schwersten Arbeit singen, während ihnen vor dem brandheißen Ofen die Haut dörrte, brauchten viel Bier und hatten doch so viel Herz, daß sie damit nichts mehr anzufangen wußten, wenn die kalten Finger des Schicksals danach griffen.

Hatte seinem Weibe nicht alle Tage Freude gemacht. Wie oft mochte er ihr versprochen haben, das Trinken zu lassen und brachte doch den Bierteufel nicht von seinem Genick und wenn das stille geduldige Weib wieder nicht wußte, woher sie Milch und Brot für die Kinder nehmen sollte, dann saß sie in den Nächten strickend bis zum Morgengrauen bei der Kerze.

Sie waren groß geworden, die Gaschlerkinder und der Älteste war heute der beste Glasmacher der Hütte. Die Buben waren keine Trinker, sie hatten zu viel miterlebt von der Sorge der Mutter, um die der Vater am Grabe so heftig geweint hatte. Nun war niemand mehr, der dem alten Gaschler im Guten zuredete und nun vertrank er die Trauer um sein Weib und die bittere Reue um die harten Tage, die er ihr bereitet hatte. Trank bei der Nachtschür und schlief vom Morgen an, bis wieder zur Nacht. Seine Buben zuckten dazu hilflos die Schultern und die Enkel sahen ihren Großvater mit Scheu und Furcht.

Hinter einigen Fenstern leuchtete schon der Kerzenschein auf und auch im großen Haus wurde der Baum gerüstet, bis der Herr von seinem Hüttengang zurückkam.

Die warme Stube, der Lebkuchenduft, der Christbaum und die Freude seiner zwei Kinder ließen den Hüttenherrn den alten Gaschler in der einsamen Glashütte wieder vergessen. Nun war ja Friede und Freude in allen Stuben der Glashüttenleute, die schon durch Generationen an die Glashütte, den Ort und das Herrenhaus gebunden waren und wohl tiefsinnig und rauh gerade das Lied von der „Stillen Nacht" sangen, während in der Herrenstube die alte Weise das Spielwerk im drehenden Christbaumständer klimperte.

In der Hütte saß der Gaschler wieder auf seinem Werkbankl und dämmerte vor sich hin, wischte sich die tränenden Augen und griff nach dem grüngläsernen Bierkrug. Dann krampfte er die Hände zusammen und bat den Herrgott, er möchte es doch seinem seligen Weib sagen, daß sie ihm verzeihen möge, was er ihr angetan hatte. Der Ofen sang und die Lichter huschten wie Geister über die Wände. Er horchte auf den Brand; wenn das Sausen und Brausen in der Schür dumpf und hohl wurde, mußte nach-

geschürt werden. Draußen vor der Hütte warteten im Schnee noch drei Krüge, mit je sechs Gemäßen. Damit würde er seine einsame Weihnacht am Glasofen feiern.

Hoch oben an der Wand hing eine Uhr mit verrußtem Zifferblatt und schwang ein schwarzes Perpendikel. Rotgläserne Gewichte hingen wie Riesenbluttropfen an den Schnüren. Nun war das Christkind in den Ort gekommen. Wie sich das kleine Reserl, das Kind von seinem Buben, gefreut haben würde, das blonde Krausköpfel, das ihn oft mit den hellblauen Augen so fragend ansah. Es würgte ihn in der Kehle. Er sah in die Nacht empor, zu den wandernden glitzernden Sternen. Zur Mette würden sie sich jetzt rüsten. Wie lange war es her, daß er seinen letzten Mettengang gemacht hatte. Mit seinem Weib . . .

Er kehrte in die Hütte zurück. Seine Holzschuhe klapperten auf dem harten Boden. Wieder sandte der Hüttenkamin seinen lodernden Strauß in die Nacht und tanzten die goldenen Funken in den Himmel hinein.

Eine Laterne schwankte durch das nächtliche Dorf und auf das Herrenhaus zu. Die Hausglocke bimmelte. Als der Hüttenherr aufmachte sangen dünne helle Stimmen die uralte Weise der Christkindlsinger.

„Kommt herein"! Ein Engel ging voran, mit leuchtend blauen Augen und blondem Kraushaar, mit Goldflügeln auf dem weißen Kleidchen. Maria folgte mit dem Kind im Kripplein und zwei kleine Hirten mit Bärten aus grauen Baumflechten machten den Schluß.

„Ich singe euch eine selige Mär —", kündete der Engel und tief gerührt lauschte die Familie dem kurzen Spiel von der Heiligen Nacht. Die Frau des Hauses gab reichlich Gebäck in ein Säcklein. Einer plötzlichen Eingebung folgend, sagte der Hüttenherr: „Wenn ihr überall gewesen seid, dann geht auch in die Hütte zum alten Gaschler!" Und dem kleinen Engel über das Haar streichend setzte er hinzu: „Wird ihn gewiß freuen, deinen Großvater!"

Dann trabten die Sängerlein von Tür zu Tür und waren beim letzten Haus, als gerade die Kapellenglocke zur Mette läutete.

„Gehn wir zum Großvater", bettelte die Kleine. „Wir net",
entschieden die Hirten, „den Gaschler fürchten wir."
Auch Maria wollte nicht. Mit einem energischem „dann
geh' ich a allein", lief das Reserl über den singenden
Schnee der Hütte zu.
Den Kopf in die Hände gestützt kauerte der Gaschler auf
der Bank und hörte nicht, wie leise das Hüttentor aufge-
drückt wurde und im dunklen Winkel auf einmal ein weißer
Engel stand.
Weit über die Glashütte hinaus waren seine Gedanken
geraten. Da sang ein kleines zitterndes Stimmchen in die
brodelnde Stille des weiten Raumes:
„Ich sing euch eine selige Mär" und verstummte, erschrok-
ken über den auffahrenden alten Schürer. Während sich
der die Augen rieb und in die dunkle Ecke starrte, in der
er soeben noch im aufflackernden Schein einer Feuer-
zunge ein blondes Engelköpfchen und zwei goldene Flügel
gesehen hatte, entfernten sich draußen huschende Schritt-
chen über den knisternden Schnee.
„Jesus und Maria! Was ist das gewesen?" Mit über den
Kopf gestoßenen Armen stand der alte Gaschler und
ächzte mit zuckenden Lippen: „Was ist das gewesen! Weib,
hast du mir das leibhaftige Christkindl geschickt! Dann,
Weib, hast du mir auch verziehen."
Seine tastenden Hände fanden den Bierkrug. Sie schmet-
terten ihn auf den Boden, daß die grünen Scherben wie
ein Feuerwerk aufspritzten. Mit festen Schritten ging der
Alte aus der Hütte, um hier mit den Holzschuhen zwei
Bierkrüge umzustoßen, die dort noch gefüllt im Schnee
standen.
„Weib, keinen Tropfen trink ich mehr — und froh bin ich."
Während sie droben im Ort in der Kapelle zur heiligen
Christmette sangen, sandte der Hüttenkamin wieder seinen
lodernden Strauß in die Nacht und tanzten die goldenen
Funken gegen den Himmel. An der Schür stand der
Gaschler, hatte die Hände um die eiserne Stange gefaltet
und betete für sein Weib und alle armen Seelen.

108   Der Gaschler hat sein Wort gehalten. Er lebte noch lange.

Erst auf seinem Sterbebett sprach er davon, daß ihm das
Christkindl erschienen sei, damals, in der Mettennacht, in
der Glashütte. Er sagte es seinem weinenden Enkelkind,
das heute selbst schon Großmutter ist.
Diese Geschichte hat sich in Riedlhütte wirklich zugetragen.

PAUL FRIEDL

In jenen Tagen erließ Kaiser Augustus den Befehl, die gesamte Bevölkerung des Reiches in Steuerlisten einzutragen. Diese Eintragung war die erste und geschah, als Quirinus Statthalter von Syrien war. Da begab sich jeder in seine Stadt, um sich eintragen zu lassen.

So ging auch Josef von der Stadt Nazareth in Galiläa hinauf nach Judäa in die Stadt Davids, die Bethlehem heißt, weil er aus dem Haus und dem Geschlecht Davids war, um sich mit Maria, seiner Vermählten, die schwanger war, eintragen zu lassen.

Als sie dort waren, kam für sie die Zeit der Niederkunft. Und sie gebar einen Sohn, den Erstgeborenen, wickelte ihn in Windeln und legte ihn in eine Krippe, weil in der Herberge kein Platz für sie war.

In dieser Gegend lagerten Hirten auf freiem Feld und hielten Nachtwache bei ihrer Herde. Da trat der Engel des Herrn zu ihnen, und der Glanz des Herrn umstrahlte sie; und es befiel sie große Furcht. Der Engel aber sprach zu ihnen:

„Fürchtet euch nicht, denn ich verkünde euch große Freude, die dem ganzen Volk zuteil werden soll: Heute ist euch der Heiland geboren in der Stadt Davids; er ist Christus, der Herr. Und dies soll euch als Zeichen dienen: Ihr werdet ein Kind finden, das in Windeln gewickelt in einer Krippe liegt.'

Und plötzlich war bei dem Engel eine große himmlische Schar. Sie lobte Gott und sprach: „Ehre sei Gott in der Höhe, und auf Erden Frieden den Menschen seiner Huld!'

Mettennacht

Jetzt kimmt dös gröβa Fest im Jahr,
jetzt kimmt dö schöna Zeit,
denn d' Mettennacht steht vor da Tür.
U mei, is dös a Freud!

Dös is a Fest, dös Wunda tuat.
Is's Herz aa krank und müad,
so is's ganz g'wiβ, daβ 's um dö Zeit
vom Elend nix mehr gspüat.

A Stuck vom Himmi wird uns gschenkt
mit tausend liachte Stern.
Doch, wer a rechte Freud habn will,
muaβ wiara Kindal wern!

Hell leucht da Schnee im Sternenglanz;
es betnt Wald und Feld.
Denn's Christkindl floigt staad und leis
jetzt durch die ganze Welt.

Und tausnd Engal, dö floingt mit
und singand wunderschä.
Und überm Kirchal, houh am Berg,
da bleibns auf oamal stäh.

Da kracht a Schuβ durch d' Mettnnacht,
es zittert jeda Baam.
Da Himmi glanzt; da Schuβ, der rollt,
wia wenn a Wöda kaam.

Und nachand hebts ös 's Läutn an.
Wia seltsam daβ 's heut klingt!
Wia wann a Gsang vom Himmi dröbn
auf d' Erdn abadringt.

Und 's Reh lust unterm Tannabaam.
Da Vogl afn Ast,
der schüttlt sö und schaut und specht,
denkt nimma an sei Rast.

Lus nur, du Vogal drobn am Zweig,
dös Läutn is's scho wert!
Aso a Musi ham ma nia
im Holz heraußta ghärt.

Lebendi wirds jetzt umadum
von rundum kemmand d' Leut.
Denn neamd will bei da Mettn feihn,
koa Weg is z' schlecht und z' weit.

Dort hatscht a alta Mann daher,
da stieföd durchn Schnee
a Muattal mit da Stallatern
und schaut voll Freud in d' Höh.

Im Kirchal drin, da is 's so liacht,
es funklt da Altar.
Im Krippal drin liegt 's Kind und spielt
mit seine kraustn Haar.

Auf oamal wird alls mäusalstaad,
koan Atm härst mehr gäh;
denn jetzad singans 's Hirtnliad
so hoamli und so schä.

Dazwischn jubelt laut a Geign,
es trillat 's Klarinett.
Dö liabe Frau am Krippal woant,
da Joseph aber bet'.

Und 's Kindal richt' sö auf im Strouh
und schaut uns an und lacht
und gfreut sö selba, wias ma scheint,
jetzt üba d' Mettnnacht.

MAX PEINKOFER   113

Das Christkindl kam im Güterzug

„Zug 1967 ja!" tickte Franz Sonnleitner am Telografen apparat zu seinem Nachbarbahnhof, der ihm gerade den letzten Personenzug an diesem Heiligen Abend des Jahres 1948 angekündigt hatte. Gott sei Dank, denn nun war sein Dienst bald zu Ende. Nach dem Personenzug kam nur noch der Güterzug nach Eisenstein und dann konnte er Schluß machen. Nachts war auf dem kleinen Bahnhof an der Waldbahn nichts los.

Ihm machte es an sich nicht viel aus, dieser Dienst am Heiligen Abend. Aber um so mehr seinen zwei Buben und seiner Frau, die schon bald nicht mehr wußte, wie sie den neunjährigen Schorschl und den siebenjährigen Robert bändigen sollte. Nachmittags hatte sie beide schnell zum Papa ins Büro gesteckt, denn die Sonnleitners wohnten direkt im Bahnhof über dem Wartesaal und dem großen Dienstraum. Schließlich wollte Anni Sonnleitner auch einmal den Weihnachtstisch herrichten. Doch Bahnhofsvorstand Sonnleitner, mit seinen 36 Jahren noch recht jung, doch nichtsdestoweniger äußerst pflichtbewußt, sah das gar nicht gern. „Geht's a bißerl außi!" hatte er ihnen schon mehrmals empfohlen, doch die beiden hatten dazu heute gar keine Lust. „Wos werd's mir denn bringa?" fragte zum dutzendsten Male der kleine Robert. Und der ältere Schorschl tratzte ihn dann immer wieder: „I woaß, wos Dir's Christkindl bringt, aba i sog's Dir net!" „Du woaßt garnix, Depp blöda!" gab ihm der kleine Robert heraus, was ihm aber eine Ohrfeige von seinem Bruder einbrachte. Dies war schließlich Grund genug für Franz Sonnleitner, die beiden wieder zur Mutter hinaufzuschicken. An ihrem Getrampel im Wohnungsflur über ihm merkte er, daß sie aber auch dort keine Ruhe gaben.

Es war schon bald dunkel geworden. Die Wolken hingen tief und von Zeit zu Zeit schneite es. Doch es war nicht sehr kalt und man brauchte noch keine Angst zu haben, daß die Waldbahn eingeschneit würde.

Kling-klang, kling-klang, kling-klang — aha, jetzt läutete es den Personenzug ab. Niemand kaufte heute eine Fahrkarte am Schalter, niemand wollte zu so später Zeit an diesem Tag noch fortfahren, etwa nach Regen oder nach Zwiesel. Bahnsteig und Gleise waren leer. Franz Sonnleitner machte seine Handlampe fertig, setze die rote Mütze auf, zog den schwarzen Eisenbahnermantel an und dann stellte er das Einfahrsignal auf „Fahrt". Die Bahnhofslampe verbreitete nur einen schwachen Schein über den Perron und die beiden Bahnhofsgleise. Als Franz Sonnleitner den kleinen Schlitten für das Expreßgut oder das Gepäck fertigmachte, das der Zug mitbringen mochte, sah er eine Frau mit einem kleinen Buben, eng aneinandergedrückt, langsam an die Sperre treten.

„Wolln's noch mitfahrn?" fragte er die beiden, denn man hörte schon den Zug den Berg heraufdampfen. „Nein", antwortete die Frau, „Wir holen nur jemand ab!" Das war doch die Flüchtlingsfrau droben von Haselried, die seit drei Jahren beim großen Moserbauern wohnte? ging es Franz Sonnleitner durch den Kopf. Aus Schlesien soll sie sein. Ihr Mann wäre ein richtiger Doktor, hat man einmal im Wirtshaus erzählt. Ihr Bub, der Klaus, war jedenfalls der Gescheiteste in der Schule. Das wußte er genau, denn der Schorschl ging in die gleiche Klasse. „Wem holn'S denn nacha ab?" wollte der Beamte weiter wissen. „Mein Mann hat mir ein Telegramm geschickt, aus Hof, aus dem Entlassungslager." Damit hielt sie ihm das Papier hin. „Hoffe, am Heiligen Abend bei Euch zu sein. Euer Papi!" stand da. Da fiel ihm ein, daß er Mutter und Sohn schon beim Nachmittagszug hier am Bahnsteig gesehen hatte, aber bei den vielen Leuten hatte er nicht besonders darauf geachtet.

Mehr Zeit blieb Franz Sonnleitner nicht, sich mit diesen späten Gästen zu beschäftigen, denn der Zug lief ein. Ein Knirschen, er stand. Nur ein Paket wurde ausgeladen, das nahm der Beamte gleich unter den Arm, dazu die Frachtkarte. Drei Reisende waren ausgestiegen, der Denhofer Lenz, den er gut kannte und der in Deggendorf arbeitete. Der brauchte keine Sperre und ging gleich am Bahndamm entlang weg. Ein junges Mädel, die im nächsten Ort als Schneiderin lernte und ein Bahnarbeiter, der von Plattling kam und hier wohnte.

Sonnleitner stellte das Ausfahrtsignal auf Fahrt. Ein Pfiff, ein grünes Licht und der Zug dampfte weiter. Als die roten Schlußlaternen verschwunden waren und es wieder still war, hörte er, wie die Frau schluchzte. Wie lange mag sie nach ihrem Mann gesucht, wie lang wird sie schon auf ihn gewartet haben. Und jetzt diese Enttäuschung! „Kommens doch einmal herein!" sagte Franz Sonnleitner. Und dann meinte er etwas linkisch: „Sonnleitner ist mein Name. Ja, was mach' ma da jetzt?" Er gab der Frau die Hand. „Schensky" sagte sie leis. „Wir wohnen in Haselried!" „Ich weiß, mein Schorschl geht mit Ihrem Buben in die gleiche Klaß!" Die Frau holte wieder das Telegramm hervor und las es nochmals. Gestern hatte sie es schon bekommen, sicher hatte es ihr Mann gleich nach der Ankunft aus russischer Kriegsgefangenschaft in Hof aufgegeben. Und jetzt hatten sie sich so gefreut. Sonnleitner mußte wieder an den Telegrafenapparat, um eine Meldung abzugeben, was den kleinen Klaus offensichtlich sehr beeindruckte. Die Frau war vielleicht vierzig Jahre alt, blaß, sehr blaß. Sie machte einen furchtsamen Eindruck. Dabei soll sie es beim Moserbauern gar nicht schlecht getroffen haben, wie man hört. Wer da ein bißerl mit anpackt, der verhungert und verkommt beim Moser Ludwig nicht. Ja, viel war da nicht mehr zu sagen. „Da wird Ihr Mann halt morgen kommen. Um 6.24 Uhr kommt der erste Zug von Deggendorf herauf!" meinte beschwichtigend der Beamte.

Dann gingen Mutter und Sohn dankend hinaus in die weiße Nacht, still und allein. Ihr Christkindl war heute nicht gekommen.

Franz Sonnleitner bereitete sich langsam zum Dienstschluß vor. Schalter abrechnen, die Bücher zur Übergabe herrichten. Das Getrappel auf der Treppe kündete den Besuch seiner Kinder an, die sich erkundigten, wie lange sie denn nun noch auf die Bescherung warten müßten. „Glei is soweit!" Und seiner hinzugekommenen Frau sagte Franz Sonnleitner: „Anni, bloß noch der Güterzug, dann komm' ich. Ich habe schon alles fertiggemacht. Wenn der Zug draußt is, kannst die Würstl einleg'n!" Denn heute gab's Bratwürstl, seine Leibspeis!

Er freute sich wirklich auf diesen Abend. Endlich wieder einmal ein normales Weihnachtsfest, ohne Hunger und mit schönen Geschenken.

Schon seit Tagen hatte er in seiner Freizeit, wenn die Buben schliefen, an verschiedenen Spielsachen für sie gebastelt, hatte gesägt und gefeilt, gestrichen und lackiert. Zum ersten Mal hatten sie eine richtige Tanne als Christbaum und ganz neue Glaskugeln, wenn auch nur eine Sechserschachtel voll. Seiner Frau hatte er einen warmen Wintermantel gekauft und er bekam eine ganz neue prächtige Armbanduhr, die er sich als Eisenbahner so sehnlich gewünscht hatte. Obendrein waren sie alle gesund, was wollte er mehr.

Das dauerte eine Länge mit dem Güterzug! Da, endlich klapperte der Morseapparat. „Z 5427 ag?" Zug 5427 angeboten? Schnell tastete er zurück: „Z 5427 ja!" Er rannte hinaus, zog das Signal auf „Einfahrt frei!", setzte seine Mütze auf und wartete auf das Abläutesignal. Da war es. Der letzte Zug am Heiligen Abend! In zehn Minuten war auch für ihn Weihnachten. Man merkte es der Lokomotive an, daß sie heute nicht mehr viel zu ziehen hatte. Munter wie eine Nähmaschine ratterte sie den Berg herauf und als sie aus der Kurve in den Bahnhof einbog, da sah

Franz Sonnleitner, daß sie außer dem Packwagen nur noch drei Güterwagen zog. Doch was war los? Plötzlich ein kurzer Pfiff, die Bremsen quietschten und genau vor dem Bahnhofsgebäude stand der Zug. Der Zugführer riß den Packwagen auf und sagte nur: „Ich hab Dir jemand mitbracht!" Dann stieg ein Landser aus mit einer alten Pelzmütze, einem zerschlissenen Soldatenmantel und einer geflickten Wehrmachtspacktasche in der Hand. Wieder ein Pfiff und der Zug fuhr ab. „Was ist denn mit Ihnen?" fragte Franz Sonnleitner den Fremden. „Gestatten Sie, Schensky, Dr. Schensky. Ich wurde gerade aus russischer Kriegsgefangenschaft entlassen und habe leider den Anschluß in Plattling versäumt. Hier in der Nähe muß meine Frau wohnen, die erwartet mich. Können Sie mir sagen, wie ich nach Haselried komme?"

Ja, da war guter Rat teuer. Niemals würde ein Fremder heute Nacht dort hinauffinden zu diesem kleinen, versteckten Waldweiler. Noch dazu, wo alles verschneit war. Und es schneite immer noch ab und zu. „Warten Sie ein wenig!" sagte Franz Sonnleitner nur. Dann knöpfte er seinen Mantel wieder zu, setzte seine Eisenbahnermütze auf und zündete seine Dienstlaterne nochmals an. Er sperrte draußen alles ab. „Ich finde schon hin, wenn Sie mir erklären, wo es liegt!" meinte der Fremde. „Nein, da hinauf finden Sie heute nicht. Ich bring' Sie hinauf. Ihre Frau und Ihr Bub wollten Sie schon abholen, vor einer Stunde beim Personenzug!" Jetzt tickte der Morseapparat: „Zug 5427 hier!" meldete der nächste Bahnhof. Das bedeutet Dienstschluß für Franz Sonnleitner. Er löschte das Licht draußen am Bahnsteig. Da hörte er im Stockwerk darüber ein lautes „Hurrah" seiner beiden Buben. Sicher hatten sie sehnsüchtig am Fenster gewartet und meinten beim Verlöschen der Lichter, ihr Papi käme. Franz Sonnleitner schloß die Bürotüre auf und trat mit dem Heimkehrer in das Treppenhaus. Oben juchzten die Kinder: „Da Papa kommt, da Papa kommt!" „Ich muß noch was erledigen!" hallte plötzlich dessen Stimme durch das kalte Treppenhaus. „Was muaßt, Franz?" fragte Anni Sonnleitner nach unten. Doch da schnappte schon die Haustüre ins Schloß und entgeistert starrten die drei durch das Küchenfenster auf die beiden Gestalten, die gleich im Dunkel der Nacht verschwunden waren.

Eine Weile gingen Dr. Schensky und Franz Sonnleitner hintereinander her. Die Lampe schien nur wenige Meter weit. Man sah kein Haus, keinen Baum. Der Weg war verschneit und stieg allmählich an. Als sie zum Waldrand kamen, meinte Dr. Schensky: „Ist das weit?" „Noch eine Viertelstunde!" war die Antwort.

„Sind Sie auch Soldat gewesen?" fragte der Spätheimkehrer. „Ja, über drei Jahre. Ich war bei der Marine! Torpedoboot!" Dann schwiegen sie wieder und stampften weiter. Plötzlich tat sich der Wald auf und sie sahen unweit zwei erleuchtete Fenster. „Jetzt finden Sie sicher allein hin, dieses Haus dort ist der Moserhof!" meinte Franz Sonnleitner. Er hielt dem Fremden die Hand hin. „Gute Weihnachten! Ihre Frau wird sich freuen, und Ihr Bub auch!" Doch Dr. Schensky zögerte plötzlich. „Ich weiß nicht. Macht es Dir etwas aus, Kamerad, mich noch bis zum Haus zu begleiten. Ich habe . . ." dann setzte er ab, fuhr aber gleich weiter: „Nein, Angst habe ich nicht, aber etwas Beklemmung. Seit sechs Jahren habe ich meine Frau nicht mehr gesehen. Mein Sohn kann mich nicht kennen. Und dieser Bauer?"

So liefen sie gemeinsam weiter. Als sie die kleine, tief verschneite Auffahrt hinaufstiegen, schlug ein Hund an. Gleich darauf kam der Moserbauer heraus. „Ja, der Bahnvorstand, was bringst denn Du mir am Heiligen Abend?" wollte er wissen. „Kommt's nur rei!" Wortlos stapften sie sich den Schnee ab und traten in die große Bauernstube. Am Christbaum in der Ecke waren die Kerzen längst niedergebrannt. Aber darunter stand eine alte Krippe, vor deren Stall ein Kerzchen flackerte. Da gellte ein Schrei durch die Stube: „Heinz!" Und eine Frau flog von der Bank ihrem Manne in die Arme und sie küßten sich lang und innig. Verlegen hatte sich der kleine Klaus erhoben, die Frau des Moserbauern stand ungläubig daneben und der Bauer wußte nicht recht, was er jetzt machen sollte: Mit der einen Hand hielt er den Hund am Halsband, mit der anderen seine Tabakspfeife. Trotzdem konnte er sich noch schnell verstohlen über die Augen wischen. „Ja, dann wünsch i Eich a frohes Weihnachtsfest!" sagte der Eisenbahner und trat wieder hinaus in die Nacht.

Franz Sonnleitner hatte gerade den halben Heimweg zurückgelegt, da kamen ihm einige Gestalten entgegen. Es waren seine Frau und die zwei Buben, die schnell Mäntel und Stiefel angezogen hatten, um den Vater zu suchen, der so plötzlich am Heiligen Abend mit einem Fremden verschwunden war und um den sie sich so große Sorgen gemacht hatten. „Ja, wo warst denn Du?" Da sagte Franz Sonnleitner leise: „Ich hab nur einer Frau und ihran Buam 's Christkindl bracht!"

WALTHER ZEITLER

Weihnacht im Walde

Dies ist ein Bericht, wie man vor sechzig Jahren und noch früher die Weihnacht im Bayerwald gefeiert hat, damit die Heutigen wissen, wie es damals war.

Damals gab es im ganzen Waldland noch keinen Christbaum, obwohl die Heimatwälder von jungen Tännlingen strotzten. Christbäume kannten wir nur aus Abbildungen im Kalender, den uns die Dorfbötin, die Kramermirz, alljährlich aus der Deggendorfer Stadt brachte. Bei uns im Walddorf daheim gab es Bauern und Bäuerinnen, Knechte und Dirnen und in jedem Hause eine Stube voll Kinder, die sich nicht auf den Christbaum, sondern auf das Goldene Rößl freuten.

Das goldene Rößl fuhr mit seinem Schlitten die Walddörfer auf und ab und legte seine Gaben für die braven Kinder in die bereitgestellten Schüsseln und Schalen. Dabei klingelte es mit einem silbernen Glöcklein und wenn wir dieses Klingeln vor der Stubentür hörten, dann schlug unser Herz vor Wonne: Das Goldene Rößl hat eingelegt, Äpfel und Nüsse, Trockenfrüchte, Lebzelten und ein Stück Kletzenbrot.

Zu Gesicht bekamen wir das Goldene Rößl nie, so sehr wir uns auch Mühe gaben. Warum uns das nicht gelang, habe ich freilich erst später erfahren. Es war ja kein wirkliches Rößl, sondern das Sinnbild der Sonne, die sich eben aus den Rauhnächten emporringt zum neuen Siegeslauf über die fruchtbringende Mutter Erde.

Sonst war Weihnachten für uns die Mettennacht, die Heilige Nacht. Wir feierten diese Nacht, indem wir zur Mette, in das Mitternachtsamt ins ferne Kirchdorf pilgerten. Es war ja die Nacht, in der uns Jesus Christus, das Heil der Welt, alljährlich neu geboren wurde.

Alle Jahre wieder kommt das Christuskind! Das sang uns die Mutter immer vor, wenn der Heilige Abend herannahte.

Und dann war es soweit. Die Mettennacht war da und die „Mette" ging auch gleich richtig los. Schüsse krachten aus allen alten Hausgewehren, Pistolen und Terzerolen, kaum daß die Dämmerung über das Dorf gesunken war.

„Franzei", sagte unser Geselle, der hünenhafte Pogerl Lois, „ein ganzes Faß Pulver haben wir gekauft. Das wird heut verplödert dem Christkindl zu Ehren, daß du's weißt!"

Und der Lois schoß und lud und lud und schoß, daß die Fenster klirrten. Aus allen Häusern, aus allen Dörfern kam Antwort. Überall krachte, polterte und rumorte es wie in einer Feldschlacht, dem Christkind zu Ehren.

Die rauhen Waldler, die noch keinen Christbaum kannten, wußten wohl, was sich gehörte.

Zum mitternächtlichen Kirchgang steckte sich der Lois zwei Pistolen und zwei doppelläufige Terzerole in die Rocktasche. Und da die andern Mannsbilder, Burschen und Knechte das gleiche taten, kann man sich leicht vorstellen, was das für eine Metten gab auf allen Wegen und Stegen, wo die Schüsse der Mettengänger loskrachten, dem lieben Himmelskind zu Ehren. Es war ein regelrechter Wetteifer zwischen den Dörfern entbrannt im Christkindlanschießen. Je näher die Dörfler dem Kirchhof kamen, desto häufiger und heftiger krachten die Büchsen und Terzerole. Die Eppenschlager, Fürstberger, Grünbacher, Abtschlager, Trametsrieder, Brucker, Haider und Schlager strebten mit ihren Windlichtern dem Kirchdorf zu. Der Böhm auf dem Rain schloß sich uns Marbachern sogar mit einer Kienspanfackel an, die einen Funkenregen über uns ergoß wie ein Kometenschweif.

Es war wirklich keine stille Nacht, sondern eine von Schüssen durchhallte Mettennacht. Sogar die Altväter in den Dörfern, die nicht mehr mitkommen konnten, schossen ihre Donnerbüchsen ab, sodaß auch in den Dörfern keine Ruhe war.

„Franzei, friert dich?" fragte mich der Lois auf dem Kirchweg. „Ah was!" log ich, „ich und frieren, da brennst dich aber!"

Da lachte der Lois und sprach: „Macht nichts, wenn dich friert! Mußt dir halt denken, es hat das Christkindl auch gefroren."

Bums, bums, krachte es aus dem Terzerol des Lois, daß es der Weigl Resl das Gehör verschlug.

Ob die Sterne schienen in dieser Mettennacht? Ob der böhmische Wind uns die Schneewehen ins Gesicht trieb? Ich weiß es nicht. Ich sah nur die vielen Lichter an den Wegen. Ich hörte nur das ununterbrochene Böllern und Krachen der Schüsse.

„Sauber haben wir das Christkindl wieder angeschossen", sprach der Lois mit Stolz zur Mutter, als wir vom Mettenamt heimkamen. Dann setzte er sich mit den andern Großen an den Eßtisch zum Mettenmahl mit Brühsuppe, Blut- und Leberwürsten, soviel jedes mochte und einem Hafen voll Kraut.

„Es sollt' halt jede Woche einmal Mettennacht sein," sprach der Lois bei der fünften Blunze. Denn dies war seine Leibspeise.

Wir Kinder mochten die Blut- und Leberwürste noch nicht. Sie waren ja von unserer Mettensau, die uns so leid tat, als sie vor einigen Tagen ihr junges Leben lassen mußte. Wir bekamen dafür schmalzgebackene Rauhnudeln mit einer Kletzenbrühe. Das war unser Weihnachtsmahl.

„Franzei", sagte der Lois bei der siebten Blutwurst, „paß auf, ein halbes Faß Pulver ist noch da, das gehört für die Neujahrsnacht. Bua, da lassen wir's wieder krachen, daß die Weltkugel wackelt!"

Das war die Mettennacht im Walde, wie sie um die Jahrhundertwende und noch früher gefeiert wurde!

FRANZ SCHRÖNGHAMER-HEIMDAL

Das Waldkirchner Hirtenspiel

Jahrhundertelang gab es in Waldkirchen Markthüter. Fast jeder Bürger betrieb in früherer Zeit neben seinem Gewerbe auch die Landwirtschaft. Der Hüter trieb während des Sommerhalbjahres das Vieh auf die Gemeindeweide. Dafür und für verschiedene andere Arbeiten erhielt er neben freier Wohnung im sogenannten Hüterhaus einen bestimmten Lohn. Auch eine kleine Landwirtschaft gehörte zur Markthüterei.

Seit Generationen war es das ungeschriebene Recht der Markthüterskinder, zur Weihnachtszeit in den Bürgerhäusern ein kurzes Krippenspiel zu zeigen. Zum Dank erhielten sie eine kleine Belohnung. Noch heute erzählen alte Leute von diesem Hirtenspiel, das leider seit dem ersten Weltkrieg nicht mehr aufgeführt wurde.

Wann dieses Spiel entstand, ist nicht bekannt. Sicher ist, das es weit in das vorige Jahrhundert zurückreicht. Das Spiel wurde in den Wohnküchen der einzelnen Häuser aufgeführt. Zuerst stürzten sich drei Hirten ins Zimmer, warfen sich auf den Boden und stellten sich schlafend; ihnen folgte feierlich ein Engel, und den Schluß bildete die heilige Familie. Maria hielt ein wächsernes Christkind in den Armen.

ENGEL (singt):

„Hirten, wachet auf!
Hirten, wachet auf!
Eilt hinunter in das Tal,
und dann schauet in den Stall!
Denn geboren ward,
dort ein Kindlein zart,
das von Adams Sündenfall
euch erlöset all.
Ehre sei Gott in der Höhe,
himmlischer Friede sei aller Welt!"
Der erste der drei schlafenden Hirten steht auf und spricht:

1. HIRTE:

„Aaf, Jogl, aaf,
ranz die net so lang!
In liachtn Toi gehts narrisch zua,
ma heat an gwoitign G'sang.
A Bua mit Flügl singt vora,
dö andern singan drei(n),
ma moat, ma is im Himmi scha,
nix schensers bildst dir ei(n)."

2. HIRTE

„Ha, Noar, wia hast mi du daschreckt,
daß i mi nöt vawoas!
I moa, di ham hoit d' Hund aafgweckt;
mia ziemt, dös is a Gschpoas.
In da Stod da han so ziemli Leit,
dö ham si lusti gmacht.
und bei da Nacht da heat mas weit,
wenn alles z'samma lacht."

1. HIRTE

„Naa, Jogl, naa, bist unrecht dra,
i loig da gwiß nöt füa.
Geh, schau na grad die Liachtn a,
a soiche sehgt ma nia.
Dös is ja wiar a Sunnaglanz —
und is grad Mittanacht —
ha kaam a hoibats Schlaferl ganz
aaf meina Strah vabracht."

ENGEL:

„Erfreut euch ihr Hirten, und höret den Gruß,
den ich euch vom Himmel verkündigen muß!
Heut ist, euch zum Frieden, dem Höchsten zur Ehr,
Messias geboren, euer Heiland, der Herr."

2. HIRTE:

„Ha mei, wos sagst ma liaba Bua,
Messias war scha hia?
Geh, sag mas, wo i 'n findn tua,
dös war koa schlechte Müah.
I leg mei neie Joppn a,
tat eahm a Schaf varehrn.
Geh, sag mas, wo i'n findn ka,
i sehgat'n so gern."

ENGEL:

„Seht, dort in der Krippe,
bei Esel und Rind,
liegt euer Messias,
das göttliche Kind.

und Josef, ihr Mann,
Maria, die Jungfrau
die pflegen das Kindlein
und beten es an."

1. HIRTE:

„So is da große Gott a Kind?
Und macht a si' so schlecht?
Geh, Jogl, fang a Lambi gschwind,
i woaß ja, daß as möcht!
Und bring eahms beste vo da Head
und wos a na grad wej;
sei Liab, dö is ja mehra weat,
ma gibt eahm ja nöt z'vej."

ENGEL (weckt den 3. Hirten):

„Auf, Hirt', vom tiefen Schlafe,
ein Wunder sag' ich dir!
Verlasset hier die Schafe
und kommt geschwind mit mir!
Seht dort im alten Stalle,
wo Heu und Stroh und Mist,
liegt jener, der für alle,
heut' Mensch geworden ist."

3. HIRTE:

„Potz tausend! Wia schimmerst,
du gflüglta Bua,
wos machst für an Lärm aa,
läßt neahmand in Ruah!
Han oiwei hean singa,
han oiwei hean schrei,

ha gmoant, es dean d'Schafdiab
dö Head mia zastrei."

ENGEL: ·

„Sei außer Sorgen!
Die Herd' wird keine List zersteu'n:
denn Friede ist's auf Erden,
wird's auch im Himmel sein.
Messias, dein Verlangen,
der wahre Jakobsstern,
ist wirklich aufgegangen.
Komm, lobe Gott, den Herrn!"

1. HIRTE:

„Geh außi, geh umi
um an Nochban sei Gred,
wia lang da Isaias
dös prophezeit hed:
daß uns a kloas Büabei
geboren sollt wean.
Da Ochs und da Esl
erkennt'n ois Herrn."

ENGEL:

„Wenn ihn das Vieh erkennt,
wie soll der Mensch allein,
der sich vernünftig nennt,
so dumm und träge sein!
Seht, stolze Adamskinder,
seht eure Hoffahrt an,
wie sich zum Heil der Sünder,
ein Gott verstalten kann!"

1. HIRTE:

„O Gott, wia ka dös mögli sei?
Wia fatscht da Bauer a Kind
sogar in woame Poista ei',
bei Kältn und bei Wind.
Und 's göttli Kind in vollem Frost,
in Hei und greßta Not!
Wia wirds aa ausschau um die Kost?
Mia gebn eahm Milli und Brot."

ENGEL:

„Ja bringet ihm Opfer
und kommet mit mir!
Sein erstes, sein liebstes Geschenk seid ihr.
Er setzet die Großen der Städte hintan
und ruft euch, ihr Hirten!
Kommt, betet ihn an!"

ALLE HIRTEN:

„Du herzigs kloas Büabei,
mei Herr und mei Gott,
i dank da für d'Gsundheit,
für's tägliche Brot!
Sä, i schenk dir a Lambei,
mehr kann i nöt gebn.
Du schenkst uns an Himmi
und 's ewige Lebn."

Weihnachtsabend im Waldbauernhof

Mein schönster Heiliger Abend war beim Honsenvetter im Waldbauernhof, einem weitschichtigen Verwandten von meiner Mutter. Es war in meinen ersten Schuljahren, da sagte mein Vater einmal am Heiligen Abend in der Frühe: „Pepperl, du brauchst heute früh nicht zu fasten, du mußt mit dem fertigen Stück Bettgradl zum Waldbauern gehen. Iß dich fest an, nimm den Rucksack und geh hin und schau, daß du bald wieder heimkommst!" Ich bin also mit dem Bettgradl am Rücken den anderthalbstündigen Weg durch die verschneiten Berghänge zum Waldbauern gegangen. Dort habe ich die Ware abgeliefert, hab den Vettersleuten gute Feiertage gewünscht und wollte wieder heimzu marschieren. Da hat's draußen ein so fürchterliches Wacheln angefangen, daß der Bauer sagte: „Pepperl, in dem Wetter kommst du nicht heim, bleib da bis morgen, da spann ich die Pferde an, denn wir fahren so in die Kirche, dann kannst mitfahren!" Mir bot der uralte Waldbauernhof so viel Neues, daß mir das Dableiben gar nicht schwer wurde. Ich hab mit den Bauernleuten Mittag gegessen, Erbsen mit Kraut, hab den ganzen Nachmittag in alten Kalendern gelesen, bis es Abend wurde. Dann kam der Bauer in die Stube, füllte in eine alte Pfanne Ofenkohlen, legte Weihrauch darüber, gab mir das Weihwasserglasl in die Hand und sagte: „So, jetzt gehen wir ins Einräuchern!" Während alle andern in der Stube beteten, gingen wir durch alle Stuben und Kammern, in den Stall und um den Hof herum. Mir war ganz andächtig dabei zumute, nur konnte ich die Sprüche nicht verstehen, die der Bauer murmelte. Wie wir dann in die Stube zurückkehrten, hat die Bäuerin die große Hängelampe angezündet. Dabei mußten wir alle recht aufpassen, ob wir auch einen Schatten an der Wand hatten. Wer so stand, daß er keinen Schatten warf, mußte auf Krankheit im neuen Jahr gefaßt sein. Darauf haben wir uns um den großen Tisch gesetzt, haben drei Vaterunser gebetet für die Verstorbenen des Hauses, und das feierliche Heilig-Abendessen begann. Erst kamen die Reste vom Mittagstisch, Erbsen mit Kraut, dann Liwanzi mit Kaffee, Dolkerler mit Apfelsoße, gebackener Brei, ein gezogener Apfelstrudel, und das köstlichste, eine Zwetschgenwoika mit der Weihnachtssemmel. Zuletzt hat die Hausmutter Äpfel und Nüsse verteilt. Wer einen Apfel anschnitt, mußte Obacht geben, daß er keinen Kern verletzte, denn sonst würde das Unglück im neuen Jahr bedeuten. Zum Schluß brachte die Bäuerin mehrere alte Teller, und auf jeden davon legte sie von jeder Speise, die abends auf den Tisch kam, eine Kleinigkeit. Mit dem, sagte sie, müßten wir das Herdfeuer, den Hausbrunnen, das Vieh im Stall, die Bienen und den Wind füttern. Der Bauer und ich nahmen drei Teller für den Wind, den Brunnen und für die Bienen, mit den andern erfüllte die Bäuerin selber den alten Brauch in Haus und Hof.

Beim Hausbrunnen schüttete der Bauer den Inhalt des Tellers ins Wasser und sagte:
„Rinn, Brunnenröhrl, rinn,
Daß koa Krankheit her kimm.
Rinn durch des ganze Johr.
Und werd' uns nimmer goar!"

Im Bienenhäusl hat er den Teller auf einen Bienenkorb gestellt und gesagt:

„Vom Heiligomtmahl bringens mir.
Gebt recht viel Honig uns dafür!"

Zuletzt sind wir in den Obstgarten gegangen. Der Bauer hat den Teller in die Luft geschüttet und gesprochen:

„Wind, nimm das Deine und laß mir's Meine!"

Wie wir dem Hause zustrebten, begegneten wir dem achtzehnjährigen Lenerl, das hatte das zusammengelegte Tischtuch in den Händen und beutelte es aus. Dabei horchte sie, ob nicht irgendwo ein Hund belle, denn von dieser Richtung würde im kommenden Jahr der Hochzeiter kommen. Der Großknecht, der Girgl, der selber ein Auge auf das Lenerl hatte, schlich sich zur Hundshütte und zwickte den Tyras in den Schwanz, so daß dieser aufbellte. Nun war es dem Lenerl klar, daß der Hochzeiter vom Haus selber kommen würde. Der Bauer hat dann noch das Knetscheit auf dem Dachboden aufgehängt. Das war in der Christnacht ein sicherer Wetterprophet. War es am Christtag feucht, so mußte man mit einem nassen Jahr rechnen, andernfalls stand ein trockener Sommer bevor.

Da wegen des Sturmwetters niemand zur Mette gehen konnte, beteten wir drei Rosenkränze. Inzwischen hat das Christkind in der Kammer eingelegt. Auch mir hat es etwas gebracht. Der Rucksack war mit Äpfeln gefüllt. Alle sind sie hernach schlafen gegangen. Mich hat der Großknecht beiseite genommen und hat mir gesagt: „Du, jetzt werden wir den Kleinknecht, den Nazl, ein bisserl foppen. Der hat sich vorgenommen, heut nacht im Stall zu horchen, denn heut soll das Vieh mit Menschenzungen reden können. Du legst dich also im Stall hinten beim Kaiblstand auf den Heuschüppl, den ich dort hingeworfen habe. Darfst aber nicht einschlafen! Wenn der Nazl hineinkommt und horcht, dann sagst ihm recht was Dummes, kannst dir ja inzwischen etwas ausdenken!" Mir hat das Spaß gemacht. Ich verkroch mich im Heu, und es dauerte gar nicht lange und ich hörte den Nazl kommen. Ich hab mit verstellter Stimme gebrummt:

„Der Nazl beim Waldbauern drin
Der heirat' bestimmt die Pfutschlerin.
Er ist dumm und sie ist net gscheit
Und der Dischkurs is gor für heit!"

Die Pfutschlerin war eine halbdepperte Gemeindearme von Gutwasser, die nichts tun konnte als Gänsehüten. Der Nazl tat einen grimmigen Schelterer und schlug die Stalltür zu. Er hat fest und steif an den Viehdischkurs geglaubt, denn wenn er nach Gutwasser gekommen ist und die Pfutschlerin gesehen hat, hat er jedesmal einen großen Bogen um sie gemacht.
Am Weihnachtstag in aller Frühe hat der Bauer die zwei Rösser eingespannt. Alle bis auf die Bäuerin haben sich's im Schlitten bequem gemacht, auch ich fand ein Plätzchen, und so sind wir nach Gutwasser ins Hochamt gefahren.

JOSEF PSCHEIDL

Chriſtgeburt

Nicht in zarten Daunen
kamst du auf die Welt;
Zinken und Posaunen
haben nicht gegellt,
als du tief im Winter
bei uns eingekehrt,
als du, Kind der Kinder,
dich uns einbeschert.

Keine Mutterlaunen
haben dich verwöhnt;
kein gewaltig Staunen
hat dich laut umtönt.
Du kamst zu uns nieder.
still und ohne Stolz,
und um deine Glieder
war nur Stroh und Holz.

Doch die scheuen braunen
Rehe wußten's bald,
und ein leises Raunen
rauschte durch den Wald.
Und die Sterne brannten
hell und lichterloh;
und die Hirten rannten
jubelvoll und froh.

Weiße Flockendaune
deckte warm den Stall;
auf verschneitem Zaune
sang die Nachtigall.
Und die Kinder sprangen
deiner Krippe zu;
und die Engel sangen
dich zur ersten Ruh'.

JOHANNES LINKE

124

Seite 125:
„Weihnachtskrippe", Hinterglasbild von Otto Baumann

Seite 126 und 127:
Figuren aus der Michaelsbucher Krippe

Seite 128:
Waldlerkrippe aus dem Bayerischen Wald

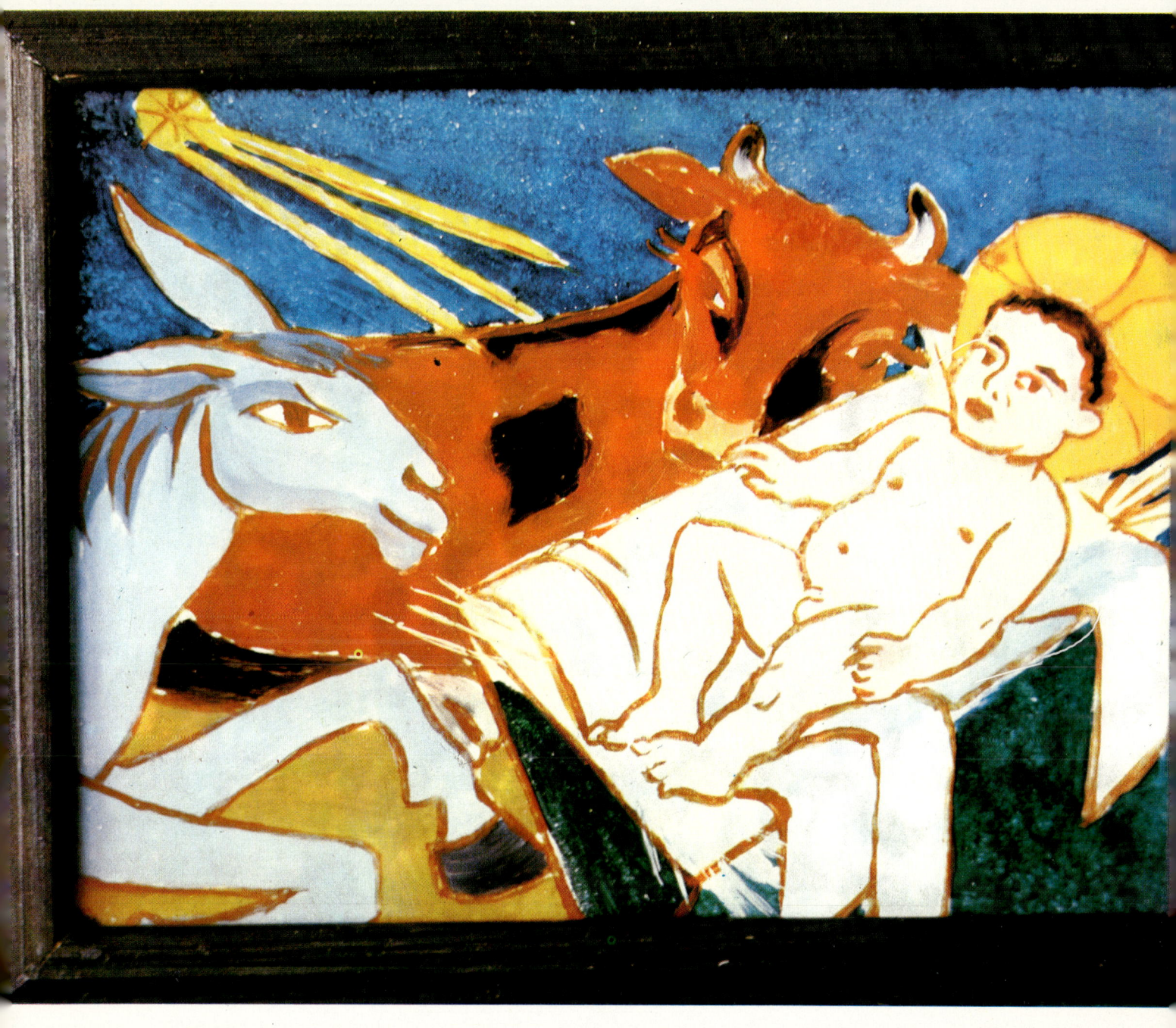

Unsere Weihnachtskrippen

In meiner Waldheimat an der bayerisch-böhmischen Grenze hat es trotz der vielen Bastler und Herrgottsschnitzer nie so schöne Weihnachtskrippen gegeben wie etwa in den Alpenländern. In unserem alleweil notigen Waldlande waren die Kreuzerlein so rar, daß man vor lauter Erwerbsbetrieb keine Zeit fand, auch etwas fürs eigene Haus zu tun, keine Muße, eine Arbeit zu leisten, die nichts einbrachte. „Bei uns hat", sagte man, „der Tischler keinen Stuhl und der Schuster keine Schuh" — — —

Trotzdem hatten wir Buben jeder unser „Krippl" im Fenster. Da bekam man so Bilderbogen zu kaufen, das Stück zu einem Kreuzer, die klebten wir auf Pappe, schnitten oder stachen sie aus, leimten unten Spänlein dran und steckten sie ins Fenster. Es war nämlich damals noch nicht Brauch bei uns, ein Fenster aufzumachen; dies geschah das ganze Jahr nicht. Höchstens, wenn eins im Haus gestorben war, damit die arme Seel hinauskonnte. Die Luft verbesserte man auf andere Weise, nämlich durch Anzünden von dürrem Kranwit (Wacholder); das roch so gut, wenn die Mutter mit dem prasselnden Feuerbusch durch die Stube rannte. „Darum ist ja bei euch Waldlern die Luft so gut", sagten damals die Städter, „weil die Leute dort kein Fenster aufmachen".

Wenn dann der Winter kam, wurden die äußeren Fenster gut abgedichtet und eingenagelt und von innen kamen die Winterfenster für. Zwischen die Fenster tat man eine gute handhohe Schicht von Sägespänen, die noch mit kurzem Moos belegt wurde, so daß es bei uns hinter den Scheiben wie in einem schmucken Gärtlein aussah.

Und in diesen weichen Grund steckten wir unsere Kripperlmännlein, die Könige und die Hirten, die Kamele und die Schafe. Mittendrin stand der Stall von Bethlehem. Das war für uns Kinder ein weites Feld handarbeitlicher und erfinderischer Betätigung. Da erfand der eine eine Art Felsenpapier, der andere eine verblüffende Lichtwirkung, der dritte einen drehbaren Bethlehemstern. Wir liefen zu dieser Zeit, besonders an den Abenden, durch alle Häuser, sahen hier dieses, dort jenes und einer wollte es dem andern zuvortun. Dieses Fieber verließ uns erst, als draußen das Schlittenfahren und Schneemannbauen anhub.

Doch gab es hie und da auch g e s c h n i t z t e Krippen. Es lebte da in einer entlegenen Waldeinöde ein alter Weber, ein wunderlicher Mann. Der war früher ein eifriger Kirchensänger gewesen; da hatte es aber einmal im Dorf drunten gebrannt, der fleißige Weber in seiner Einschicht hatte jedoch nichts davon gemerkt. Bis ihm einer, der vorbeirannte, den Feuerruf durch das kleine Fenster schrie. Da sprang der Weber auf, verhaspelte sich in den Tritten des Webstuhls und brach ein Bein.

Nun war es mit dem weiten Kirchenwege aus. Der liebe Weber war aber ein frommer Mann. Er baute sich, weil es schon Advent geworden war, bis er wieder auf die Beine kam, in der Stubenecke einen Altar auf mit einer schönen Weihnachtskrippe darunter. Hier hatte er seine Christmette gefeiert und dazu seine alten Hirten- und Krippenlieder gesungen, geradeso andächtig, wie vordem in der Kirche. Hier sang er jeden Sonntag sein Hochamt mit „Dominus vobiscum" und „Et cum spiritu tuo". Hier feierte er jeden Werkeltag auch seine Frühmesse. Bei dieser verband er jedoch Arbeit und Gebet in einer sehr merkwürdigen Weise. Er sang sein Lieblingslied „Hier liegt vor Deiner Majestät" im Gleichtritt seines Webstuhles, so daß er es mit Wurf-Tritt, Wurf-Tritt, wiff-bum, wiff-bum gar sauber im gleichen Zeitmaß begleitete. Wer da morgens Garn hinbrachte, mußte zuerst das ganze Meßlied mit dem frommen Weber zu Ende singen, eher war er nicht zu sprechen.

B e w e g l i c h e Männlein hatte des Müllers Krippe. Diese war ein Erbgut seit alter Zeit. Die Müller sind Bastler; sie müssen gar häufig an ihrem ewig unruhigen Werk herumbessern und manchmal kommen auch noch die Geschirrhauer oder Stellmacher zu ihnen auf die Stör. Wir Buben waren immer dabei. Wir sahen diesen geschickten Mechanikern und Erfindern viele Handgriffe ab und lernten von jeder Holzart, wozu sie besonders tauge. Dann kamen (zur Winterzeit besonders häufig) wandernde Mühlgesellen das Wasser entlang, die hielten immer ein paar Tage Rast in der Mühle. Auch sie waren voll der Erfahrungen und Vorteile. Diese Gäste hatten allerlei Einfälle, wie dies oder jenes an der Krippe zu bessern oder anzufügen wäre. So wuchs die Krippe immer weiter von Jahr zu Jahr und am Fuße des Stallfelsens war bald ein kleines Bethlehem entstanden. Auf einer Einschichte unter Tannenbäumen ein ganzer Bauernhof mit Taubenhaus und Glockentürmlein und ein Sandgetriebe ließ von einer Seite die Hirten, von der anderen die Könige mit ihrem Gefolge von Elefanten, Kamelen und Lastträgern heranziehen. Dazu läutete das Glöcklein und der Stern drehte sich und Josef schaukelte das Wiegelein — — —

Diese Krippe war unser Weltwunder. Franz Tantus, der Altgeselle, hütete sie wie seinen Augapfel. Er war stolz auf das Werk und es freute ihn, wenn wir die Krippe aufsuchten und wenn er uns immer wieder auf neue Wunder aufmerksam machen konnte, etwa wie Ochs und Eselein mit den Köpfen nickten und der Kuckuck rief.

Abends ließ er immer eine Zeitlang alle drei Mühlgänge stehen und wir mußten dann auch mit ihm singen, während die Krippe im Gange war. Der alte Tantus hatte ein kindliches Herz, aber wehe dem, der nicht stille war, schwätzte, lachte, hustete oder ausspuckte. Dann wurde er „gach" und wußte nicht, was er tat in seinem Jähzorn.

Da hatten wir einen rechten Nixnutz unter uns, der überall was anstellte, wo er auch hinkam, den Pinzgernazi. Einmal, als wir gerade im schönsten Singen waren und dabei wie die Haftelmacher aufpaßten, daß uns ja keine Bewegung an der Krippe entgehe — wir sangen eben

„Auf, auf, ihr Hirten,
und schlaft nit so long,
die Nacht ist vergongen,
es scheinet die Sonn!"

da erscholl auf einmal ein herzzerreißender Schrei — und das Spiel blieb mit einemmale stehen. Das Schreien hörte nicht auf. Unterdessen hob sich die ganze Krippe und der Ecktisch, auf dem alles aufgebaut war, wankte und fiel zur Seite, gerade, daß der Altgeselle noch den Stall von Bethlehem auffangen konnte. Unter dem Gerümpel kam totenblaß der Nazi zum Vorschein. Er starrte wie verdattert dem Tantus ins zornrote Gesicht. Der hielt jetzt noch den Stall von Bethlehem in den Händen — dann hob er ihn hoch empor — es krachte — und mit einem Male sahen wir, daß der Nazi anstelle des Kopfes den Stall von Bethlehem auf den Schultern sitzen hatte und mit ihm plärrend davonstürzte.

Der Ausbund war während unseres Singens im Halbdunkel unter die Krippe gekrochen und hatte das Triebwerk aufhalten wollen; dabei waren ihm aber die Finger unter einen Treibriemen oder zwischen zwei Walzen geraten. Er war wohl der gerechten Strafe für seinen Fürwitz nicht entgangen, aber dabei war auch die schöne Krippe zerstört worden. Sie wurde leider nicht mehr wieder aufgebaut.

JOSEF BLAU

Lus, s' Christkindl läut!

Noch heute erinnere ich mich ganz genau an die Metten-nacht anno 1923. Das Tal der Kleinen Ohe, die von den Süd-hängen des Büchlsteins kommt und bei Hofkirchen in die Donau mündet, war leicht verschneit. Es dämmerte und in meinem Vaterhaus, der Schosser-Mühle in Kopfsberg mit dem Hausnamen „Stegmühle", war es ruhig geworden. Seit der Ernte hatte, wie in allen Mühlen, Hochbetrieb geherrscht. Zuerst wurde der Roggen gemahlen, in den Vorweihnachts-wochen brachten die Bauern auch Weizen für die Weih-nachtsbäckerei. Doch in der Woche vor dem Fest flaute der Zustrom zur Mühle ab. Und jetzt hatte auch das Sägegatter aufgehört, das mit seinem eintönigen „Ritsch-Ratsch" aus den Blöchern die Bretter herausschnitt. Vom Walzenstuhl der Mühle waren die Riemen abgelegt und vom Franzosen-gang des Mahlwerks das Antriebsrad abgekuppelt. Nur noch leise summte es, denn die über das Mühllaufwerk betriebene Lichtmaschine mußte im Haus für genügend Strom sorgen. Aufregende Stunden gingen für mich zu Ende. Bald kam das Christkindl! Traumverloren saß ich am Fenster und sinnierte in die beginnende Nacht hinaus. Gestern hatten wir Brot ge-backen, dreißig große Laibe und vier Kletzenbrote sind es gewesen, denn – so die Mutter – „auch die umliegenden Häuslleut muaß ma bei der lausigen Zeit mitkemma loßn!" Und sie schimpfte zum wiederholten Male über die schlechte Zeit, sprach von der Geldentwertung, die viele Arme noch är-mer gemacht habe und bei der der Staat die „Kloana um ois bracht hot". Mein Spezl, der Hintummi Lois, und ich durften die ofenheißen Brote ins Haus tragen. In jedes Bett kamen drei Laibe als Wärmflasche. Die Schwester kam noch her-unter und hat mich geohrwaschelt, weil ich ihr angeblich Haarwutzeln, das waren Hagebuttenkerne, als Juckpulver ins Bett gelegt hätte.

Heute in der Frühe hatte der wohl drei Zentner schwere Weihnachter seinen letzten Grunzerer getan und die Nach-barn hatten sich schon in Weidlingen die Britsuppen und die Mettenwürst geholt. Sogar der Gendarm Georg Wießner aus Iggensbach hatte Kontrollgang zu uns gemacht und ist dann mit der Frau des Hauptlehrers Arnulf Salat und dem Fräulein Maria Wimmer, der Pfarrersköchin, ganz schön bepackt wie-der aus dem Haus gegangen. Wir hatten mittags Brein und Speitelmost gehabt, das war geschälter Hirse in Milch und Butter im Bratrohr braungelb gebacken, mit im Wasser ge-kochten, gedörrten Apfelscheiben, und am Nachmittag ka-men noch einige Plätzerln und eine Schüssel Malzkaffee auf den Tisch.
Das Christkindl war dann in der oberen Stube gekommen. Den Christbaum hatte mein ältester Bruder aus dem Walde des Eilbergers mitgenommen, weil der ja jedes Jahr den sei-nen aus dem unseren nahm. Die Sternschneuzer oder Sterndlwerfer, die wir aus Feilspänen, Wachs und Lehm selbst herstellten, knisterten und der Vater hatte „Stille Nacht, heilige Nacht" angestimmt. Für mich gab es ein Paar schafwollene Fäustlinge und einen hölzernen Zug, den ich im Entstehen schon auf der Hobelbank im Mehlstüberl gese-hen hatte. Dann war mein Vater mit den älteren vier Ge-schwistern zur Mette nach Iggensbach aufgebrochen.
Da trat die Mutter hinter mich, nahm mich, ihren mit neun Jahren jüngsten Sproß, bei der Hand und zog mich vom Fen-ster weg an den Tisch. Beinahe feierlich setzte sie sich ne-ben mich und schlug dann ihre alte, in schwarzes Leder ge-bundene Heilige Schrift auf. Und dann begann sie, mir lang-sam die Geschichte dieser Heiligen Nacht vorzulesen. In der Herdstatt knisterten die Scheiter, wohlige Wärme war in der Stube und in die Nase zog der Duft der Britsuppe, worin die

Leber- und Blutwürste brodelten. Und in Vorfreude darauf tat ich mehrere Schluckerer, doch die Mutter, nimmermüde, las und las weiter mit ruhiger, andachtsvoller Stimme. Da plötzlich war etwas, ein Geräusch am Fenster und langsam schob sich eine Gestalt vor die Fensterscheibe. Es war der Oanhantl Girgl, ein Veteran aus dem Krieg 1870/71. Als Zwanzigjähriger war er damals hinausgezogen. Doch er hatte Pech. Ein Schuß riß ihm einen Unterarm weg und seither hauste er bescheiden von wenigen Mark Rente und allein in seinem Leibtumstüberl in einem alten Haus in Allharting bei Iggensbach. Auf Geheiß ging ich in die Fletz hinaus und öffnete die Haustür. Etwas wankend kam der Girgl herein und setzte sich auf die Ofenbank, ein undeutliches „Gelts God" murmelnd. Der Girgl bekam etwas zu trinken und dann haute er sich eine Prise Schmai auf seinen Armstumpf, um diese dann mit einem kräftigen Schnauferer in die Nase zu ziehen. Die Mutter las ihr Kapitel fertig und dann war es eine Zeitlang still in der Stube, bis der Girgl zu erzählen anfing. Von der schlechten Zeit, und natürlich vom Krieg, seinem Lieblingsthema. Und nach einer weiteren Pause begann er plötzlich ein Gedicht aufzusagen, mit monotoner Stimme, ähnlich wie ein Vorbeter bei einem Leichenbegängnis:

Weit draußn im Vogesnwoid
waht der Winterwind so koit –
und rüttelt wild aus seinem Tram
den dunkelgrüna Tannabam.

Da Tannabam, der beugt si nieda,
ganz trauavoi und oimoi wieda
kemmand seine Astl leis herab
af a frisch's Soldatngrab.

Her af dei Wachln, wilder Wind,
do liegt a Bayerwaldler-Kind.
Im Feindesland hots eahm dawischt –
a Kugl hot sei Lebn ausglischt.

Und heit is ja die heilgö Nocht
i hoit bei eahm herausn d' Wacht.
Und du, welscha Tannabam,
loßn schlafa, wia dahoam.

Dö Tannanast, dö neign si nieda
ganz trauavoi und oimoi wieda
strahlt zwischendrin ganz hell herab
ein Himmelsstern aufs Soldatengrab.

Damals habe ich mir das Gedicht natürlich nicht merken können, doch der Oanhantl Girgl, der mit richtigem Namen Georg Gotzler hieß, hat mir später dieses Gedicht immer und immer wieder vorgetragen und da habe ich es mir dann aufgeschrieben.
Jedenfalls, der Oanhantl schwieg nach seiner Rezitation, die Mutter seufzte und ich schaute zur Decke, wo das flackernde Herdfeuer Lichtringerl über die Balken zeichnete. Plötzlich schreckte uns alle das kräftige Bimmeln einer Glocke auf. „Lus, Bua, s' Christkindl läut!" meinte der Girgl, stand von der Ofenbank auf und ging zur Türe. Mit wenigen Schritten war er über der Fletz in der Mühle draußen. Da hörte das Bimmeln auf.
Unsere Mühle hatte eine Vorrichtung, die eine Glocke im Mühlstüberl und in der Fletz zum Läuten brachte, wenn das Mahlgut in der Schütt-Truhe für den Franzosengang zu Ende ging. Diese Vorrichtung funktionierte aber nur, wenn die Mühle auch lief und der Walzenstuhl in Betrieb war. Der Vater hatte aber diese stillgelegt. Wieso läutete es jetzt? Der Girgl kam wieder herein, setzte sich an den Tisch. „Gell, Buberl, heut hot's Christkind g'läut. Draußt is gar nix eingeschalt gwen!" Das war schon eigenartig, nichts war eingeschaltet und trotzdem läutete die Schüttwerkglocke! War's vielleicht doch das Christkind?
Die Mutter brachte dem Girgl eine Schüssel voll Britsuppe mit Leber- und Blutwürst, schob einen Laib Brot hin und einen Krug Bier und meinte: „Girgl, iß und trink, soi Dei Christkindl sei!" – „Tausend gelts God!" antwortete der Girgl und

machte sich ans Essen. Die Mutter begann nochmals zu lesen, während der Girgl ab und zu unterbrach: „Mei, Müllerin, is dös guat!" Mir waren Hunger und Durst vergangen und mit der Zeit muß ich eingeschlafen sein.

Ich träumte vom Christkind und glaubte immer wieder die Glocke des Mühlwerks läuten zu hören. Und ich gelobte im Traum, nie mehr dem Girgl ob seiner körperlichen Verunstaltung Spott anzutun, dem Lehrer nie mehr den Spanischen einzuschneiden, dem Pfarrer nie mehr Goldborten aus dem Meßgewand zu ziehen, dem Kater des Nachbarn nie mehr eine Blechbüchse an den Schwanz zu binden, der Schwester nie mehr Haarwutzeln ins Bett zu legen, dem Vater nie mehr Papierstopseln ins Jagdgewehr zu stopfen, dem Schockl des Hollerwirts wird kein Petroleum mehr in den Hintern gestrichen, daß er ständig jault und vieles andere mehr. Gerade wollte ich im Traum auch der Mutter ein paar Guttaten versprechen, da merkte ich erst, daß sie leibhaftig vor mir stand. „Komm, Fritzl, aufstehn, es ist Zeit zum Kirchagehn!" meinte sie. Der Girgl hatte mich, als ich in der Stube eingeschlafen war, auf den Arm genommen und in mein Bett getragen. Mit der Karbidlampe in der Hand stapfte ich den Weg von unserer Mühle zur Iggensbacher Kirche voran, dann folgte die Mutter und dann kam der Girgl, der den Rest der Heiligen Nacht auf unserer Ofenbank verbracht hatte. Nun begleitete er uns zum ersten Weihnachtsfest an diesem noch dunklen Weihnachtsmorgen.

Nach dem Mittagessen ging ich in die Mühle hinaus und besah mir lange den mir längst bekannten Mechanismus des Läutwerks. Wer konnte es bloß ausgelöst haben, ohne Anlaß, ohne jeglichen Antrieb? Vielleicht war es doch das Christkind?

Im Herbst 1951 saß ich am Krankenbett meiner lieben 78jährigen Mutter. Wir sprachen dabei auch über das Christkindlläuten von damals. Ein gütiges Lächeln huschte über ihr schon eingefallenes Gesicht. „Gell, Bua, hast damals schon glaubt, daß s' Christkindl selber g'läut hot?" fragte sie mich. Als ich nickte, erzählte sie mir, daß sie dem Keitern Hansl, einem Burschen, der lieber die Kirchen von außen und die Wirtshäuser von innen ansah, eine Maß Bier bezahlt habe, damit er das Christkindl spielte und zur vereinbarten Zeit die Schüttwerkglocke in Gang setzte. Ich verzieh ihr gerne dieses „Notchristkindl". Wenig später, am 9. Oktober 1951, ging sie heim zum Christkindl in die Ewigkeit.

FRITZ SCHOSSER

Die himmlische Liegerstatt

Ich war ein Bub von zehn oder elf Jahren, als mich der Onkel meiner Mutter, der Hansel-Vetter, überredete, bei ihm einige Tage vor dem Weihnachtsfest eine Nacht zu verbringen. Dann könnte ich auch einmal, wie er, auf einer „himmlischen Liegerstatt" schlafen. Dieses Zauberwort tat es dem Kinde, schon damals recht weihnachtsselig, an. Und ich ging mit ihm.

Der Hansel war ein alter Junggesell, klein von Wuchs, immer fröhlich und mitteilsam. Wie meine Mutter wußte er ebenfalls die schönsten Geschichten und Märchen zu erzählen, wenn er zu uns in den Marktflecken in das Schmiedhaus kam. Er gehörte einer längst ausgestorbenen Handwerkerzunft an, den Störschneidern. Mit geringem Werkzeug ging er von Hof zu Hof und schneiderte aufs sorgfältigste den Mannsbildern, Burschen und Buben ihre Monturen, machte aus alten Kleidern neue und flickte Zerrissenes aufs beste. Die neumodische Nähmaschine haßte er und benötigte sie nicht. Er machte auch ohne sie die saubersten Stiche.

Überall war er gern gesehen. Denn er brachte Frohsinn und Leben in die Bauernhöfe, in die Spinnstuben und in die fröhlichen abendlichen Heimgärten, in denen er bis tief in die Nacht hinein seine Geschichten und Schnurren auftischte.

Er wohnte in jenem weltfernen, waldumschlossenen Häusl, darin auch meine Mutter, Kind sehr geringer Leute, ihre Jugend verlebt hatte. Eine Kindheit in großer Dürftigkeit, aber doch gesegnet mit vielen reinen Freuden, den Freuden des einfachen Lebens. Dort hatte der Vetter sein kleines Austragsstüberl, in das er am Samstag heimkehrte, darin er ausrastete und für sich selber kochte. Jedes Jahr setzte er eine Woche vor der Mettennacht mit der Stör-

geherei aus. Er blieb zu Hause und bereitete sich in Stille und inmitten tiefverschneiten Hochwaldes auf die Geburt des Christkindes vor.

Es war drei oder vier Tage vor Weihnachten, als ich mit dem Vetter durch tiefen Schnee, heftiges Wacheln und eisige Kälte der Öd zustapfte, dem weiten dichten Wald, in dem seine einschichtige Behausung lag. Den langen Weg verkürzte der freundliche Alte mit hübschen Geschichten. Ich hörte aber diesmal nicht so aufmerksam zu wie sonst. Denn mein Herz war schon ganz eingestellt auf die wunderbare „himmlische Liegerstatt", unter der ich mir wirklich Himmlisches vorstellte. Ich fragte ihn immer wieder, wie diese wohl aussähe. Aber er wehrte jedesmal kurz ab: „Laß dir nur Zeit, du wirst es schon sehen."

Es dunkelte schon, als wir endlich das Waldhäusl erreicht hatten. Die kleine, niedere Stube war noch wacherlwarm. Der Vetter zündete das kleine Öllamperl an, hieß mich an den Tisch setzen und machte sich als Koch zu schaffen. Dann setzte er das Nachtmahl auf, saure Milchsuppe mit Kartoffeln, also dasselbe, mit dem wir uns zu Hause auch jeden Werktagabend zu begnügen hatten.

Es war das armselige Stüblein, das ich so gut kannte. Kachelofen, Bett und Tisch, ein schmaler Kleiderkasten, schön bemalt, eine bescheidene Anrichte, darüber der Schlüsselkorb, überm Tisch ein kleines Kruzifix und zwei Hinterglasbilder, das war alles. Es genügte dem immer zufriedenen und immer glücklichen Menschen. Das Bett mit dem Strohsack, dem harten Kissen und dem Tuchent mit buntem Überzug aus grobem Leinen sah nichts weniger als „himmlisch" aus.

Der Vetter hatte den Tisch abgeräumt und wieder alles in Ordnung gebracht. Er schob ein paar feste Buchenscheite und Tannenzapfen in den Herd und steckte mit einer gewissen Feierlichkeit auch einen großen Buchenklotz, den Mettenbinken, in das Ofenloch, damit ja das Feuer nicht ausgehe in der langen heiligen Mettennacht, wie es uralter Brauch weiß und will. Den Mettenbinken hatte sich der Vetter schon im Sommer zurechtgerichtet und seither sorgsam verwahrt. Bald hörten wir nun schönste winterliche Ofenmusik.

Dann zog er eine alte Legende aus der tiefen Fensternische und las von Joseph und Maria, wie sie einst auf langem, mühsamen Weg von Nazareth nach Bethlehem gewandert sind, dem größten Heilswunder der Menschheitsgeschichte entgegen. Als wir hierauf den Rosenkranz gebetet hatten, war es fast neun Uhr, meine Schlafenszeit angebrochen. Ich fragte: „Was ist es denn mit der himmlischen Liegerstatt, Vetter?" Er lächelte: „Erst muß ich dir die Augen verbinden. Inzwischen baue ich die himmlische Liegerstatt auf." Er legte ein dickes Tuch um meine Augen und gebot mir, mich völlig stille zu halten und keine Fragen zu stellen. Ich folgte, fast ein wenig erschrocken, diesen Anweisungen.

Der Alte ging hinaus, blieb eine Weile weg und kam wieder, mit langsameren Schritten als sonst. Dann begann etwas auf dem Fußboden zu rascheln, ganz seltsam, und das dauerte eine Weile, worauf meine Blindheit wieder beseitigt wurde. Was sah ich jetzt? Der Boden der Stube war dicht mit Stroh belegt. Ehe ich fragen konnte, was das zu bedeuten habe, gab mir der Vetter die Erklärung: „Jetzt ist Advent! Und bald haben wir die hochheilige Mettennacht. Da muß man jetzt fasten und Buße tun. Und weil Joseph und Maria im Stall von Bethlehem auch kein Federbett gehabt haben und das Christkind in der Krippe auf Heu und Stroh hat liegen müssen, sollen auch wir uns mit einer ganz einfachen Liegerstatt zufriedengeben. Denn das Stroh ist in dieser heiligen Zeit wahrhaftig die rechte himmlische Liegerstatt!"

Wohl war ich ein wenig enttäuscht und verwundert, weil mir das alles so gar nicht himmlisch vorkam und ich etwas recht Großartiges, etwas wirklich Überirdisches erwartet hatte. Aber weil es der gute Vetter so wollte und schließlich auch dieses Strohlager etwas Besonderes und Geheimnisvolles an sich hatte, gab ich mich zufrieden. Wir sprachen noch das uralte Nachtgebet, das mich auch die Mutter gelehrt hatte:

„In Gottes Nam' leg ich mich nieder
auf unsern Herrgott seine Glieder,
auf unsern Herrgott sein Fleisch und Bluat,
daß uns der böse Feind nix tuat."

Dann legten wir uns schlafen, nachdem der Vetter das Licht ausgemacht hatte. Noch immer knisterte der Ofen und krachte der Mettenbinken. Der Schneesturm heulte und tobte um das Haus, die Bäume des nahen Hochwaldes ächzten. Das gab eine gute Schlafmusik. Aber so ganz gefallen wollte mir das alles nicht. Ich harrte noch immer auf das Wunderbare, das nie Erlebte.

Wie ich so dalag, müde vom weiten Weg, gedankenvoll, noch immer auch erwartungsvoll, ertönte auf einmal ganz leise wunderbare Musik. Es war, als ob Engel eine feine Harfe spielten. Zart und wie silbern erklangen die anmutigen Töne einer frommen Weise. Seltsam ergriffen und wie verzaubert richtete ich mich auf, mit tiefer Andacht und in seligem Entzücken diesen nie gehörten Klängen lauschend. Ich fragte, fast zitternd: „Du, Vetter, sag, was ist denn das für eine Musik?" Der Vetter sagte: „Das ist die Musik vom Christkind! Engel spielen sie für solche Menschen, die in diesen Nächten auf Stroh schlafen und das dem Christkindl zuliebe gerne tun."

Musik des Christkindes — ich glaubte es willig und war nun dessen gewiß, daß ich jetzt auf einer himmlischen Liegerstatt ruhte. Die holden Töne erklangen wieder und wieder und immer weiter. Sie klangen hinein in gesunden Bubenschlaf und seligen Traum, der hundert Wunder in mir lebendig werden ließ...

Bis mich dann um fünf Uhr morgens der Vetter aus Schlaf und Traum weckte. Draußen im Wald war es ruhiger geworden. Wir rüsteten uns zum Rorategang und gingen, mit einer Laterne bewaffnet, wieder mühseligen Schrittes, durch hohe Schneewehen der nahen Pfarrkirche zur hl. Brigitte zu. Aus anderen Wäldern, aus der engen Schlucht der Ilz und von allen Berghängen wandelten Lichter durch die stockdunkle Nacht zum Gotteshaus. Darin sang dann der greise Pfarrer mit brüchiger Stimme das Engelamt, und auf der Orgelempore stimmten Schulmeister, Sänger und Musikanten das junge Herz noch seliger und weihnachtsfroher. Dutzende von Wachslichtern brannten in den geschlechteralten Betstühlen, darin auch einst meine Mutter und ihre Ahnen gekniet waren. Die reichen hohen Altäre glitzerten und funkelten, und mit ihnen und auf ihnen die goldenen Heiligen sowie die heiteren Engel und Putten, die dort überall saßen und schwebten, in jener mir so teuren Dorfkirche mit der ganzen Herrlichkeit eines in Gott und Kunst fröhlichen Zeitalters.

Am Vormittag brachte mich der Vetter wieder nach Hause, wo ich nun viel zu erzählen hatte. Ein Jahr darauf ist der brave Großonkel, fast achtzig Jahre alt, selig im Herrn entschlafen. Als sein geringer Nachlaß verteilt wurde, fand sich darunter auch eine alte, kleine Spieldose mit einem Zettel in zittriger, ungelenker Handschrift: „Gehört als Andenken dem Schmied-Maxl, weil er so brav gewesen ist, wie er bei mir auf der himmlischen Liegerstatt geschlafen hat. Er soll studieren, und wenn er seine Studien hinter sich hat, soll er dieses Kastl kriegen."

Von diesem Vermächtnis habe ich erfahren im Jahre 1910, als ich mit einem guten Zeugnis vom beendeten Studium in die Heimat kam. Die kleine Spieldose war mir schönster Lohn für die Lernjahre mit ihren Mühen, Nöten und Entbehrungen. Seither weiß ich, woher jene Klänge kamen, die mich vor langen Jahren auf einer himmlischen Liegerstatt so reich beglückt hatten. Die Spieldose hat mich dann begleitet auf allen Wegen meines langen und nicht immer leichten Lebens, als kostbares Andenken an den seligen guten Vetter und eine unvergeßliche Adventsnacht ...

136   MAX PEINKOFER

Die kostbare Nacht

Seids stad und laßt's de Sachn steh',
de euch so ummatreibn!
De Heilig Nacht werd bald vergeh',
und was soll euch dann bleibn?

Der Herrgott hat sie uns geschenkt
als wia a große Gnad,
und daß's a jeder recht bedenkt,
was er zu richtn hat.

Der oane hat a Herz von Stoa
und spürt dös net amal,
da andere ist dermeist alloa
samt seiner Freid und Qual,

da sell hat gar koa Hoffnung mehr,
de platzt vor Übermut.
Was moants, warum als Kind der Herr
durt in der Krippn ruht?

Schaugts hin, es hat euch gern und lacht!
Es ist noch net zu spät:
Sie is a Seg'n, de Heilig Nacht.
Vertuat's de Stundn net!

FRITZ MORGENSCHWEIS

Alte Weihnacht im Walddorf

Manche Erscheinung im Jahresring aus der Vorstellung unserer Altvordern beängstigte als dämonische Gestalt unsere Kindheit. Der Klaubauf hatte uns noch einmal aus dem Sack gelassen! Der sicheldrohenden Luzie waren wir gerade noch entgangen. Thomas, der bärtige Nachfahre des alten Donnerers, erschreckte uns mit dem Hammer aus dem dunklen Hausflur. — Da kam endlich in den Schattenkreis der Dämonen als Himmelsgesandter das Goldene Rössel, ein lichter Trost, in unsere Kinderwelt gesprungen. Es ließ sich zwar nie von Kinderaugen erblicken, aber man hörte sein Schellenläuten im Schneewind überm Schindeldach und vernahm sein Stampfen in der klirrenden Winternacht, und am Morgen waren die Gabenteller mit köstlichen Dingen gefüllt; das Christkind hatte den Waldbauernkindern das Goldene Rössel geschickt.

Den Zauber der Erwartung dieser Stunden will ich beschwören. Wir haben uns, das Nannerl vom Nachbarn und ich, die Nasen platt gedrückt an gefrorenen Fensterscheiben, Ausschau zu halten nach diesem Himmelsboten. Das Nannerl hatte nämlich in der Morgenfrühe einen goldenen Schein über den Wipfeln gesehen; ohne Zweifel ein Schimmer, der durchs Himmelstor gedrungen, als das Goldene Rössel ausgezogen war mit seinem Gabensack im Wagerl. Es war sicher schon lang unterwegs durch die verschneiten Walddörfer, die Kinder zu erfreuen.

Wir hatten gefastet und uns jeder kindlichen Untat enthalten, um aller himmlischen Gunst würdig zu werden, die um die heilige Weihnacht den braven Kindern zugedacht ist. In den blinden Wolkensack voller Schneedaunen war die rote Sonne frühzeitig hinter dem dräuenden Bergrücken hinabgesunken, aber das Goldene Rössel hatte sich noch immer nicht erblicken lassen von sehnsüchtigen Kinderaugen. Das Nannerl verzog seinen trotzigen Kindermund und vertrollte sich, schmollend auf den erwarteten Himmelsgast. Umsonst hoffte es, das Goldene Rössel im Dämmerlicht zu schauen. Meine Mutter sagte, wer es nicht erwarten kann, den hat es schon oft übergangen, hat in den Hühnerbarn eingelegt.

Ich sah weiterhin aus dem Fenster; ein Stern lugte über dem Dachfirst hervor, er schien den Bubenaugen gute Kunde zu geben von den kommenden Dingen. Die Großen rüsteten alsbald zum Gang in die Mette. Immer heimlicher wurde es in der häuslichen Umgebung. Hinter den frostklirrenden Schritten der Mettengänger war es still geworden. Der Holzwurm tickte. Dann zerrte der Schneesturm an Schindel und Gebälk. Der nahe Winterwald rauschte in die Geborgenheit der Kammer. Seltsam erreichte mich noch ein Hahnenschrei, bevor ich einschlief. — Hatte der Haushahn, in dem ich als Bub ein sehr weises Tier gesehen, das Nahen des Goldenen Rössels angekündigt? Um Mitternacht verhallte irgendwo das Mettenanschießen zwischen den Wäldern, aber es ist kaum mehr in das Bewußtsein des kleinen Schläfers gedrungen. — Als ich wieder aufwachte, überfiel die Knabenseele eine starke Erregung: Deutlich hörte ich ein Trippeln und Stampfen im Hof, begleitet von feinem Schellenklingen. Hörte ich nicht ein leises Wiehern? „Das Goldene Rössel!" Mit einem frohen Schrei setzte ich aus dem Bett, mit einem Satz zum Fenster. Aber wieder war der große Augenblick versäumt! — Kaum vernommen, fort war schon der Himmelsbote! Fort über Berg und Tal in seine glänzenden Gefilde; denn wir waren vielleicht die letzten gewesen, die von ihm beschert wurden.

JOSEF FRUTH 137

Das waldlerische Krippenwunder

Es ist fürwahr ein Wunder, was sich auf der fünf mal drei Meter großen Krippenlandschaft im Regener Krippenhaus zu Füßen der Ludwigsbrücke darstellt: 160 Menschenfiguren, dazu 65 Schafe, 6 Rinder, 2 Esel, 10 Hühner, 1 Hahn, 2 Gänse, 5 Mäuse, 1 Igel, 1 Eichkätzchen, 4 Hunde, 1 Katze und 2 Geißen. Alle diese winzigen Geschöpfe sind originalgetreu aus Stoff geschaffen, wie man es sonst wohl nirgends kennt, und alle sind mit einer Genauigkeit verfertigt, die künstlerisches und handwerkliches Geschick in hohem Maße verrät. Es ist ein Bayerischer Wald im kleinen, der hier geschaffen wurde, und die 18 bis 22 Zentimeter hohen Menschenfiguren sind ausschließlich „Originale", von denen man meint, sie müßten jeden Augenblick ihren winzigen Mund auftun und etwas sagen, oder sie müßten anfangen, durch die Landschaft zu wandern, hin zum Krippenstall, der links in der Ecke als magischer Anziehungspunkt steht.

In dieser Krippe sind die urwüchsigen Waldlertypen ebenso verewigt wie aus dem „Wald" stammende „Großkopferte", oder die Kulturschaffenden, wie der auf der Burg Weißenstein über 50 Jahren dichtende Balte Siegfried von Vegesack (†1974), oder der Romane schreibende und Heimatlieder sammelnde Baumsteftenlenz (Paul Friedl) aus Zwiesel oder der ehemalige Passauer Schullehrer Max Matheis mit seinem „Bayerischen Bauernbrot". Es fehlen auch nicht die schon verstorbenen Künder des Waldes, wie der unvergessene Max Peinkofer aus Bischofsmais oder der Komponist der Waldlermesse und zahlreicher Lieder, Rektor Ferdinand Neumeier, ein gebürtiger Kirchberger, und natürlich nicht der „Texter" der Waldlermesse, der ehemalige Oberstudiendirektor Eugen Hubrich aus Straubing. Alle diese Miniaturmenschen in waldlerischem Gewand

oder in städtischer Kleidung marschieren hin zur Krippe, wo eine feingliedrige Nachbarstochter als heilige Maria und ein bärtiger Jägersmann aus Regens Umgebung als Nährvater Josef zum Kindlein in die Krippe schauen. Wenn es auf Heiligdreikönig zugeht, dann gesellen sich der ehemalige Kirchberger Pfarrvater, der frühere Regener Benefiziat mit seinem Nikolausbart und Pater Adalbert Pscheidl, der Bruder des Krippenbauers, als Weise aus dem waldlerischen „Morgenland" hinzu. „Jassas, dös is ja der Hans, und da die Marie, und dort der Sepperl, heißt es bei den nachbarlichen Besuchern, und wer ein wenig mehr Leute kennt als nur die aus der Nachbarschaft, der wird auch den Bürgermeister ausfindig machen, den Landrat oder gar den Ministerpräsidenten. Die Krippe hat ja schon viel prominenten Besuch gehabt, denn es gibt im ganzen Bayerischen Wald kaum eine Attraktion, die dieses Regener Krippenwunder übertreffen könnte.

Jetzt ist es wohl an der Zeit, von den zwei Menschen zu schreiben, die dieses Wunder geschaffen haben. Frau Maria Pscheidl-Krystek wurde am 12. Januar 1923 als Landwirtstochter im Kreis Samter, im ehemaligen Warthegau, geboren. Ihr Vater verstand sich auf das Schnitzen von Tieren und war auch ein beseelter Geigenspieler. Schon als Schulmädchen bewunderte sie ehrfürchtig die Krippe in der Dorfkirche. Als sie einmal selbst eine Krippe aus Papier anfertigte, mag das ihr Krippenfigurenschaffen unbewußt begründet haben. Einem sterbenskranken Nachbarskind zeigte sie das Papierkripplein, und dieses erbat sich die Krippe, um sie dann ins Grab mitzunehmen. Aber nicht nur aus Papier, sondern auch schon aus Stoff wurden damals die ersten Figuren verfertigt. Für die junge Vertriebene war 1945 in Ostdeutschland die Herstellung von Stoff-Figuren der erste Broterwerb in der Fremde. Man erkannte ihre künstlerische Begabung, und so reichte sie eines Tages Figuren zur Begutachtung an die „Käthe-Kollwitz-Schule für freie und angewandte Kunst" in Berlin ein, und hier wurde sie sogleich als Talent erkannt. Ein-einhalb Jahre lang wurde sie als Externistin gefördert, und sie war vorgesehen, in einer neuzugründenden Schulabteilung Unterricht über Stoffbildhauerei zu geben. Aber das Schicksal wollte es anders. Im Jahre 1952 verehelichte sie sich mit dem aus dem Böhmerwald stammenden Schriftsteller Josef Pscheidl.

Der weitere Lebensabschnitt an der Seite Josef Pscheidls begann in der Nähe von Waldkirchen im Unteren Bayerischen Wald. Als sich der Waldkirchener Pfarrer einmal von ihr einen „Bücherwurm" wünschte, erkannte er ihre Fähigkeiten und bestellte eine Weihnachtskrippe für seine Kirche. Ihr folgten viele Familienkrippen oder auch größere Kirchenkrippen. Für das Kloster Niederaltaich, wo Maria Krystek und Josef Pscheidl am 14. Juli 1952 vom Bruder des Bräutigams, der am Tag zuvor Primiz als Benediktinerpater feiern konnte, getraut wurden, fertigten die Kripperlleute später eine große Krippe an. Seitdem sind die Krippenfiguren zur großen Kinderschar in der kinderlos gebliebenen Ehe geworden.

Krippenfiguren aus der Hand der Künstlerin stehen heute in England, in Frankreich, in der Schweiz, in den USA, in Südamerika und in Schweden. Die größte Krippe aber gehört zum gehüteten Inventar des Ehepaares Pscheidl, und sie wurde erstmals im Jahre 1956 in der kleinen Bauernortschaft Obernaglbach (Landkreis Regen) aufgestellt, wo das Ehepaar Pscheidl eine neue Heimstätte in einem Austragshaus gefunden hatte. Nach sieben Jahren verzogen sie nach dem nahen Unterneumais, und von dort im Jahr 1968 nach Regen.

Hunderte, ja tausende Besucher kamen und kommen Jahr für Jahr, und der Krippenvater zeigt und erklärt bereitwilligst jedermann ihr Werk. Auch Presse, Rundfunk und Fernsehen haben diese einmalige Krippe schon vor Jahren entdeckt und kommen immer wieder, um zu berichten, daß der Bayerische Wald noch einmal, wenn auch im kleinen, entstanden ist. Sie berichten von den Krippenleuten, die selbst Originale sind, von der Figurenkünstlerin und auch vom Krippenvater, der am 15. Oktober 1904 im „Weberhäusl" in Gutwasser bei Bergreichenstein geboren wurde. Er lernte zunächst das Weben, das er bis 1932 ausübte. Schon bald fing er mit dem Geschichtenschreiben an. Der Steinbrenner-Verlag in Winterberg übernahm ihn dann als Vertreter. Wenn er in die Böhmerwalddörfer kam und bei Bekannten ein Nachtquartier bezog, da hieß es gleich im ganzen Dorf: „Der Weber-Sepp ist da und wird wieder G'schichten erzählen!" Das Erzählen und Fabulieren liegt ihm im Blut. In seinem damals erschienenen Buch „Rund um Gunterie" bringt er eine Fülle lustiger Erlebnisse in Mundartgedichten, wie seine Erzählkunst aus dem Volksleben ja überwiegend dem Spaßigen zugetan ist. Im Herbst 1966 erschien als zweites Buch von ihm die Geschichtensammlung „Tief drin im Böhmerwald".

Josef Pscheidl hat die Krippenlandschaft geschaffen, und er betreut die Besucher, während die Figurenkünstlerin in ihrem kleinen Arbeitszimmer emsig mit winzigen Nadeln beim Mènschen- und Tiererschaffen ist, einem sehr komplizierten Vorgang übrigens. Die „Haut" der Köpfe besteht aus Baumwollnesselstoff, mit Farbschichten hautfarben getönt. Das Füllmaterial ist Schneiderwatte. Mit Heftnähfaden werden die Köpfe vernäht. Sie sind so fest gestopft, daß sie sich wie Holzfiguren anfühlen. Das Modellieren des Gesichtes, eine oft mehrtägige Arbeit, geschieht durch Einführen feiner Watteteile und durch die feinfühligen Finger beim Zurechtkneten. Die Haare werden aus gefärbter Wolle gemacht. Diese Kunst der Stoffbildhauerei mit nur drei bis fünf Zentimeter großen Köpfen erfordert neben dem künstlerischen Talent eine Fingerfertigkeit und Nähkunst sondergleichen. Die kleinsten Nadeln sind etwa zwei Zentimeter lang. Sie werden für die Gesichter verwendet. Die Körper der Figuren werden mit Draht und Stoffresten geformt und dann vernäht. Auch die originalgetreue Kleidung macht die

Künstlerin selbst. Gearbeitet wird beim Modellieren nach dem Original, nach eigenen Zeichnungen der Künstlerin oder nach Fotos. Bildhauerischer Blick und Talent sind die Grundvoraussetzung für diese einmalige Arbeit.

Sind die Figuren auch einzeln höchst lebendig, so bekommen sie erst ihre Krönung in der Krippenlandschaft. Sie ist ansteigend aufgebaut, damit jeder Winkel einzusehen ist. Über dem Krippenstall thront die Burgruine Weißenstein, und vor ihr sitzt der Dichter Siegfried von Vegesack mit seinen geliebten Dackeln. Zwischen dem grünen Moos und den kleinen Bäumen, zwischen Gneis- und Granitbrocken und Wacholderbüschen laufen die Wege durch die Landschaft. Ein Schäferkarren, eine Holzhauerhütte mit Brunnen, eine Sägemühle, ein Weberhäusl, eine Streuhütte, ein Bauernbackofen, ein Jäger-Hochsitz, ein Eisweiher, Brücklein, Wegweiser, Bäume, Felsen und Strünke beleben das Landschaftsbild. Niemand wird den Blick vergessen, den er einmal auf dieses Krippenwunder tun durfte, und viele kommen immer wieder „zum Kripp'n anschau'n", denn eine Krippe dieser Art gibt es wirklich kein zweites Mal.

RAIMUND KARL

Im Hohlweg verschneit

Der Weihnachtsabend dämmerte schon und in der Mehlkiste in der Kammer war immer noch kein Mehl, obwohl der Mühlknecht in der Hungermühle hoch und heilig versprochen hatte, wenigstens das Weißmehl rechtzeitig zum Feste zu liefern. Aber im Winter sind die Waldbäche klein, weil das meiste Wasser in Eis gewandelt ist und die Mühlknechte haben eine Entschuldigung für ihre Säumigkeit.

„Wovon soll ich morgen kochen, wenn ich kein Weißmehl habe?" fragte Mutter vom Herde her. „Eine Weihnacht ohne Mehl!"

„In einer Stunde ist das Mehl da, Mutter. Ich fahre jetzt mit dem Zugschlitten in die Hungermühle und hole es."

Schon schob ich den Schlitten aus dem Schuppen und dahin ging's über die flachen Schneegefilde durch die geisterstille Nacht, der Hungermühle zu. Mit geheimnisvoller Macht zog es mich in die Mühlstube zu dem Mühlknecht Märtl, von dem es hieß, daß er zaubern und Geister beschwören könne mit einem schwarzen Büchl, besonders in den weihnachtlichen Rauhnächten.

„Bist da, Bübel?" fragte mich der graubärtige, mehlüberpuderte Mühlknecht.

„Ist das Weiße fertig? Mutter hat morgen nichts zum Kochen."

„Bis zur Geisterstunde ist es fertig. Dann kannst du heimfahren mit den Mettenleuten."

Mir graute plötzlich. Denn auf dem verstaubten Fensterbrett sah ich ein Buch liegen mit schwarzem Einband.

„Was ist das für ein Büchlein?"

„Haha! Möchtest wissen, Bübel? Wirst es bald sehen, was das Büchel für ein Bedeuten hat, wenn ich darin zu lesen anfange. Ja, ja, ein spaßiges Büchl ist das, das kein Pfarrer und kein Professor lesen kann. Aber ich kann's!"

Ich sank erschrocken auf den Schragen. Das war offenbar das schwarze Büchl, von dem die Leute in den winterlichen Waldbauernstuben redeten.

Ich bettelte: „Märtl, gib mir mein Mehl und wenn's bloß ein halber Sack voll ist! Nur damit wir über die Feiertage reichen."

Wie überlaut es in der Mehlstube klapperte. Oder waren es meine Zähne!

„Wirst schon noch eine Weile warten müssen, Bübel! Oder fürchtest du dir etwa?"

„Wär zum Lachen!"

„Nachher ist's recht! Wenn du dich nicht fürchtest, kann ich dir gleich aus dem Büchl da etwas vorlesen. Wirst schauen, Bübel!"

„Nicht, Märtl, nicht! Hör auf und gib mir mein Mehl!"

„So muß ich dir's halt zaubern."

Und er nahm das schwarze Büchl und schwang es über die Mehlbeutel, daß ein Rauschen und Brausen anhub, als ob alle Waldwinterstürme in der Mühlstube tobten. Mir schwanden die Sinne. Ich murmelte Stoßgebete.

„Bet nur Bübel, hast schon recht", lachte der Mühlknecht und ging hinaus.

Trotz des ausgestandenen Schreckens konnte ich mich nicht enthalten, das schwarze Büchl, das jetzt neben mir auf dem Schragen lag, in Abwesenheit des Mühlknechts aufzuschlagen. Ich las:

Goldener Himmelsschlüssel. Lehr- und Andachtsbuch für alle Christgläubigen jeden Standes. Das also war das schwarze Büchl! Ein rechtschaffenes christliches Gebetbuch, das sich der Märtl für die Feiertage in der Mühlstube bereitgelegt hatte. Ich atmete auf und schämte mich meiner vorigen Furcht.

Märtl streckte den Kopf zur Tür herein. „So Bübel, jetzt ist das Mehl schon gezaubert. Sag deinen Vater einen schönen Gruß, diesmal braucht er kein Mehlgeld zahlen, weil das Mehl ja gezaubert ist. Wirst sehen, was von diesem Zaubermehl für flockige Weihnachtsknödel werden! Gott gesegne auch die Mahlzeit!"

Ich warf die Kotze über den Sack, denn der Schneesturm schnob aus allen Winkeln und Ecken, und fuhr davon, das überstandene Grauen in der Mühlstube bedenkend.

Im Hohlweg auf dem Schwendhübel, halben Weges zwischen der Hungermühle und meinem Vaterhause, hielt ich an, um ein wenig zu rasten. Wie warm und wohlig war es in diesem tief eingeschnittenen Hohlweg, so warm wie in einer wohlgeheizten Winterstube. Die Schneestürme tobten darüber hin, die Sterne der heiligen Nacht blinkten himmelher und aus den Fenstern meines Vaterhauses grüßte das trauliche Lampenlicht der Stube.

Schlafmüde legte ich mich ein wenig auf die Kotze zum Mehlsack und ließ den Zauber der Waldweihnacht auf mich einströmen. Es war ja so warm und wohlig in dem Hohlweg.

So lag ich rastend auf der Kotze und merkte nicht, wie sich eine Schneedecke über mir wölbte, die allmählich den ganzen Hohlweg überdeckte.

Ich war völlig eingeschneit und lag mit meinem Schlitten in dem Hohlweg wie in einem Schneegewölbe, das beinahe mein Grab geworden wäre. Das weitere hat man mir erzählt.

Da ich nicht mehr in der Mühle und auch auf keinem Wege zu finden war, hat man mich überall gesucht, mit Stallaternen und Föhrenfakeln. Man hat meinen Namen in alle Winde gerufen und keine Antwort bekommen.

Eine Mutter ist in unsäglicher Herzensnot durch den hüftentiefen Schnee gewatet, hat den Himmel mit Bitten bestürmt um ihren Buben, hat die Leute beschworen, mich suchen zu helfen.

Ein Vater hat heimlich gebangt und gebetet: „Heiliger Christ, gib mir meinen Buben wieder!"

Das ganze Dorf war auf den Beinen. Und da ist es durch Zufall geschehen, daß ein Knecht durch die Schneewehe trat und in den Hohlweg hinabglitt, wo ich auf dem Schlitten schlief. Da haben sie die Schneewälle weggeschaufelt und mich auf dem Schlitten heimgezogen, ohne mich zu wecken.

Das ganze Dorf hat für die glückliche Rettung gedankt und es ist eine große Liebe erwachsen zwischen den Leuten in dieser seltsamen Weihnacht.

Zum Mittag des Weihnachtsfestes schickte meine Mutter den Ärmsten des Dorfes ein festliches Mahl, bereitet von dem weißen Mehle, das mir beinahe zum Verderben ausgeschlagen hätte.

Meine Mutter hat dem Knecht, der mich gefunden, eine silberne Uhr geschenkt und am Hohlweg zum bleibenden Gedächtnis ein schlichtes Kreuz aufgestellt. In der Kirche hat die ganze Weihnachtszeit über eine große Opferkerze gebrannt. Man hat nicht fragen brauchen, wer sie gespendet.

Und als der Frühling kam und die Sache schier wieder vergessen war, bin ich mit meinen Eltern über die Berge gepilgert an einen heiligen Ort, wohin sie in ihrer Not eine Wallfahrt gelobt hatten. Wer von den Dorfleuten Zeit hatte, hat sich uns angeschlossen, zur Pilgerfahrt. Da ist ein seliges Wandern gewesen und ein Lieben und Freuen von Herz zu Herz, das ich nie vergessen werde.

FRANZ SCHRÖNGHAMER-HEIMDAL

Krippenlied

Was tuat da Ochs im Krip-pei drin, geh toats'n au - ßa treib'n, sunst mög'n die Engerl

nim - ma lang im Stall her - in - nat bleib'n. Ja, hut-schei hei ei hut-schei hei ei

hut-schei hei ei ho a ho hut-schei hei ei hut-schei hei ei hut-schei hei ei - o

2. Aft klopfts a weng, aft singts a weng, es is a Wunda g'schehg'n, toats oba d'Haub'n und kniats enk hi, aft werds as Kind'l sehg'n.

3. Maria fei', o Sepperl mei, gell, tuats as Kind'l wiagn'! Und bets für uns, bitts für uns, daß mir an Ablaß kriag'n.

4. Zwoa Eng'l zu der Recht'n stehn, zwoa auf der andern Seit', a groußa Stern leucht umanand im Wald und auf der Heid'.

Weihnacht im Waldgebirg

Dies ist der Tag, der in den Städten schon vom frühen Morgen an nur Abend ist, immer Abend, durchwärmt von der Bedrängnis nahender Freuden. Da tragen die Leute ihre liebgehegten letzten Geheimnisse, in Buntpapier gehüllt, auf Schleichwegen heimwärts und verraten mit keiner Miene, daß auch schon in ihnen die Wünsche und die Ahnungen erglühen.

Draußen auf dem Land aber, und in unserem Bayerischen Wald schon gar, wo jetzt der Winter die einsamen Berghöfe ins Vergessen schneit, da bleibt die Innenwärme mancherorts auch heute noch wie vor Jahrzehnten weit drunten in den geborgenen Niederungen. Es läßt sich bei den Bergbauern diesem Abendtag kein sonderlicher Sinn aufzwingen, er geht wie sonst mit festem Tritt durch Haus und Stall und Schupfe, bleibt Tag bis in die frühe Nacht hinein. Dann aber, wenn ihn die Kinder scheu umbitten, und wenn die Stube vom geduldigen Erwarten durchträumt, durchfragt, durchflüstert wird, dann will auch dieser Tag ein bißchen Abend sein.

Beim Stocködener droben auf Stocköden rüsteten sie auch diesmal wieder auf die herkömmliche Art fürs hochheilige Fest. Schon zwei Tage vorher hatten sie das Weihnachtsschwein geschlachtet, es wurde gewurstet, gesotten, um der geweihten Nacht und dem körperlichen Wohle gebührlich zu genügen. Herrlich hatte es da nach Tannen- und Wacholderreisig, nach Brät, Gewürz und Sur gerochen, und Kind und Katz umschnurrten den Kessel, nahmen fürs erste die kommenden Genüsse mit der Nase auf und standen immerzu im Weg. Noch überflüssiger aber wurden sie dann am Tag des Heiligen Abends. Da tobte jetzt der Putz, und alles, was nur stören konnte, wurde einfach hinausgeschwemmt und fortgeschrubbt. Selbst für den Mittagstisch blieben nur wenig Raum und Zeit.

Desto schöner aber war es für die Kinder, als sie am späten Nachmittag die Stube wieder betreten durften. Müde und blaugefroren kamen sie herein. Wärme umfing sie, und überall duftete es so neu nach Kernseife, frischem Kienholz und gewaschenem Linnen.

„Geht nicht lang herum!", befahl die Mutter.

Darauf suchten die drei Geschwister, der Peter mit seinen sechs Jahren als der älteste, die Rosi und das Linerl, das Kanapee auf und kuschelten sich im Polstereck eng aneinander ein. So warteten sie der Erfüllung ihrer kleinen Wünsche entgegen, und so angespannt waren ihre Sinne, daß sie bei jedem ungewohnten Geräusch aufzuckten wie Schwalbenbrut im Nest.

„Hast du 's Christkindl schon klinseln hören?", fragte das Linerl einmal zu den beiden Geschwistern hin.

„Ich meine schon", erwiderte Peter.

„Mutter, du?"

„Jaja!"

Zerstreut kam diese Antwort. Die Vielbeschäftigte hatte nur wenig Zeit für solche Kinderträume; die Schlachtenschüssel war vorzubereiten, das Feiertagsgewand für den morgigen Kirchgang droben in der Höhstube aufzulegen, und so viele kleine Griffe fielen einem noch zu, ach ja, ein Christbäumel wollte sie auch noch aufstecken, damit die Kinder endlich Ruhe gaben mit ihrem ständigen Gebettel.

„Jetzt ist draußen was vorbeigeflogen", piepste eines von den Dreien auf.

„Christkindl! Christkindl!"

Die Mutter rief dazwischen: „Still!"

Da lauschten die Kinder sogleich. Aber die Mutter öffnete dem Christkind keines der Fenster, sie war zur Stubentür geeilt, und jetzt horchte sie in den Hausgang hinaus. Da war vom Stall her jenes Wehgebrüll eines Viehstücks zu vernehmen, das die Kinder schon kannten, weil es jedesmal Aufruhr für den Hof bedeutete, und es fiel ihnen jetzt auch ein, daß der Vater und das Ingesind schon tagelang gewartet hatten auf dies Schreien.

„Das auch noch!", hörten sie die Mutter sich bedauern.

„Bäuerin!"

„Ich komm schon."

Sie stellte noch schnell Wasser auf, dann war sie fort. Mit großen Augen hatten die Kinder ihr nachgesehen, und keines wagte jetzt sie etwa mit weinerlichem Aufbegehren zurückhalten zu wollen. Die Enttäuschten schluckten ihren Schmerz hinunter; dumpf gefühlte Notwendigkeit und eine ihnen von der Wiege her schon eingehärtete Abfindung mit unerfüllten Wünschen befahlen es ihnen.

Ach ja, das Christkind! Wie sollte es denn hereinfinden in die Stube? Die Mutter hatte das große Licht, das jetzt nicht gebraucht wurde, noch schnell abgeschaltet, und nur, was das zage Herdfeuer hergab, belichtete das Dunkel. Stehend auf dem Kanapee schauten die Kinder in die klare Nacht hinaus, und sooft eine Sternschnuppe fiel, riefen sie auf mit einem hoffnungsvollen „Jetzt". Aber schließlich war das Fenster von ihrem Hauch so dicht beschlagen, daß eins ums andere des Suchens in die Nacht hinaus überdrüssig wurde und unversehens niederglitt, um sich wieder in der Eckmulde einzurollen. Keines mehr wußte etwas Wundersames zu vermelden, nur noch schläfrige Laute unterbrachen die Stille, bis das letzte Scheitel der Ofenglut die kleine Schar in ihre Engelsträume sang.

Als die Mutter einmal Nachschau hielt, konnte sie beruhigt sein; die Kinder schliefen tief, trotz ihrer unbequemen Lage. Es war eben doch gut, daß sie sich tagsüber in der frischen Winterluft getummelt hatten. Da durfte man's schon wagen, sie behutsam auszukleiden und sie in ihre Betten, draußen in der Schlafkammer, zu verbringen.

Weiß Gott, wie spät es war, und wie es zugegangen ist, daß die Kinder plötzlich erwachten, sich aufsetzten und durch die weit geöffnete Stubentür starrten, von wo es jetzt so vielfältig hereinglitzerte.

„Kinder, steht auf, das Christkind ist gekommen!"

O, das Tor zum Himmel hatte sich geöffnet!

In ihren weißen Hemdchen durchschritten es die Kinder. Keines wagte und vermochte aufzureden, so schwer war ihre Freude, so tief ihr Schauen. Und die Eltern, Knecht und Magd sahen ihnen entgegen, mochten sich wohl auch für einen Augenblick im Himmel fühlen.

Allmählich sprangen die kleinen Stimmen auf: Da, die Nüsse und die Zuckersterne an silbernen Schnüren, die Kerzen, rot, grün, gelb und blau! Und herunten unterm Baum wirklich eine Puppe, das alte Schlittengeiß wieder gut hergerichtet, neu gestrichen, grün und die Hörner rot. Der kleine Eisstock, das saftige Kletzenbrot! Mein Gott, alles rundum nur Farbe, Duft und Süße!

Mit feierlichem Bedacht trugen die Kinder ihr Glück zu den Eltern und den Dienstboten hin und ließen sich an deren beredter Mitfreude noch reicher werden. Peter hatte sich zwischen den Knien des Vaters einen Platz gesichert, der es diesem ermöglichen sollte, den ihm zur Schau gebotenen Eisstock aus nächster Nähe zu bestaunen.

Aber die gesamte Weihnachtsfreude konnte schließlich das Tagesgeschehen nicht mehr länger unbesprochen lassen. Peter war es, der den Erwachsenen unbewußt entgegenkam.

„Haben wir dann ein Kaiberl bekommen?", fragte er mitten ins Weihnachtsglück hinein.

Da fühlte sich auch der Vater freudvoll beschenkt.

„Er wird schon einmal ein richtiger Bauer", sagte er zu seiner Bäuerin hinüber.

Indessen machten sich die beiden Dienstboten fertig zum Mettengang. Verhaltener Eifer trieb sie dazu an, stand doch für sie nach der Rückkehr ein gutes Nachtmahl bereit und gewiß noch obendrein für den Knecht ein bissel Rauchzeug, für die Dirn ein Teller mit Süßigkeiten. Und dann das Höchste: Von morgen an zwei Tage Feierrast daheim bei Eltern und Geschwistern. Zwei volle Tage! Freuden, ihr karges Geschenk der Wälder und der Berge ringsum, wie still ihr seid zuweilen heute noch! Jedoch wie hell und klar sind euere Quellen!

MAX MATHEIS

Die Christmetten

Der bayerische Magen steht mit den Fastenkasuisten auf sehr gespanntem Fuß. Am Heiligen Abend indessen nimmt es der Bayer ungewöhnlich streng. Morgens ißt er gar nichts; mittags speist er bloß einiges Warmes: Erbsen (die „Arbis-Suppn"), Nudeln und gesottene Kletzen; abends „kollatzt" er, d. h. er ißt nur mehr ein bißchen Kaltes: Dörrobst und Gebackenes.

Der festliche Charakter tritt nun schon deutlicher in den Familienkreis herein. Die Stube ist an keinem Tag im Jahr so ausnehmend blank gefegt wie am heiligen Christabend, der Boden mit appetitlichem frischem Schnittstroh mattenartig belegt: eine lang ersehnte Kinderfreude. Unersättlich kugeln und purzeln sie im Stroh herum, vergessen sind Bank und Stuhl und „Lodern und Höllwinkel", die sonstigen Lieblingsplätzlein um den Ofen herum.

Aber es ist auch der „Heilige Abend". Schon hat der bayerische Bauer die Hauslegende, sitzt am Tisch und um ihn herum Weib und Kind, Knecht und Dirn. Nun hebt er zu lesen an, gar rührend und schön von der heiligen Familie: Christkind, Maria und Joseph, von der Stallherberge, von den Hirten und Engeln. Die ewig alte Geschichte, mit der ewig neuen Lehre. Strahlenden Auges lauscht das Kleinvolk den Erzählungen von Christkindleins Bescherungen und geht alsdann auf väterliches Kommando in die Federn. Aber erst, nachdem in ihrem Beisein die Mutter an das Fenster die geräumigste Schüssel gestellt hat, damit ja das Christkind recht viel „einnickelt", d. h. einlegt wie Sankt Nikolaus, auf gut bayerisch der Nikel genannt.

Das Großvolk dagegen hat freien Entscheid: die einen bleiben auf bis zum Mettenamt, die anderen gehen ins Bett und lassen sich mitternachts wecken. Die Regel ist, daß das ganze weibliche Hofvolk bis auf die Bäuerin in die Metten geht.

Eine alte Dirn in der Stallwänger Pfarr, die es ohnehin mit dem Beten und Kirchengehen nicht recht hatte und jedenfalls das warme Bett mehr liebte als den beschwerlichen Weg zur Christmetten durch kaltes Schneegestöber, stieß einmal die schöne christliche Volkssitte um, legte sich bis an die Ohren ins Bett und sprach den andern zu Spott und Trutz: „Gehts ös Heiling nur brav in enka Christmetten, i bleib in mein Bett dahoam und schlaf ma grad gnua!" Wie gesagt, so getan. Aber sieh, unter der Christmetten kam eine unheimliche „Weiz" in die Schlafstube hereingehuscht, rüttelte derb die alte Dirn aus ihrem Schlaf und sprach ihr mit schauriger Stimme ins Gesicht: „Steh auf, alte Frettn, und geh in d' Mettn!" Die Dirn fuhr entsetzt unter die Decke, getraute sich den Kopf nicht mehr herauszustrecken und erzählte, als die anderen zurückkamen, in Angstschweiß gebadet, ihr Schreckenserlebnis. Das war vor einem guten Jahrzehnt. Wie ein Lauffeuer ging das seltsame Frevelgericht auseinander im ganzen bayerischen Vorwald; so oft die Weihnacht kommt, wird die unheimliche Begebenheit aufgetischt und seither bleibt kein weibliches Wesen mehr aus der Christmetten weg, um faul in den Federn zu schlafen.

Die bis zum Mettenamte aufblieben, rückten den Tisch zum prasselnden Ofen und in der Regel setzt nun das lesefertigste Familienglied die Weihnachtslegende fort. Die heilige Stimmung paart sich freilich unwillkürlich mit Scherz, wenn sich der alte Baumann ans Vorlesen wagt und an schwierigen Wörtern herumstottert.

Endlich um halb zwölf Uhr füllt sich die Stube mit Ehehalten und großen Kindern, draußen wandeln schon die Leute im knirschenden Schnee, nun klingen auch die sämtlichen Turmglocken in die sternflimmernde Nacht hinein. „Ins Mettenamt!" ruft der Bauer und die Stube leert sich.

Nur mehr die Hausfrau bleibt, die sich in Speisgewölb und Küche umtut, und der handfeste Oberknecht, der am Ofen sitzt: vor sich die Legende und das geladene Hausgewehr, die „Schuißn". Draußen im und um den Hof herum ist nämlich der gezottelte halbhohe Sultan der Wächter, im Hause aber der Oberknecht in Waffen. In diesem Augenblick freilich obliegt er einem hohen Friedenswerk! Er schiebt nämlich eben den „Mettenstock" in den Ofen. Es ist das ein Prachtwurzelklotz aus verwimmertem Kien, eigens schon beim Ausklaftern für die Mettennacht erkoren und zur Seite gelegt. Er gibt ein geschäftiges Feuerlein, macht „wacherlwarm" und hält „mentisch" nach.

Der Oberknecht liest abwechselnd in der Legende, dann greift er wieder und wieder nach der Flinte, geht in den sternhellen Hof hinaus, hält in die Höhe und schießt das Christkindl an. Das vielliebe Jesulein wird nämlich bei den katholischen Bayern als ein Königsprinz behandelt und erhält in der Mettennacht seine Wiegensalve. Im Christkindlanschießen wetteifert alt und jung. Der Bursche zieht, man weiß gar nicht wie oft sein Terzerol aus der Joppentasche und entsendet einen krachenden Schuß in die Christnacht. Der Hausherr hält seinen Zwilling zum Fenster hinaus: Bum! Bum! Ja, sogar der Ähnl legt seine alte Steinmuskete nochmal an die Backe und schießt das Christkindl an. Der tapfere bayerische Range aber feuert mit seiner Schlüsselbüchse, die ihm gar gern, wenn er voll Ungeduld in die Zündpfanne bläst, den ganzen Speiteufel ins Gesicht wirft. Wenn aber der wachende Oberknecht in den Christnächten seine Flinte entladet, so dient das zweien Zwecken zugleich: erstens dem hohen Welterlöserlein, der Christkindmajestät, zur Huldigung und zweitens der polizeiwidrigen Menschheit, die etwa nach der Mettensau angelt, zum Signal, daß der bayerische Großhof bestens armiert ist.

In der Christmetten selbst liegt ein besonderer Reiz von ewiger Frische. Die einzige Mitternacht mit hochfeierlichem Gottesdienst, die ganze Dorfkirche in flimmerndem Kerzenschein und eingedrückt voll katholischen Volks, auf der Musikempore die vielliebe Hirtenmesse, bei welcher die Orgelpfeife zur Schalmei wird und das Gloria zum Kuhreigen; jeder Altar mit seinem Christkindl und namentlich das auf dem Hochaltare im langen goldverbrämten Hemdlein, mit dem rechten Händchen segnend und in dem linken die blaue Weltkugel tragend, ein allerliebst feines rotwangiges Gesichtlein, die Augenweide aller Mütter, Jungfrauen und Mädchen. Das bayerische Mettenamt bringt geistliche und leibliche Freuden: es führt zur morgenländischen Wiege des Christkindleins und von da zum blauweißheimatlichen Tafelgenuß.

Kaum hat sich die warme Stube mit der heimkehrenden Familie gefüllt, so stellt die Hausfrau schon die duftig abgebräunte Mettenblunze auf den Tisch, zu der sich nach unrüttelbarem alten Herkommen die Leberwürste gesellen, das gesottene Schweinerne mit Kraut und das hochfesttägliche Weißbrot. Dieser nächtliche Christschmaus endet köstlich vergeltend das strenge heilige Vorfasten. Und nun wechseln die Wachtposten: die vor der Metten aufgeblieben, legen sich jetzt schlafen.

Bloß ein kurzer Schlummer, denn alsbald erklingt die Glocke zum Morgenamt und abermals ist die Dorfkirche voll Andächtiger. Der katholische Bayer wird nicht müde, am Weihnachtstag zur Kirche zu gehen. Seine schöne Religion beschenkt ihn am heiligen Christtage mit drei Weihnachtsmessen; es ist jedem Bayer eine religiöse Herzensangelegenheit, am Christtage fein ja gewiß die drei Messen zu bekommen. Die Heimkehr aus dem Morgenamte bringt ein neues Weihnachtsereignis: die Kinderwelt in freudigster Aufregung. Die kleine Ware ist aus den Federn, steht um den kerzeinflimmernden Tisch und hüpft um die gabengefüllte Schüssel. Zu den Kleinen gesellen sich die Großen, ebenfalls Neugierde und Mitfreude in den Blicken. Wirklich hat das Christkind in der Mettennacht schön viel eingenickelt: Schürzchen, Wollstrümpfe, Rockpers, Halstüchlein, hölzerne Gäulchen mit Farbenpracht und Schweifpfeife, Puppenküche, Lesbüchlein, allerhand köstliches Backwerk in Gestalt von Brezeln, Flachsrasteln, Widerhaken und Zöpfeln, eine Spende Äpfel, Birnen, Dörrzwetschgen, Hasel- und Welschnüsse und eine frische Strafrute.

Als leibliches Labsal schiebt sich zwischen Frühamt und Hauptgottesdienst die speckige Morgensuppe; um halb neun Uhr erklingt abermals die Glocke. Was an Altarschmuck, Paramenten und Kirchenmusik aufzubringen ist, wird zum Weihnachtshochamte aufgeboten. Katholisches Bayernvolk erfüllt Körper an Körper die Kirche: in Pelz, Wolle, Tuch und Seide.

Der Christmittag ist ein bayerischer Rauhnachtstisch mit Bier und Schweinsbraten in Hülle und Fülle. Nachmittags ist Hochvesper und Kripperlschau. Die Weihnachtskrippe gilt bei den Bayern ihren Batzen. Der Vater führt nun seine wohl behosten, bewamsten und gestiefelten Buben zur Kirche, die Mutter ihre winterlich ausstaffierten Mädchen. Klein und groß schaut mit unersättlichem Auge. Aber das Kripperl sieht sich auch so heimisch an; es ist ja gerade, als sei das majestätreiche Jesulein nicht im wildfremden Morgenland, sondern justweg im trauten Bayernlandl auf die Welt gekommen!

Das Kripperl-Bethlehem ist ein durchaus bayerisches Stadtl mit merklich vielen Bräuhäusern, zum Schornstein guckt der Rauchfangkehrer heraus, ja eine Strecke von der Stadt ragt ein blauweißer Straßenzeiger mit der Aufschrift: „Nach Vilsbiburg". Von Palmen keine Spur, aber Fichten mit muntern Eichkätzlein. Und gar erst wenn nach Heiligendreikönig der Kripperlmeister die Hochzeit von Kana aufrichtet! Das ist auf und nieder die bayerische Bauernhochzeit: der dicke Wirt mit dem Sammetkäppchen, die hemdärmelige Kellnerin mit der weißen Schürze und dem goldenen Mieder, schäumendes Malgersdorfer Bier und Bratwürsteln so gut bayerisch, als kämen sie eben aus der Regensburger „Wurstkuchl".

JOSEPH SCHLICHT

Am Weihnachtsbaum die Lichter brennen!

Christbaumkugeln und Christbaumkerzen kennt man noch nicht allzu lang

Ein Weihnachten ohne Christbaum ist auch heute noch kein echtes Weihnachtsfest. Dabei gibt es den Christbaum bei uns erst seit etwa hundert Jahren. Er ist aus dem Elsaß zu uns gekommen. Schon 1539 ist in Straßburg schriftlich bezeugt, daß an Weihnachten ungeschmückte Tannenbäume in den Stuben aufgestellt wurden. 1605 schrieb ein Chronist: „Auff Weihnachten richtet man Dannenbäum zu Straßburg in den Stuben auff, daran hencket man Roßen aus farbig Papier geschnitten, Äpfel, Zischgolt und Zucker". Langsam wanderte dann der schöne Brauch des Christbaumaufstellens über den Rhein nach Baden, Franken und Altbayern.

An Weihnachten 1833 soll der Deggendorfer Landrichter Georg Ritter von Bayerlein in der Pfleggasse bereits einen geschmückten Christbaum gehabt haben. Sicher war dies noch ein Einzelfall, denn im Bayerischen Wald war der Christbaum noch bis 1880 fast unbekannt. Doch dann verbreitete er sich rasch und zur Jahrhundertwende traf man ihn auch in den Wohnungen und Hütten ärmerer Leute zwischen Passau und dem Stiftland. Und es dauerte auch nicht mehr lang, bis man begann, die Christbäume zu schmücken. Zuerst waren es wohl nur holzgeschnitzte Vögelchen, Nikolaus- und Engelsköpfe, die man an die Zweige hing. Später folgten auch Süßigkeiten, Kringel und Plätzerln, versilberte Nüsse und Zapfen, bis die Glaskugelketten, die Christbaumkugeln, das Lametta und die Christbaumkerzen ihren Siegeszug in beinahe jede Wohnung antraten.

Christbaumkugeln

Die Herstellung gläserner Christbaumkugeln ist heute ein verbreiteter Zweig der Glasindustrie. Ihren Ursprung haben sie in Thüringen, von wo sie auf Umwegen erst vor einigen Jahrzehnten in die Werkstätten einiger Glasbetriebe des Bayerischen Waldes gelangten. Heinz Seemann aus Rabenstein bei Zwiesel, Jahrgang 1933, begann 1959 als erster mit der Produktion gläserner Christbaumkugeln. Er hatte an der Glasfachschule Zwiesel Glasinstrumentenmacher gelernt und war dann nach Coburg gegangen, dem heutigen Zentrum der bayerischen Christbaumschmuck-Industrie.

Zwei aus Böhmen nach Thüringen ausgewanderte Glasmacher gründeten im 16. Jahrhundert in Lauscha Glashütten, in denen später neben Krügen und Flaschen auch Glaskugeln hergestellt wurden, die – bunt bemalt – als Zimmerschmuck bei den Wohlhabenden Gefallen fanden. Als der Christbaum in Thüringen Einzug hielt, schmückte man ihn auch mit solchen Glaskugeln. So entstanden die Christbaumkugeln. Coburg löste sich 1920 vom Herzogtum Coburg-Gotha und wurde bayerisch. So kam es, daß durch die Grenzziehung nach dem letzten Krieg die sich auf das Gebiet Lauscha – Sonneberg – Coburg – konzentrierende Christbaumschmuck-Industrie teilte. Dadurch und durch den Zuzug einiger guter Christbaumschmuckmacher aus Thüringen in dieses Gebiet wurde das Coburger Land zum Zentrum der bayerischen Christbaumschmuck-Hersteller. Heinz Seemann hat dort gearbeitet und sich mit den verschiedensten Techniken vertraut gemacht.

Sehr beliebt waren früher die Ketten aus runden oder ovalen kleinen Christbaumkugeln, sogenannte „Betterlketten", die auf einem starken Faden aufgereiht und am Christbaum von Ast zu Ast gespannt wurden. Sie waren innen silbern verspiegelt und häufig mit farbigen Glasstreuseln bestreut. Zwischen den beiden Kriegen waren diese Kugelketten besonders in ländlichen Gegenden beliebt wie auch kleine gläserne Vögel, denen man einen farbigen Schwanz aus Kunstborsten einleimte. Am beliebtesten aber waren die Glaskugeln, hauchdünne, spiegelnde Glasgebilde, die zusammen mit Lametta und dem „Engelshaar" erst den richtigen Christbaum ausmachten.

Die hauchdünnen Christbaumkugeln zu blasen ist Gefühlssache. Ein guter Christbaumkugelmacher schaffte am Tag etwa 500 Stück. Veredelt wurden sie früher meist in Heimarbeit, nur die größten Betriebe erledigten alle Produktionsgänge im Werk, oft schon am Fließband. Glaskugeln gab es in den verschiedensten Farben. Um sie noch glitzernder zu machen, hatte man ein besonderes Verfahren entwickelt: Man erhitzte sie über einer Flamme nur an einer Stelle und drückte sie dort mit einem sternförmigen Gipsstempel etwas ein. In die so entstandene Vertiefung spritzte man einen Tropfen Farbe, Gelb oder Gold, die sich dann tausendfach in dem prismenförmigen Eindruck widerspiegelte.

Das Verspiegeln der Kugeln geht so vor sich: In die noch durchsichtigen Glaskugeln wird mit einem Schläuchchen etwas Silbernitratlösung eingetropft. Diese Lösung ist an sich trüb und grau. Die Kugel wird nun mit der Lösung in 80 bis 90 Grad heißem Wasser so lange geschwenkt, bis sich die Trübung verliert und die Lösung silbrig glänzt. Nun gießt man den Rest der Lösung heraus und das verdampfende Silbernitrat schlägt sich als silbriger, spiegelnder Belag auf der inneren Kugelwand nieder.

Ähnlich wie Christbaumkugeln stellte man übrigens auch Tannenzapfen, Trompetchen, Glöckchen, Eiszapfen und ähnliche Dinge her. Die Attraktion jedes Christbaumes war und ist heute noch die kunstvolle Christbaumspitze. Diese wird meist aus drei Kugeln übereinander zusammengesetzt, wobei man die untere, größte Kugel eindrückt und verspiegelt. Ganz oben werden oft noch weiße oder silbrige Glasfäden eingeleimt.

Christbaumschmuck in seiner klassischen Art wird noch heute im Coburger Land hergestellt. Heinz Seemann in Rabenstein hat sich dagegen auf modernen Christbaumschmuck spezialisiert. Derzeit sind vor allem klare Glaskugeln mit roter Blumenbemalung gefragt. Auch für eine Spezialentwicklung,

nämlich große gläserne Tropfen mit halber Wasserfüllung, besteht lebhaftes Interesse. In dem Wasser spiegelt sich das Licht sehr intensiv. Schöne Glaskugeln sind aber heute nicht nur ein Schmuck für den Christbaum, sondern sie zieren, mit Ornamenten oder Bauernmalerei verziert, manches Wohnzimmer und viele Bauernstuben.

Heinz Seemann verwendet für die Glaskugeln besonders weiches Glas, sogenanntes Sodaglas, das er von einer Glashütte am Main in eineinhalb Meter langen und bis zu 33 mm dicken Rohren bezieht. Normales Hohlglas wird bei etwa 1200 Grad geschmolzen, für die Thüringer Glaskugeln reichten 650–700 Grad. Heinz Seemann arbeitet über einer Flamme mit einem Luft-Sauerstoff-Gebläse, in der Glas bei 800–1000 Grad schmilzt. Von dem Glasrohr wird unter ständigem Drehen eine Spitze gezogen und abgetrennt. dieser sogenannte Spieß wird nun von einem Ende zur Kugel ausgeblasen. Der Spieß wird dann auf einer Seite abgeschmolzen, die Kugel gestreckt, bis sie sich wegen des schnellen Erkaltens nicht mehr weiter strecken läßt. Dann wird der Übergang geformt und die fertige Kugel mit dem verbliebenen Spieß bis zum völligen Erkalten auf ein Lochbrett aufgesteckt. Später werden die Kugeln bemalt, mit Lack oder richtigen Glasfarben, wobei das Glas allerdings wieder etwa 80 Grad warm sein muß. Das Wasser in die tropfenförmigen Kugeln wird erst in die erkalteten Kugeln gefüllt, die Kugeln danach verschlossen.

Heinz Seemann begann 1959 als erster im Bayerischen Wald mit dem Christbaumkugelmachen. Heute hat er mit zwei Mitarbeitern ausreichend zu tun. Er ist auch längst nicht mehr der einzige, der dieses Kunstgewerbe ausübt. Er hat darüber hinaus eine eigene Studiolinie entwickelt, formt Ziergläser der verschiedensten Art, arbeitet eng mit dem Kunstgewerbeverein München zusammen und ist Mitglied einer Künstlergruppe.

Christbaumkerzen

Damit all der herrliche Christbaumschmuck auch schön

glänzt und funkelt, bedarf es natürlich auch einer entsprechenden Beleuchtung. Deshalb steckte man ab der Jahrhundertwende nach und nach auf die Christbäume auch Kerzen. Wenn man den Wachsziehermeister Karl Wiedemann aus Deggendorf befragt, so waren Christbaumkerzen in seiner Branche eigentlich niemals ein großes Geschäft. Karl Wiedemann, Jahrgang 1916, hat das angesehene und einst weitverbreitete Gewerbe eines Wachsziehers von seinem Vater übernommen, der von Schongau nach Deggendorf übersiedelte und seit 1914 den Meisterbrief als Wachszieher, Konditor und Lebzelter besaß. Diese drei Berufe gehörten zusammen, denn sie basierten alle auf dem Bienenwachs, das ihnen die Zeidler ins Haus lieferten.

Für die Wachsziehereien war die Vorweihnachtszeit ruhig. Saison war zu Ostern und zur Wallfahrtszeit, wenn die Nachfrage nach Kerzen, Votivgaben und Wachsstöckeln groß war. Natürlich wurden für Weihnachten Christbaumkerzen gemacht, ab der Jahrhundertwende in steigendem Maße. Daneben gossen die Meister auch Wachsmodeln mit Weihnachts- und Krippendarstellungen. Die Modeln schnitzte ein Wachsmodelmacher aus Birnen-, Apfel- oder Nußbaumholz. Das war schon eine beinahe künstlerische Arbeit. Auch Einzelteile für Krippenfiguren, meist Köpfe und Hände, sowie Köpfe für Fatschenkindeln wurden lebhaft gefragt.

Das Kerzenmachen ging damals noch genau so vor sich wie heute, denn jeder Wachszieherlehrling muß auch heute noch das Wachsziehen mit den gleichen Geräten erlernen, wie dies vor hundert Jahren üblich war. Meister Karl Wiedemann schildert den Vorgang so: Früher verwandte man ausschließlich reines Bienenwachs, heute wird Paraffin in unterschiedlicher Menge beigemischt. Bienenwachs ist nun von Natur aus gelblich, manchmal sogar bräunlich. Die Leute wollten aber am liebsten weiße Kerzen. Daher mußte man das Wachs vor der Verarbeitung bleichen. Der Bleichgarten befand sich früher genau an der Stelle, an der heute die Wachswarenfabrik Wiedemann in Deggendorf steht. Das Wachs wurde in große Bleichkästen gelegt, die mit weißem Leinen ausgeschlagen waren. Je nach Witterung wurden die Kästen mehrmals am Tage mit Wasser übersprüht, damit das Wachs nicht zusammenbuk und je nach Sonnenscheindauer mußte das Wachs zwischen 14 und 28 Tagen auf der Bleiche bleiben.

Das Ziehen der Kerzen ist ein langwieriger Vorgang. Dazu braucht man eine Zugbahn mit zwei Zugrädern, einer Zugscheibe und der von unten beheizten Wachswanne. In die Zugscheibe sind runde Öffnungen eingearbeitet mit zunehmenden Durchmesser, also z. B. 5 mm, 7,5 mm, 10 mm usw. Der Wachszieher spult zuerst den baumwollenen Docht auf eines der Zugräder auf. Bei dünneren Kerzen können das hundert Meter Docht und mehr sein. Dann läuft der Docht durch das vom Holzkohlenfeuer erhitzte Wachs, anschließend durch das engste Loch der Zugscheibe und dann auf das zweite Zugrad, das der Wachszieher langsam mit der Hand dreht. An der Zugscheibe tropft dabei alles Wachs ab, das Docht und Wachs dicker als das Zugloch machen würde. Ist der Docht von einem auf das andere Zugrad vollständig aufgespult, so wird der gleiche Vorgang entgegengesetzt wiederholt, nur daß diesmal der Docht durch das nächstgrößere Loch gezogen wird. Das geht solange hin und her, bis der Zug die gewünschte Dicke hat. Nun wurde der vielleicht hundert Meter lange Zug auf die gewünschten Längen geschnitten, zehn oder zwölf Zentimeter, je nachdem, wie lang die Kerzen werden sollten. Diese Rohkerzen, die an beiden Seiten gleich dick waren, wurden dann im Wasserbad erwärmt und mittels eines Stutzbrettchens auf einer Seite so zugeformt, daß sich die Kerzenspitze bildete und ein Dochtstück zum Anzünden zeigte. Fertig waren die Kerzen, die man aber auch noch anmalen, färben, bekleben, mit einer Zange zwicken konnte.

Heute werden Weihnachtskerzen maschinell hergestellt und auch gleich verpackt. In Wiedemanns Wachswarenfabrik sind derzeit 180 Beschäftigte hauptsächlich mit der Veredelung beschäftigt, während den Kerzenzug modernste Maschinen erledigen. Größere Kerzen müssen allerdings noch gegossen werden. Die bisher größte wog 204 Pfund, war 2,20 Meter lang und wurde zum 600jährigen Wallfahrtsjubiläum in der Wallfahrtskirche Neukirchen beim Hl. Blut aufgestellt.

Christbaumkerzen gehören heute schon wieder zu den rückläufigen Weihnachtsartikeln. Die elektrischen Christbaumkerzen haben den Wachskerzen den Rang abgelaufen. Sie sind einfacher zu handhaben und man kann sie problemlos ein- und ausschalten. Doch wer einen wirklichen, einen echten Christbaum will, der bestückt ihn wohl auch heute noch mit echten Wachskerzen.

Während die wächsernen Kerzen als Christbaumzierat zurückgehen, steigt der Absatz von Adventskerzen. Adventskränze kamen erst im sogenannten Dritten Reich so richtig in Mode. Sie wurden vom Staat heimlich gefördert, der damit vom Christbaum etwas ablenken wollte, den man schließlich auch zum „Weihnachtsbaum" machte.

Wir alle stehen an Weihnachten voller Inbrunst und Andacht vor dem leuchtenden, glänzenden Christbaum. Mögen diese Zeilen mit dazu beitragen, daß diesem liebsten deutschen Weihnachtsrequisit, wie ich ihn einmal nennen will, noch mehr Liebe und Verständnis entgegengebracht wird.

WALTHER ZEITLER

Seite 157:
„Viechtacher Kripperl", um 1890

Seite 158:
Glaskugelmacher Heinz Seemann aus Rabenstein

Seite 159:
Glaskugeln von Heinz Seemann,
rechts gläserne Wassertropfen

Seite 160:
Weihnachtsspiel der Glasmacherkinder

Das Weihnachtsspiel
der Glasmacherkinder

Zu den brauchtümlichen, kleinen Volksschauspielen, die sich bis auf unsere Tage gehalten haben, zählt das weihnachtliche „Christkindl ei'singa" im Glashüttenwinkel um Zwiesel. Schulbuben und Mädchen ziehen zwischen Thomastag und Dreikönig von Haus zu Haus und künden vom ewig neuen Geschehen.

Im alten Glashüttendorf Buchenau habe ich dem Spiel nachgeforscht. So läuft das Umsagen und Umsingen ab: Die Spielschar mit den Rollenträgern „Zwei Engel, Christkindl, Petrus, Schäferin und Schäfer" — beide werden sehr oft auch „Hirta und Hirtarin" genannt — mit Maria und Josef, bekommen den mündlich überlieferten Text und die Lieder jedes Jahr von der Reckerzieglin eingelernt. Für heuer ist es wieder soweit! Auf dem Gang durchs Dorf hält der Zug. Die zwei Engel betreten als erste das Häusl, betten die Sesselpolster auf den Stubenboden, knien sich darauf und falten die Hände — warten . . .

In ein langes, weißes Nachthemd gewandt, die goldne Krone im Haar und einen gezierten Christbaum tragend, klopft jetzt das Christkind an, öffnet die Tür, tritt ein und schließt sie wieder, stellt das Christbäumerl zwischen die Engel und beginnt:

„Ei, grüß Gott, grüß Gott, ich tritt herein,
ich bin das Christkind ganz allein!
Wenn die Kinder fleißig beten und singen,
wird ihnen das Christkind viel Schönes bringen.
Wenn sie aber nicht fleißig beten und singen,
wird die Rute hinter ihnen springen!
Ich möcht fragen, ob der Petrus nicht hereinkommen darf?"
Das Christkindl freilich wartet nicht auf eine Zustimmung, sondern lädt selber ein:

„Ei, Petrus, Petrus, tritt herein,
die Tür soll dir geöffnet sein!"
Petrus, in langem, schwarzen Mantel und mit den Attri-
buten Krone, Stab und Schlüssel, läßt sich nicht bitten und
schreitet durch die mittlerweile wieder vom Christkind auf-
geschlossene Türe:
„Ei, grüß Gott, grüß Gott, ich tritt herein,
ich bin der Petrus ganz allein!
Die Himmelschlüssel in meiner Hand,
die goldene Krone auf meinem Haupt,
das hat mir Gottes Sohn erlaubt.
Und hätte er mir's nicht erlaubt,
so trug ich's nicht auf meinem Haupt!
Ich möcht fragen, ob die Schäferin nicht hereingehn darf?"
Noch im gleichen Atem fordert er sie auf:
„Ei, Schäferin, Schäferin, tritt herein,
die Tür soll dir geöffnet sein!"
Tür auf, Tür zu, und immer wieder die stereotype Ankün-
digung:
„Ei, grüß Gott, grüß Gott, ich tritt herein,
ich bin die Schäferin ganz allein.
Ich möcht fragen, ob der Schäfer nicht hereingehn darf?
Ei, Schäfer, Schäfer, tritt herein,
die Tür soll dir geöffnet sein!"
Überraschend wirkt der „Bandlstock" der Schäferin. So
führten ihn früher die Hochzeitslader mit sich! Weil aber
die Schäferin am Ende auch das Geld einschiebt, hängt
ihr ein Tascherl um. Der Schäfer, Pendant zur Schäferin,
ist mit Haselnußstecken, breitscheibigem Hut, Schaffell und
Bart ausgerüstet. Er hebt laut an zu rezitieren:
„Ei, grüß Gott, grüß Gott, ich tritt herein,
ich bin der Schäfer ganz allein.
Als ich vom Berge herab kam,
begegnete mir der Wolf,
der mir die ganze Herde zerstreute.
Ach, war das ein Jammer!
Ich möcht fragen, ob die Maria nicht hereingehn darf?"
Und auch er zögert nicht:

„Ei, Maria, Maria, tritt herein,
die Tür soll dir geöffnet sein!"
Maria, eine der zentralen Gestalten im Spielgeschehen,
hat ein Kleid gewählt, das ein wenig an Kranzljungfrau
und Braut zugleich erinnert. Auf ihren Händen trägt sie eine
mit Heu ausgestopfte Wiege, in welcher eine Puppe liegt.
Sie stellt die Wiege unter das Tannenbäuml:
„Ei, grüß Gott, grüß Gott, ich tritt herein,
ich bin die Maria ganz allein.
Ich möcht fragen, ob der Josef nicht hereingehn darf?
Ei, Josef, Josef tritt herein,
die Tür soll dir geöffnet sein!"
Mit einer fast burlesken Bewegung stolpert Josef, der von
den Buben seiner sonderbaren Rolle wegen auch „Hollabolla" geheißen wird, über das Türstöckl ins Zimmer und
entschuldigt sich:
„Holla, bolla,
war i glei vo da Tür einagfolla!"
Josef fängt sich und rutscht auf den Knieen zur Wiege.
Christkindl, Petrus, Schäferin, Schäfer und Maria formieren
sich derweilen zu einem losen Reigen und singen um die
kniende Gruppe herum:
„Ob ich auch ein Schäfer bin, Schäfer bin,
hab ich stets ein frohen Sinn, hab ich stets ein frohen Sinn.
Treib die Herde aus dem Stall, aus dem Stall,
auf die grüne Wiese hin, auf die grüne Wiese hin.
Und mein Hund, das treue Tier, treue Tier,
hab ich allezeit bei mir, hab ich allezeit bei mir.
Ob ich sitze, lieg oder schlaf, lieg oder schlaf,
so bewacht er meine Schaf, so bewacht er meine Schaf!"
Nun halten alle an und Maria ruft Josef zu:
„Josef, steh auf, ein Kind ist geborn!"
Dieser aber hört schlecht und fragt gleichgültig zurück:
„Was, an Strumpf hast voloarn?"
Und während im Zimmer Unruhe und Lachen aufkommen,
klärt Maria das Mißverständnis:
„Nein! Ein Kind ist geborn!"
Da steht Josef endlich auf und zieht mit den anderen noch

einmal um das Wiegerl und den Christbaum, wo geduldig die zwei Engel aushalten. „Ihr Kinderlein kommet ..." ist zu hören. Doch die Spielordnung will, daß Josef und Maria an der Stelle „Die redlichen Hirten ..." erneut niederfallen. Die anderen ahmen nach. Nur das Christkindl bleibt stehen und vermeldet seinen Monolog:
„Ach du liebes, du gutes, du göttliches Kind,
was leidest du alles für unsere Sünd?
Schon hier in der Krippe voll Armut und Not,
am Kreuze sogar noch den bitteren Tod!"
Feierlich wird es, wenn die Kinder in den Abgesang einfallen:
„Wohlauf, wohlauf, wohlauf,
die Türe geht zum Himmel auf!
Wohlan, wohlan, wohlan,
die Himmelstür wird aufgetan!"
Geld oder Naturalien sind der Dank der Zuschauer für diese alljährliche Stubenkomödie. Und schon streben die Einsinger einem anderen Haus zu ...
Es kann nicht in der Absicht dieses Gegenwartsberichtes liegen, das Christkindlspiel nach allen ethnographischen Gesichtspunkten hin zu zerlegen und zu werten. Doch scheinen mir wenige entstehungsgeschichtliche und formenkundliche Anmerkungen wohl geboten.
Mit Sicherheit dürfen wir als historischen Vorläufer dieses Christkindl ei'singens die geistlichen Schulspiele der Gegenreformation annehmen. In Grafenau etwa können wir die beliebten „Weihnachtsdialoge" oder „Weihnachtskomödien" der Kinder schon ab 1610 belegen. Aus den Städten und Märkten des Bayerischen und Oberpfälzer Waldes gingen diese Spiele im 18. Jahrhundert in die ländlichen Bezirke über und wirkten dort lebendig nach. Ein armer Glasmacher aus Bayern, Rotmeier mit Namen, war es dann, der unser „Christkindl ei'singa" um die Mitte des vorigen Jahrhunderts nach Markt Eisenstein verpflanzte. In den Glasmacherfamilien von Kaltenbach und Eleonorenhain, in der Gegend um Neuern, in Großhaid, Nuserau, Gutwasser und Stubenbach fand es bald eifrige

Nachahmer. Während das volkstümliche Komödl in der trächtigen Spiellandschaft des Böhmerwaldes weiterwuchs, schien es bei uns in Vergessenheit geraten zu sein. Erst die böhmerwäldlerischen Glasmacher, deren Fluktuation geschichtlich ist, trugen es im auslaufenden Jahrhundert wieder über die Grenze und führten es im Mittleren Bayerischen Wald zu neuem Leben.
Auffallend ist zunächst, daß die Gestalt des Engels Gabriel, den Blau und Friedl für Böhmen und Bayern tradieren, in keinem der erreichbaren Spiele mehr auftritt. Seine Rolle scheint ganz Petrus übernommen zu haben. Das Christkindl wiederum weist in seiner Schelte auf den Nikolaus hin, der in Weihnachtsspielen häufig mit auftritt. Der Schäfer lokalisiert, wenn er sein Erlebnis mit dem Wolf vorbringt und uns damit in die bedrohte Vergangenheit unserer Waldhirten zurückversetzt. Der Derbe, der Dalkete, der Tölpel, der einzige auch, der im Dialekt redet, ist für alle Zeiten die sonderliche Figur des Josef, des Hollabolla, geblieben. Daß er sogar die Heilsverkündigung, ein Kind sei geboren, verballhornt, zeigt erbarmungslos, welchen Stellenwert seinem Heiligenbild im volkstümlich-religiösen Denken einmal zugekommen ist.
Der Text unseres Spieles wird seit eh und je mündlich weitergegeben. Das hat ihn, wollten wir ihn dem bekannten böhmerwäldler Spiel gegenüberstellen, mit der Zeit verändert. Modische Formulierungen haben ältere Wendungen ersetzt und eine gewisse literarische Abhängigkeit wird spürbar, wenn wir dem Christkindl genau zuhören: Ab der dritten Zeile dringt hörbar Struwwelpeters vielversprechender Vorspann durch. Trotz jener sprichwörtlichen Überlieferungstreue von Kinderspielen allgemein scheinen die Vermittler durch Korrektur, Hörfehler oder Ergänzung das Buchenauer Christkindleinsingen unfreiwillig beeinflußt zu haben. Verschiedene Ungereimtheiten aber werden versöhnt durch das Erlebnis jenes eigenartigen Rezitierens und Psalmodierens, welches die Texterzählung begleitet. Ursprünglicheres Gut verbirgt sich in dem fast monotonen, aber ehrlichen Schäferlied „Ob ich auch ein

Schäfer bin ..." Wir finden es in ähnlichen Varianten auch im übrigen Altbayern, in der Steiermark und in Galizien wieder. Es mag interessieren, daß dorthin um 1850 Glasmacherleute aus dem Böhmer- und Bayerwald ausgewandert waren.

Seit der Jahrhundertwende gehört das Christkindlei' singa in Zwiesel und den ehemaligen Hüttenorten Spiegelhütte, Buchenau und Oberzwieselau, neuerdings auch in Lindberg, zum selbstverständlichen Weihnachtsbrauch. In Lohberg aber, wo es vor 1900 umgegangen, ist es vergessen. Das Einsingen im Zwieseler Sprachraum unterscheidet sich nur geringfügig voneinander. In Zwiesel direkt aber, wo nur mehr Fragmente zu erkennen sind, hat sich als Ausgleich ein besonderes Anhängsel gebildet. Heischerecht klingt durch, wenn die Buben am Schluß des Spieles fordern:

„Geld heraus, Geld heraus,
sinst stech ma enk a Lo (ch) ins Haus!"

Hier hat sich ohne Zweifel der vorweihnachtliche Klöpfelspruch mit dem Weihnachtssingen vermischt.

Von einem Glasmacher wurde das Christkindleinsingen verbreitet und durch ein Jahrhundert waren die Träger dieses Umsingebrauches Kinder von Glasmachern oder Glasschleifern. So können wir dieses Sagen und Singen als das Weihnachtsspiel der Glasmacherkinder schlechthin bezeichnen, auch wenn die Wirtschaftsgeschichte der letzten Jahrzehnte den Traditionskreis soziologisch längst durchbrochen hat.

REINHARD HALLER

Gute Nacht!

Schön stad wird's im Wald, der Schnee deckt all's zua,
a recht guate Nacht, und schlafts recht g'sund!
D' Reh, sö zieahg'n ins Holz, d' Vogerl schlafen scho',
hörts koan Fuchs mehr bell'n und aa koan Hund.

Guate Nacht, guat Nacht, Leut'ln, schlafts a weng,
denn's Christkindl, moan i, kimmt scho' bald.
Legts enk hi' af d' Stroh, macht's de Aug'n fest zua,
schlaft's so guat als wia da ganze Wald.

Und wenn's Büchserl kracht mitt'n in da Nacht,
nacha wischt's enk d' Aug'n und grüaßts ma's schö,
's Christkindl im Wald, 's Halleluja schallt,
dann is Zeit, es Leut, zum Mett'n geh'.

KARL BERINGER

Das Geheimnis der Rauhnächte

Über das Wort „Rauhnächte", auch „Losnächte" genannt, ist schon viel gedeutet worden. Sie haben nichts mit „rauh" zu tun, denn sonst müßte jede kalte Winternacht eine „Rauhnacht" sein. „Die Rauhnächte" sind in Wirklichkeit „Weihenächte", wie das Wort noch sagt. Man spricht ja im Volke auch heute noch nicht von „der Weihnacht", der einen heiligen Nacht, sondern von „Weihnachten", also in der Mehrzahl. Diese „Weihnächte" sind eben die zwölf „Rauhnächte", die in die Weihnachtszeit fallen und voreinst eine weit höhere Bedeutung im Volksglauben hatten als heute im Zeitalter notgedrungener Naturentfremdung, die unser Gehör weithin abgestumpft hat gegen die Stimmen, die in den „Rauhnächten" geheimnisvoll „raunen".

Somit sind wir der wahren Wortbedeutung auf die richtige Spur gekommen. Die „Rauhnächte" sind die „Raun"- oder „Runen-Nächte", die für den Ablauf des neuen Jahres von wesentlicher, ausschlaggebender Bedeutung sind. Diesen wahren Wortsinn bestätigt auch die Bezeichnung „Losnächte".

Die „Runen" wurden ja auch „Lose" genannt. Die Runen oder Lose wurden geworfen, dann aufgelesen und gedeutet, je nachdem sie gefallen waren. Da sie meist aus Buchenstäben geschnitzt waren, reden wir heute noch von „Buchstaben", die wir „lösen" oder „losen", damit sie uns ihr Geheimnis entschleiern.

Das Runenlegen und Runenlesen in den Rauhnächten hat sich aufgehört. Nur in der Abart des Bleigießens hat es sich bis auf den heutigen Tag erhalten. Je nach den Formen, die dabei herauskommen, schließt man auf sein persönliches Schicksal im Laufe des kommenden Jahres.

Auch Stühle aus neunerlei Holz wurden angefertigt, um mit ihnen die Hexen auszuforschen.

Der eigentliche Sinn der „Rauhnächte" hat sich längst verflüchtigt. Aus dem alten Glauben, der auf selbstsicherem Ahnen und Wissen gründete und durch Erfahrung erprobt war, wurde Aberglaube und Unfug, der geeignet ist, die Rauhnächte in Verruf zu bringen.

Die Alten haben noch gewußt, was die zwölf „Rauh"- oder „Losnächte" in Wirklichkeit sind: Wegweiser für das Wetter in den kommenden zwölf Monaten des neuen Jahres, wobei je eine Rauhnacht, in der Reihenfolge vermerkt, je einem Monat entspricht. Sogar die Stunden spielten dabei eine Rolle: Wie das Wetter in dieser oder jenen Stunde des betreffenden Tages, so wird es am entsprechenden Tage des fraglichen Monats sein.

Ich erinnere mich noch gut, wie die alten Bauern in meinem weltentlegenen Walddorf daheim baumfest an diese rauhnächtlichen Wetterweisungen glaubten und sich auch danach richteten, indem sie ihre Beobachtungen in den Kalender eintrugen. So wußten sie das Wetter für das kommende Jahr „haargenau" voraus und konnten sich mit ihren Arbeiten danach richten.

Das Wissen, daß die Rauhnächte wetterbestimmend sind für das kommende Jahr, ist ja in bäuerlichen Kreisen auch heute noch nicht ganz erloschen, wenn man sich dort jetzt auch mehr auf den „Hundertjährigen", die Zeitung oder das Radio verläßt, die sich freilich schon wiederholt getäuscht haben.

In alten Zeiten hat man die Wetterweisungen der Rauhnächte in Runenstäbe geritzt, wie sie in Schweden und Norwegen bis in die jüngste Zeit herein in Gebrauch waren. Es waren die ältesten Kalender, auf die man sich genau verlassen konnte.

Daß in den Rauhnächten auch noch andere Dinge vor

sich gehen, von denen sich der gebildete Menschenverstand der Heutigen nichts träumen läßt, davon wissen die Alten, die solche Dinge noch erlebt haben, manches Lied zu singen. Ich kenne so manchen, über dem in den Rauhnächten „die wilde Jagd" oder das „Nachtgejaid" hinweggestürmt ist, daß ihm die Haare zu Berg standen.

Die Rauhnächte sind Wiege des neuen Jahres, auch in geistiger Hinsicht. In ihnen kommen sich Himmel und Erde, Welt und Überwelt am nächsten. Wer noch ein Gespür hat für Übersinnliches, der fühlt in diesen Rauhnächten den Anhauch dieser Überwelt.

Denn nur der Ehrfurcht öffnet sich das Geheimnis der Rauhnächte. Kein Wunder, daß in einer „Weihenacht" das Licht der Welt aufgegangen ist, das seitdem jedes Herzensdunkel heilig zu erhellen und beseeligend zu überstrahlen vermag.

FRANZ SCHRÖNGHAMER-HEIMDAL

Bauernweihnacht

So Wei, jetzt zend an Baam an gschwind,
i weck den ganzn Schübi,
an Knecht und Dirn und's Ahnl hint
und Kinder draußt im Stübi.

O mei dö Freud, o mei dös Schaugn
vor so viel Liacht und Glanzn!
Schaugst heut die Kinder ei' in d' Augn,
segst lauter Sternd'l tanzn.

Und's Wundern will gar nöt aufhörn,
voll hängt ja a jeds Ast'l,
am Gipfi drobn a goldner Stern
mit lauter Silberquast'l.

Und Äpfi nachand dutzadweis
und aa a weng oa Leckerl
und Nuß, vergoldt und silberweiß
und drunt a Kletz'nweckerl

Jetzt habt's'n gseng den schöna Baam,
jetzt ziagts enk a' in d' Mettn,
und d' Muatter muaß derweil dahoam
drei Rosenkranz abbetn.

Drei Stund, na san ma wieder da,
na kimmt des Allerfeiner:
A Suppn, Kraut und Bluatwürst aa,
schö safti und schö schweiner.

Auf d'letzt no schiaß ma mi'n Terzrol
dös heili' Kindl munter,
daß allzeit auf uns denka soll,
aft geht koa Bauer unter.

MAX MATHEIS

D'Rauh-Nacht

Herr Lehrer, hoit'ns heut liaba koa Singstund nöt, morg'n is Dreikini und dö heuti Nacht is a Rauh-Nacht. Mia kunnt's grad nöt wiss'n, wia sie's darot'n tat'n. I' moan', ös kimmt eahna eh neamt. Ja, ja, es is hoit amoij a so. I' han in dö früahern Jahr a nöt recht ebbs geb'n auf dö G'schicht'n. Seit mein Houzattag aba laß i' mia dös Ding nimma aus'n Kopf schmatz'n. Lus'n s' amoij, was i' da dalebt han: Schau'ns her, bei mia is heut dös ganz Haus mit Dreikiniwossa ausg'spritzt word'n. Und wiss'ns, dös is a recht guat: ma geht in heutig'n Tag ums Haus, spritzt 's Dreikiniwossa aus und nachand macht ma a Schneeboj'n, tunkt'n ins Dreikiniwossa ein und wiarft'n übers Hausdach umi. —
Sehng's seit mia dös a so machand, ham mia unsa Ruah im Haus. Aba, wia hat's uns verfojgt. Glei' dö erst'n Jahr, wia ma g'heirat ham. Moanen s' denn, mia hätt'n aus'n Stoj ein Nutz'n kriagn kinnt? War ganz ausg'schloss'n. Und 's Viech is oilleweil schlechta wor'n und mit dö Keibö ham mia koa Glück g'habt. Ganz einfach, so hat's ausg'schloss'n, nöt weita gäh' kinna. Bis mia dennat amoi oana — i' mag'n nöt nenna — g'sagt hat: „Du, woaßt, dir hat's dein' Muatta g'tan, und in dein Houzattag hat's dirs g'tan. Schau, daas d' ebbs tuast sunst geht's dahi' mit dir." Da hamd's mia a Wei' verrat'n, draußt bei Didlön. Zu dera bin i' außi und han eahm dös Ding vozejt. Da is dös Wei' außi in d' Kamma und wia s' einerkimmt, sagt mia akrat dös gleich wia i' scho' g'sagt han. „Mein liaba Ma'", hat's g'sagt, „bei dir is scho' zweit kemma; da muaß i' sejba eini zu dir". Und nachand hat sie si' ang'legt und is mit mir ganga. Wia s' in Stoj außi is, hats d' Hocka mitg'numma — wiss'n s', so weit hat's bei mia scho' g'feit — und d' Kuah, dö hat's g'beit'lt wia öschpas Laub. Wia

s' ihra Sach' g'macht hot g'habt, hat's g'sagt zu mia: „Iatzt wird's bessa, aba nöt glei' auf oamoi', schö' langsam geht's. Erst in ein Jahr wirst du's ganz weg hab'n." Und bessa is worn; und akrat ein Jahr hat's dauert — iatzt pass'n s' guat auf! — Wia da Jahrtag kemma is, na, da bin i' hoit auf d'Nacht — wia hoit oille Tag — außi in 'd Stoj und han na'g'schaut bei dö Küah. Es is oill's schö' i' der Ordnung g'wön, hat gar nix g'feit. Drum ham mia uns niedag'legt. Kaum lieg'n ma, da is a G'rumplat und a Pumperat draußt in Stoj', ois wann d'Küah oill's z'sammschlag'n tat'n. I rumpl schnej' in d' Hos'n, tapp d' Hocka und der Hund is mit außi in Stoj. Wia i' d' Stojtüar aufmach', is dös G'rumplat aus bei'n Stoj und hinterö ön Stodl und der Hund is nachi und hat koj't und i' han nix g'sehng, ois daas d'Küah akrat a so zittert hamd wia dort, wia dös Wei' dag'wön is. Wia i' in d'Stub'n einikimm, da sagt mein Wei': „Du hast g'wiß a nöt drandenkt, daas heut da Jahrtag is." Iatzt han i' dö Lumperei erst vostand'n.
Wiss'n s', da hat's sö di dajährt. Und seither is a Ruah in Haus. Drum soij mia oana nix sag'n üba d'Rauh-Nacht. Es hand hoit amoij nöt wia dö andern Nächt! Und i' tat Eahna rat'n, hoit'n s' heut koa Singstund nöt!

A U G U S T   B I B E R G E R

167

Weihnacht

Verwundert stehen Esel und Rind:
in ihrer Krippe liegt ein Kind
nackend im Stroh, nackend im Stroh.

Drei Könige aus dem Morgenland
und Hirten kommen angerannt
und sind so froh, und sind so froh.

Anbetend fallen sie ins Knie:
„Gebenedeit seist du, Marie,
gebenedeit, gebenedeit!"

Die junge Mutter lächelt schwer:
sie ahnt — weiß selber nicht, woher —
ein bitter Leid, ein bitter Leid.

SIEGFRIED VON VEGESACK

Waldwinter

Schnee und Schnee, o so viel Schnee
fällt vom Himmel nieder!
Hof und Weg und Wald verschneit,
schneit es noch und wieder.

Weltenferne Einsamkeit
wehet trüb hernieder,
eingemummt sind Lust und Leid,
Sterne, Herzenslieder.

Taten schlafen, Hände ruhn,
sind wie traumgefaltet.
Hoffnung nun begraben scheint,
ewig toterkaltet.

Hat der Himmel sich gesenkt
in die stille Erde,
schleierzart der Klage Ruf
schwebt im neuen Werde.

MATHILDE BAUMANN

Vor der Krippe

Sag deinem Herzen, es soll schweigen!
Schließ deine Augen und sei blind!
Nur deinem Glauben kann sich zeigen:
Du bist gemeint mit diesem Kind.

Laß deine Hände kraftlos fallen!
Beug deine Kniee in das Stroh!
Erst wo die Zweifel stumm verhallen,
geschieht das Wunder: Du wirst froh!

Ein neuer Mut sucht deine Seele,
dein Herz erfährt, was Liebe ist
und nichts ist mehr, daß es dich quäle,
weil du in IHM zu Hause bist!

FRITZ MORGENSCHWEIS

Nachtwächterspruch zum Neuen Jahr 1854

Nicht huldigend bloß der hergebrachten Mode
Bring' hohe Gönner ich zum neuen Jahr –
Zwar nicht in einer schwergereimten Ode –
Nur ganz prosaisch meinen Glückwunsch dar.

Und wenn dem Wunsch poet'scher Werth auch fehlet;
Dafür ist er aufrichtig, treu und wahr.
Zum Thema hab ich mir den Spruch erwählet:
„Viel Glück und Heil für Euch zum neuen Jahr!"

„Viel Glück und Heil!" – nur zwischen Blumen fließe
das Bächlein Eures Erdenlebens hin;
„Viel Glück und Heil!" Aus Eurer Nähe müsse
das Heer der düstern, bangen Sorgen fliehn.

Das Glück soll Euch unbedornte Rosen
Auf alle Euren Lebenspfaden streu'n;
Nie soll ein Sturm der Leiden Euch umtosen;
Kein Ungemach soll feindlich Euch bedräu'n.

Und wird dies Jahr gesegnet für Euch blühen,
dann wird's auch mir ein Quell des Segens sey'n,
Dann darf auch ich bei meines Dienstes Mühen
Mich, hohe Gönner, Eure Gnade freu'n.

Treu will ich Eurem Dienst mich immer weihen;
Und ist, auch Sorg und Armuth hier mein Theil,
Darf ich mich Euer Gnad und Heil erfreuen,
Blüht mir im neuen Jahr auch Glück und Heil!

Johann Georg Purrucker	Quirin Marci
Evangelischer	Katholischer

Nachtwächter
in Weiden

Dieser lithografierte Spruch ist im Weidener Stadtarchiv noch original erhalten. Die beiden Nachtwächter verteilten ihn an wohlhabende Bürger mit den besten Neujahrswünschen und erhielten dafür Geldspenden. Weiden hatte sowohl einen evangelischen als auch einen katholischen Nachtwächter zu dieser Zeit, da Weiden von 1663–1800 in weltlichen Dingen und von 1663–1900 in kirchlichen Angelegenheiten „simultan" war, also doppelkonfessionell. Es gab alle „Beamten" doppelt: Zwei katholische und zwei evangelische Bürgermeister, ebenso von jeder Konfession je einen Stadtschreiber, eine Hebamme, einen Totengräber und daher auch jeweils einen katholischen und einen evangelischen Nachtwächter. Die sich, wie die gemeinsame Unterschrift zeigt, offensichtlich gut miteinander verstanden.

ANNEMARIE KRAUSS-FRÖHLICH

Winterfrieden

Koan Laut hörst auf der Leit'n,
der Schnee hat all's vowaht;
und allweil tuat's grad schneib'n,
so hoamli schneibt's, so staad.

Schaug', d' Flock'n, leicht und flaumi,
fall'n aba, still und sacht;
und wia da Diab auf Söckl'n
kimmt g'schlicha d' Wintersnacht.

A Liacht sehgst da und durt'n,
a Tür geht auf und zua;
a Hunderl hörst wo bell'n,
und glei is wieder Ruah.

Grad schneib'n tuat's, grad schneib'n,
in oam zua ohne End;
an Fried'n hat's, an Fried'n,
wia man im Woid bloß kennt.

KARL BERINGER

Das Weihnachtswunder

Und wieder kommt das Fest der Liebe,
Die stille, weihevolle Nacht,
Da ob dem wirren Weltgetriebe
Ein Wunderstern am Himmel wacht.

Sein milder Schein erfüllt die Herzen
Und weckt darin der Güte Traum.
Denn wieder strahlt in tausend Kerzen
Am Gabentisch der Weihnachtsbaum.

Im Kripplein winkt der Liebe Fülle,
Ein Kind, vom Himmel uns geschenkt,
Im Stall geboren in der Stille,
Ein Kind, das viele Welten lenkt.

Ein Kind, so arm in seiner Blöße
Und ist doch Gottes einziger Sohn,
Ein Kind, so reich in seiner Größe,
Ihm winkt durch Leid des Vaters Thron.

So wird uns heut' am Kerzenschimmer
Das Weihnachtswunder wieder neu,
So wissen wir für nun und immer,
Daß Liebe stets das Höchste sei.

Durch Liebe sind wir Gottes Kinder
Nach seinem ewigen Gnadenplan.
Die Liebe macht das Leid gelinder,
Die Liebe leitet himmelan.

Die Liebe gibt aus vollem Herzen
In dieser stillen, heiligen Nacht,
Da über allen Weihnachtskerzen
Die ewige Liebe Gottes wacht.

FRANZ
SCHRÖNGHAMER-HEIMDAL

Das weihnachtliche „Bambino im Kästchen"

Eine italienische Besonderheit aus der Zeit um 1700 ist das sogenannte „Bambino im Kästchen". In einem kunstvoll geschnitzten und säulenverzierten Gehäuse — wir möchten sagen, wie in einem gläsernen Sarg, — ruht ein liebliches Wickelkindchen mit lockigem Goldhaar auf einem seidenen Kissen.

Bunte Stickereien, Blumen aus Papier, edelsteinbesetzte Bänder und Kleinodien umgeben es. Wie es dazumal allgemein üblich und bei uns auch bis vor wenigen Jahrzehnten noch hie und da zu beobachten war, steckten die Ärmchen und Hände des Kindes an den Körper gepreßt mit in den Kissen und die Fatschenbänder waren fest um das Bündel geschlungen.

Ein sehr schönes Fatschenkindl steht in seinem kostbaren Barockgehäuse im Chamer Heimatmuseum. Es wurde von dem verstorbenen Ehrenbürger der Stadt Cham, Dr. Marlinger, für das Heimatmuseum Cham gestiftet. Sicher ist es schon über 200 Jahre alt.

Das Urbild dieses Bambino im Kästchen befindet sich in der römischen Kirche Maria Maggiore und wird dort sehr verehrt.

WILLI STRASSER　　171

Bauernregeln zur Weihnachtszeit

Wenn Barbara im Grünen geht, geht's Christkind im Schnee.

Regnet's an St. Nikolaus, wird der Winter streng — oh Graus.

Wenn's in der ersten Adventwoche gut Wetter ist, so bleibt es gut bis Weihnachten.

Kommt im Advent die Kälte gekrochen, dann hält sie achtzehn Wochen.

Stellt sich Donner im Dezember ein, wird das nächste Jahr naß und windig sein.

Dezemberschnee bringt das Korn gut in die Höh'!

Wintert's nicht vor Weihnachten, dann wintert's im Lenz.

Laufen im Dezember die Haselmäus', fehlt's im Januar am Eis.

Viel Regen, wenig Schnee, tut Äckern und Bäumen weh.

Kälte in der zweiten Adventwoch, dauert auch die andere noch!

Weihnacht im Klee, Ostern im Schnee.

Wenn das Christkind heftig weint, vier Wochen keine Sonne scheint.

Ist die Christnacht hell und klar, bringt sie ein gesegnet Jahr.

Scheint am Stephanstag die Sonne, dann gerät das Korn zur Wonne.

Dezember warm — daß Gott erbarm!

Ist der Winter weich, wird der Friedhof reich!

Je näher das Christkind dem Neumond fällt, je bitterer wird das Jahr bestellt.

Gelinde Wetter um Christ Geburt, dauert die Kälte lange furt.

Kalter Dezember und fruchtbares Jahr gehören zusammen immerdar.

Je tiefer der Schnee, je höher der Klee.

Morgenrot am ersten Tag — Unwetter bringt uns große Plag!

Rauhnacht

Hex'n, Teifön, schiache Schraz'n,
schwarze Katz'n, wilde Matz'n,
's ganze Gluadrert reit daher,
durchanander kreuz und quer.
D' Windstöß müassn d'Rösser macha,
da kimmt eah gwiß koana nacha.
Ois ghört eah, was hat's was gaht's,
ois reißt's mit dö Hex'nhatz.
Teats'n Werkzeug guat verstecka,
d' Schauföstiel und Besnstecka,
sonst kriagn's Füaß heut und pfeilgschwind
roas'ns furt mi'n Hexnwind.
Hörst a's wia draußt d' Holzschuah klappern
und wia Gäns in Stall scho plappern!
Goas'In außa, schnalzt's und schnappt's,
wenn's a weng a Schneid no habt's!
Schiaßt's und scheppert's mit'n Gschirr,
kreuzelt's an a jede Tür,
räuchert's jede Stubn jetzt aus,
aft is sicher 's ganze Haus!
Kaspar, Melchior, Baltasar,
steht's uns bei in dera Gfahr!
Räuchert's mit der Weihrauchgluat
außi dö ganz' Hex'nbruat! —
So ös Teifön, so ös Luada,
jetzt reit's hoam zu enkra Muada!
Dö wird ihren Kragn aft recka
und uns so glei' nimmer schrecka.

Weihnacht

A's ganze Dorf is schneevowaht...
Da Rauhreif funklt in die Baam
und alles liegt so maiserlstad,
als lusat's af'n schöna Traam.
Ma siecht koa Kircha, koa Kapelln.
Und dengerscht klingt um jedes Dach
a Glockn aus'ra liachtn Helln
und singt a frohe Botschaft wach.
Was werd dös für a Botschaft sei?
Jamei, da gibts do koa Erklärn;
was läutn d' Glockn anders ei.
als's heili Kindl, — unsan Herrn!

Die Brautwerbung in der Neujahrsnacht

Wenn das liebe Weihnachtsfest herannahte, hat unsere Mutter alles sauber gemacht, Hausrat und Geschirr gereinigt und das ganze Haus festtäglich hergerichtet. Nur ein Ding brauchte sie nicht zu säubern, das wurde auf eine andere Art geputzt: die Türklinke. Nie haben so viele Leute die Hand nach unserer Türklinke ausgestreckt, als in der Advents- und Weihnachtszeit. Im Dezember die allabendlichen Hejsageher, die Christkindlsinger, die verschämten Bettelleut, zu Weihnachten die Kripperlbesucher, hernach die Neujahranwünscher, und den Schluß machten immer die Dreikönigssinger. Während sich die anderen Weihnachtsbräuche bis in die letzte Zeit vor der Aussiedlung erhalten haben, hat das Dreikönigssingen schon nach dem ersten Weltkrieg aufgehört. Die Sänger sind alle weggestorben. Es waren so nur mehr einzelne, zwei oder drei denk ich noch, die alle Jahr gekommen sind. Der eine war von Goldbrunn, ein eisgraues Männlein mit blitzenden Augen, der mit knabenhafter Stimme die Kunde von den Heiligen Drei Königen sang; einer denk ich, der war von der Mehlhütten, der kam immer erst Anfang Feber, wenn der Tag länger war, und ein dritter, der auch bei uns übernachtete, stammte aus den Waldhäusern. Es werden wenige Böhmerwäldler aus dem Künischen sich noch an ihn erinnern können. Und wie hat er gesungen! Da kam so ein Männlein zur Tür herein im abgetragenen Sonntagsanzug, in der Hand den Engelstecken. Das war ein langer Stab, mit Staniol verputzt, und oben war ein handgeschnitzter Engel angebracht, der einen Kometstern in der Hand hielt. Mit einer Kurbel und einem hölzernen Zahnrad konnte man diesen Engel in Drehung versetzen. Auf uns Kinder hat dieser Engel mit dem Stern, wenn er sich so langsam drehte, einen fast überirdischen Eindruck gemacht.. Und zu diesem Drehen sang das Männlein

Die Heiligen Drei König aus dem Morgenland,
Sie kommen gezogen durch Wüsten und Sand...

In langen Versen besang er dann das ganze Weihnachtsgeschehen. Und zum Schlusse hieß es:

Dreh dich, mein Englein am guldenen Stern,
Daß wir aufs Jahr wieder einkehrn
Bei demselben He-e-e-ern!

Der letzte Dreikönigssänger, von dem ich erzählen will, hat mit seinem richtigen Namen Girgl geheißen. Er war ein Faßbinder und hat das ganze Jahr hindurch den Bäuerinnen die hölzernen Trankeimer, Spülschaffl, Backtröge und Rührkübel gemacht. Wenn er meist am Vormittag zu uns kam ins Singen, so hat er sich für den Abend schon das Nachtlager bestellt. War er dann in der Umgebung fertig mit seinem Ansingen, dann kam er, von uns Kindern schon mit Freuden erwartet. Die Mutter hat uns immer ermahnt: Kinder, laßt doch den alten Mann zuerst essen, aber es hat nicht viel genutzt. Kaum saß er richtig auf der Ofenbank, waren wir schon um ihn und bettelten: Dreikinimandl, eine Geschichte! Und das Erzählen ist ihm nicht ausgegangen. Er war ein Junggeselle, aber wenn man ihn gefragt hat, ob er ein Weib habe und wie es ihr gehe, da hat er mit wahrer Trauermine gesagt: Ich bin schon das dritte Mal Witiwa. Und fragte man weiter, was denn seinen Weibern gefehlt hat, daß sie alle nacheinander haben sterben müssen, so meinte er: Meine erste haben die Flöh derbissen, meine zweite hat die Trud erdrückt und meine dritte hat einen besonders schweren Tod genommen, der war die Seel' angewachsen.

Wie er zum letzten Mal bei uns war, hat er uns eine schöne Geschichte erzählt, wie er einmal Heiratsvermittler gewesen ist.

In seinen jüngeren Jahren ist einmal um die Weihnachtszeit ein junger Kleinbauer, der Krotzerrudi, zu ihm in die Binderwerkstatt gekommen und hat ihm sein Leid geklagt. Heiraten möchte und sollte er, aber seine Zukünftige, die Burgl, sei die Tochter vom reichen Ebenwieser. Und mit dem ist nicht gut Kirschenessen. Ein Großbauer durch und durch. Wer nicht seine hundert Tagwerk Grund nachweisen konnte, der war für ihn Null. Seit Leibsprichwort, wenn ihn so ein Notnickl anredete, war immer: Mein Lieber, wer mit mir was zu tun haben will, muß früher aufstehen. Das konnte dann jeder deuten, wie er wollte. Er selber war wirklich ein Frühaufsteher. Täglich um viere in der Früh kam er aus seiner Schlafkammer, langte nach dem Glockenstrick — sein Haus zierte nämlich ein kleines Glockentürmchen, und der Läutestrick hing in der Wohnstube — und läutete den Engel des Herrn.

Wie nun der Krotzerrudi am Stefanitag zum Ebenwieser hingekommen ist und sein Anliegen vorgebracht hat, da hat der Ebenwieser gelacht. Rudolf, hat er gesagt, wenn du meine Burgl haben willst, so mußt du früher aufstehen als ich. Wenn du in der Neujahrsnacht früher in meiner Stuben bist als ich und den Engel des Herrn läutest, so kannst die Burgl haben.

Da ist der Rudi mit hängendem Kopf heimgegangen und hat ein paar Tage hin- und herspekuliert, aber es ist ihm nichts Richtiges eingefallen. Und so ist er am Silvestertag zu mir gekommen. Bua, hab ich gesagt, das kriegen wir schon. Dem Ebenwieser werden die Ohren klingen, wenn du um halber vier in der Früh zum Beten läutest. Der wird aus dem Bett springen, selbst wenn er Haus- und Hoftür dreimal verriegelt. Paß auf, gerade hab ich einen Hirgstmillkübel zu machen für die Ebenwieserin, der wird heut noch fertig. Du kommst abends zu mir, wir stellen den schweren eichenen Kübel auf den Schubkarren, du hockst dich hinein, ich mach den Deckel fest, und so fahr

ich dich zum Ebenwieser bis mitten in die Wohnstube. Dort sage ich, der Deckel ist durch die Kälte angeschwollen und klemmt, sie sollen den Kübel hinter den Ofen stellen. Du hälts dich im Kübel still, bis alle schlafen gegangen sind. Dann steigst du heraus und legst dich auf die Ofenbank. In aller Herrgottsfrüh um halber vier fängst du zu läuten an. Das weitere wirst du dann schon sehen. Wirklich, so haben wir es gemacht. Ich hab den Hirgstmillkübel in den Ebenwieserhof gefahren — zwar hat es dem Rudi ein paar Beulen geschlagen in dem Kübel — und ganz scheinheilig zum Bauern gesagt: „Geh, hilf mir, das schwere eicherne Trumm hereintragen in die Stube." Und dann haben wir den Kübel zur Ofenbank hingestellt und ich habe die Bäuerin gebeten, den Deckel erst morgen zu öffnen, die Kälte habe ihn verklemmt und er sei angeschwollen. Der Bauer hat mich ausbezahlt, die Bäuerin hat ein paar Schmalzkrapfen als Trinkgeld dazugegeben, und ich bin abgehauen.

Dem Krotzerrudi haben die Haxen schon mentisch weh getan in dem harten Kübel. Gott sei Dank, hat er gesagt, als alle Hofleute schliefen. Vorsichtig schob er den Deckel in die Höhe, krabbelte aus seinem Gefängnis und machte sich's dann auf der Ofenbank bequem. Aber einschlafen durfte er nicht, um ja die Zeit nicht zu verpassen. Wie die alte Wanduhr halber vier schlug, langte er nach dem Glockenstrick hin und bim, bim, erscholl im Dreierklang die Morgenglocke. Hättest sehen sollen, wie es den Ebenwieser aus dem Bett gerissen hat. Guten Morgen, hat der Rudi gesagt, und ein glückliches neues Jahr, und wennst mein Schwiegervater werden willst, Ebenwieser, so mußt früher aufstehen. Dem Ebenwieser hat es die Rede verschlagen. Ja, wie kommst denn du herein? Zu so einem großen Bauern, wie du einer bist, kommt ein Brautwerber nicht zu Fuß, sondern per Gelegenheit angefahren, fuhr der Rudi fort. Und wenn man's Glück packen will, muß man früh aufstehen, also ruf die Burgl, daß wir die Sach gleich richtig machen. Die Burgl hat ihr Vater nicht rufen brauchen, wie die dem Rudi seine Stimme hörte, da ist sie selber gekommen. Dem Ebenwieser blieb nichts anderes übrig, als ja und amen zu sagen. Der Krotzerrudi hat die Burgl gekriegt und den eichernen Hirgstmillkübel als Heiratsgut obendrein.

Das war die letzte Geschichte, die er uns erzählt hat. Im nächsten Jahr ist er ausgeblieben und im übernächsten auch. Und wie ich dann selber schon erwachsen war und einmal in die Waldhäuser gekommen bin, da hab ich dem Dreikönigsmandl nachgefragt, hab aber zur Antwort gekriegt, mei, der singt schon in der Ewigkeit. Mir war leid um seinen Engelstecken und um sein Singerbüchl, wo all seine Dreikönigslieder drinnen standen. Aber auch die waren nimmer da, die hat er sich ins Grab mitgenommen. Niemand hat dafür Interesse gezeigt, und so hat er sich gewunschen, Stecken und Büchl mitzunehmen in die andere Welt.

JOSEF PSCHEIDL

Verschneit

Und jetzt is halt Winter wor'n
all's is verschneit!
Jetzt san ma der Welt verlorn
auf lange Zeit!

Koa Mensch jetzt mehr auffafindt
auf unser Höh,
z' stark pfaust eah der Böhmerwind,
z' tiaf liegt der Schnee.

Es wird dir gar lang der Tag
so ganz alloa,
wenn neamad di anhörn mag
wia Wald und Stoa.

Da wirst nachad selber staad
in dera Ruah.
Da machst, als ob's ei'schnei'n tat,
's Herzlad'l zua.

MAX MATHEIS

180

Die Schlacht ums Musikantenbratl

Wenn es um den Jahreswechsel geht, erinnert man sich in einem Dorf des Zellertals im Bayerischen Wald heute noch mit Vergnügen an eine Geschichte, die zwar schon vierzig Jahre zurückliegt, deren Folgen aber man einige Jahrzehnte noch spürte, weil an dem Silvesterabend, an dem sie sich zutrug, die eigene Dorfkapelle für lange Zeit zum letztenmal aufspielte.

Lange hatte es dort für drei Gemeinden, zwei Pfarreien und sieben Dörfer nur eine einzige Blaskapelle gegeben, die allein zuständig war, wenn es galt, Tauf-„Schmäuse", Hochzeitsfeiern, Begräbnisse und Tanzmusiken zu blasen. Wenn Weihnachten vorbei war, holte sich die Dorfkapelle noch zusätzlich das Trinkgeld des Jahres beim Neujahrsblasen, und niemand verschloß sich, den eifrigen Musikanten für das dargebrachte Ständchen ein dem Haus und dem Stand entsprechendes Entgelt zu geben: ein Fuchzgerl von den kleinen Leuten, einen Taler von den Bauern, den Pfarrern, Lehrern und Gendarmen, sowie anderen Dorfhonoratioren. Das brachte ein schönes Sümmchen ein, wenn es auch nicht leicht verdient war, denn es gab oft kalte und schneereiche Winter und die sieben Dörfer und die Einschichten lagen weit auseinander. Aber wie sich die Musikanten im Zusammenspiel oft nicht ganz einig waren, so gab es auch sonst manche Unstimmigkeiten, die einmal bei der Verteilung der Einnahmen zum Ausbruch kamen und zur Aufspaltung der Kapelle führten: Also bemühten sich fortan zwei Musikkapellen um die einträglichen Spielgelegenheiten. Dabei gab es wiederum einige Reibereien, die von den Dörflern mit Vergnügen verfolgt und mit boshafter Anteilnahme zusätzlich geschürt wurden.

Nur der Koppenwirt, der über den größten Tanzsaal verfügte und deshalb mit allen Musikern zu tun hatte, hielt sich zurück.

Man hatte also nun zwei Dorfmusikkapellen. Ob gut oder nicht gut gemeint, jedenfalls bestellte sich der Grödlbauer zu seiner Hochzeit gleich alle beide und versprach der fleißigsten einen Extrabanzen Bier und pro Mann einen Sondertaler. Es gab eine musikalische Unterhaltung, wie sie bis dahin noch bei keiner Hochzeit erlebt wurde, denn kaum hatten die einen die Instrumente abgesetzt, bliesen schon die anderen, und als die Arbingermusi einmal mit einer Ländlerserie gar nicht mehr aufhören wollte, spielte ihr die Ganglkapelle einfach hinein, und das gab einen musikalischen Hackbraten, daß sich die Hochzeitsgäste die Ohren zuhielten. Um die Gemüter und die Musikanten wieder zu beruhigen, mußte der Hochzeiter zwei Banzen Bier zusagen und den Zusatztaler für beide Kapellen versprechen. Die beiden Konkurrenten überboten sich in der Folge im Spielfleiß und unterboten sich im Preis, und so wurde die Feindschaft immer größer, bis sie anläßlich des Neujahranblasens zum offenen Konflikt ausartete.

Angeregt nämlich von der lustigen Hochzeit des Grödlbauern, fiel auch dem Koppenwirt etwas ein: Er bot derjenigen Kapelle, die ihm an Silvester nach dem Aveläuten als erste das Neujahr anblase, je Mann einen Taler, für den Abend Freibier und dazu ein echtes Musikantenbratl, einen Schweinsbraten mit Reiberknödel und Sauerkraut. Beide Kapellen nahmen das Angebot an. Wirt und Stammtisch sahen schon im Geiste am Silvesterabend die beiden Musiken vor dem Wirtshaus aufmarschieren, nach dem Gebetläuten horchen und dann beim letzten Glockenklang losschmettern und dann streiten, wer den ersten Ton geblasen habe.

Es kam aber ganz anders. Am Silvesterabend marschierte nur die Arbingermusi auf. Die Musikanten freuten sich schon auf Bratl und Freibier, weil die Ganglkapelle anscheinend schon vorher aufgegeben hatte. So konnte sie sich Zeit lassen und in Ruhe das Aveläuten abwarten. Sie postierten sich vor dem Wirtshaus und wollten sich nach dem letzten Glockenton gemächlich zum Spielen anschikken, als aus dem Hausflur des Wirtshauses das Geschmetter der Ganglkapelle drang. Der Gangl hatte nämlich schon am späten Nachmittag seine Musiker im Kuhstall versteckt und spielte nun zur hinteren Haustüre herein. Die Arbingermusikanten waren so überfahren, daß sie erschrocken die Instrumente wieder absetzten und sich ratlos ansahen.

„Dös is a Bschiß", zürnte der Arbinger und stürmte in das Haus. Weil ihm aber Gangl, lustig blasend, an der offenen Gaststubentüre ein Bein stellte, schlug er lang hin und wischte beim Fallen dem lachenden Koppenwirt seine Trompete ins Gesicht, daß er sich zusammenkrümmte. Die anderen Musikanten der getäuschten Arbingerkapelle waren ihrem Meister gefolgt; und weil sie glaubten, daß er angegriffen werde, schlugen sie mit ihren Instrumenten zu. In den vertröpfelnden Marsch der Ganglkapelle hinein schepperten die zuschlagenden Trompeten, Klarinetten, Hörner und Posaunen. Im Hausflur kam eine Schlacht in Gang, die stumm und verbissen ausgetragen wurde und von der nichts übrig blieb als ruinierte Instrumente, verbeulte Hüte und verkratzte Gesichter. Da der Koppenwirt seinerseits auch an einen Angriff glaubte, holte er den Ochsenfiesel, traktierte damit zuerst den Arbinger und trieb dann die kämpfenden Parteien auseinander. Da der Posaunist der Ganglkapelle die Flurlampe heruntergeschlagen hatte, schlug in der Finsternis jeder gegen jeden. Quietschend wurde der große Bombardon zusammengetreten, Klarinettenklappen flogen durch die Luft, und als sich die Parteien zur hinteren und zur vorderen Tür hinaus trennten, war nur noch die Trompete des Schneiderwastl heil, weil er sich gleich zu Beginn der Schlacht mit sei-

nem Instrument unter die Bodenstiege geflüchtet hatte.
Die Kälte der Silvesternacht kühlte die hitzigen Köpfe wieder ab; nur einer der Arbingermusikanten konnte es nicht fassen, daß sein geliebtes Althorn so völlig aus der Fasson gekommen war, und eher einem zerquetschten Feuerwehrhelm denn einem Instrument glich.
„Jetzt brauch i di aa nimmer", meinte er resigniert und feuerte das Horn, auf das er bis heute so stolz gewesen war, durch das Fenster in die Gaststube, daß die Glasscherben klirrten.
An diesem Silvesterabend hatte der Koppenwirt keine Musik. Es verblieben ihm nur einige Stammgäste, die beim besten Willen das vorbereitete Musikantenbratl und die drei geguften Schüsseln voll Reiberknödel nicht vertilgen konnten.
Eine schwerwiegendere Folge der Schlacht um das Musikantenbratl war aber die, daß die sieben Dörfer, der Feindschaften und der mangelnden Instrumente wegen, zwei Jahrzehnte lang für ihre Hochzeiten und Tanzmusiken keine eigene Blaskapelle mehr hatten.

PAUL FRIEDL

Glückseligs Neues Jahr

Der Neujahrsmorgen ist innerhalb des Bauernhauses laut belebt durch das sogenannte „Neujahr abgewinnen"; eine Volkssitte, welche die Häuser mit verworrenem Geschrei und Lachen erfüllt. Nämlich jedes Familienmitglied beeilt sich, vor allen andern zu rufen: „Glückseligs neu's Jahr!" Die Kinder haben dann noch eine Extrafreude: dem Vater das neue Jahr abzugewinnen. Knaben und Mädchen lauern also, bis der aufgestandene Vater sich niederläßt in seinen Lehnstuhl, sei es um die Bändlein seiner Lederhose zu knüpfen, sei es um in seine Stiefel zu fahren.

Flugs sind nun die Kinder hinter ihm und „drosseln" auf gut bayerisch den lieben Vater, d. h. der Reihe nach umfaßt jedes mit beiden Händen den väterlichen Hals, schüttelt ihn aus Leibeskräften und ruft: „Glückseligs neu's Jahr!" Für diesen kräftigen Segenswunsch, den nur eine bayerische Vaterkehle tapfer aushält, beschenkt der Bauer seine Buben und Mädchen mit funkelnden Neujahrskreuzerln.

Außerhalb des Hauses in Dorf und Land ist der Neujahrstag belebt durch das sogenannte „Neujahr anschreien"; ein Erwerbszweig der armen Gemeindehauskinder. Sie sind hiezu ausgerüstet mit Spruchvers und Melodie, mit Sack und Stecken; sie gehen bei den Honoratioren herum.

Glückseligs neu's Jahr,
's Christkindl im krausten Haar,
A langs Lebn, a guats Lebn,
'n Himmel danebn!
I wünsch dem Bauern an goldenen Rock,
Daß er ihm steht wie a Nagerlstock!
Und i wünsch der Bäuerin a goldene Haubn,
Daß ihr steht wie a Turteltaubn!

Übrigens auch feine Menschenkenntnis spielt im Neujahrwunsch ihre Rolle. Geht ein Größeres ins Anschreien und kommt in ein Haus, in welchem der harte Taler beliebter ist als das Himmelreich, so wird wohlberechnet umgesteckt und gesungen:
A langs Lebn, a guats Lebn
Und an Beutl voll Geld danebn!

Die Wiege des kindlichen altväterlichen Neujahrswunsches steht eigentlich in einer Zeit, in welcher das schöne Bayernland noch viel mehr goldene Bauern und goldene Bäuerinnen besaß. Noch jetzt besitzt es, Gott sei Dank! deren eine wohltuende Fülle; möge nichts an ihnen rütteln. Im Bayerischen Wald, wo, umschirmt von Hochbergen und Forsten, das Volksleben am stärksten treibt, hat man einen besonders kräftig gestalteten Neujahrswunsch in der Bauernfamilie. Er lautet:

Was wünsch ma dem Herrn
Zum neuen Jahr?
Und was mar ihm wünschn,
Dös werd ihm fei wahr!
Wir wolln mar ihm wünschn
An golden Tisch
Und auf jedn Eck
An bratna Fisch;
Und drin in da Mitt
A Kandl voll Wein,
Die heilin drei Kini
Die schenka scho ein.
Was wünsch ma der Frau
Zum Neuen Jahr?

Und was mar ihr wünschn,
Dös wird ihr fei wahr!
Wir wolln mar ihr wünschn
A Wiagerl für's Bett,
Damit da die Frau glei
Ihr Kinderl neilegt.
Was wünsch ma dem Kinderl
Zum neuen Jahr?
Und was mar ihm wünschn,
Dös werd ihm fei wahr!
Wir wolln mar ihm wünschn
An golden Wagn.
Damit daß dös Kinderl
In Himmi ko fahrn.

JOSEPH SCHLICHT

Im Winterwald

A so stad is's jetzt wor'n,
gehst in Winterwald naus,
steckt der Specht aus'm Loch
bloß an Schnabl mehr raus.

Und as Oachkatzl schert
si' aa nix mehr um d'Welt,
weils vialleicht in sein'm Nest
seine Nußn grad zählt.

Und so leis, hört ma's kaum,
kimmt a Winderl und schwingt
von de Spinna de Fädn;
wia dös umadum klingt!

Weil mit Rauhreif so schö
is jeds Faderl beschlagn,
glaubst, a no schöners Gspui
konnst' weitum net derfragn!

Und wenns Ooachkatzl niaßt,
woaß der Specht, was si ghört
und sagt: „Helfgott!" ganz leis,
daß de Ruah wird net gstört.

GEORG ACHTELSTETTER

Heiligendreikönig

Hl. Dreikönig ist ebenfalls gottesdienstlich und volkssittlich hochbelebt. Schon am Vorabende, um drei Uhr, gibt's in der Pfarrkirche die große Wasserweihe, die eine Stunde dauert, und da trachtet jede katholische Bauernfamilie, eine tüchtige Krugel voll „Heilindreikiniweih" ins Haus zu bekommen. Werden nun gesetzte Familienglieder wie z. B. der Ähnl, die Ahnl, das übertragene Hausmensch, zur Weihe abgeordnet, so geht das Schöpfen aus dem Dreikönigszuber ohne Krieg, Unfug und Geräufe ab; anders wenn zumeist das streitbare Bubenvolk mit Fäßlein und Krugeln zur Heilindreikiniweih kommt. Dann muß gar oft der handfeste Vizemesner in die Mittel gehen und den ruhigen Christen gegen die gewalttätigen Seeräuber schützen.

Und das tut er auch. Er wettert und prügelt wie alle Donner und Blitze auf die hin und her flutenden Bubenschädel ein. Dabei geht nicht selten die eine oder andere Krugel in Scherben, und zu Neukirchen bei Heiligenblut ist in einem solchen Getümmel einem Bübl aus Vorderbuchberg seine allerschönste nagelneue hochgeliebte Zipfelhaube in den bodenlos tiefen Dreikönigszuber geschleudert, stracks in irgendeine riesige Bauernkrugel eingeschöpft worden und so auf immer spurlos verschollen.

Der volksbeliebteste Dreikönigsvorabend ist an Ilm und Abens und auf den Holzhügeln und in den Taltriften dazwischen: wenn's Gebet läutet und weidlich dunkelt, um halb sechs Uhr, geht's an und dauert bis in die elfte Nachtstunde.

Truppweise ziehen da die Sänger und Sängerinnen herum, aus dem Dorf in die Einöden hinaus, von den Einöden ins Dorf herein, von Haus zu Haus wandernd und das volksmäßige alte Dreikönigslied absingend. Und es sind das keineswegs lauter Arme, die des Bettelns wegen ins sogenannte Heiligendreikönigsansingen gehen, um sich mittels Liedes ein Geldstück und einen Festbraten einzusammeln. O nein: am liebsten und zahlreichsten ziehen jene aus, die sich im Besitze eines guten Singgehörs und einer schönen Liederstimme wissen. Darunter sind Söhne und Töchter aus begüterten Höfen, ja selbst sangfröhliche junge Bauern. Um nicht erkannt zu werden, gehen sie in Bettelmann und Bettelweib vermummt und verkleidet.

Gerade darin liegt ja der Hauptreiz: selbst aus vollem Halse zu singen, die Mitmenschen durch den nächtlichen und fromm christlichen Wettgesang zu ergötzen, aber das Hausvolk, vor dessen Türe man singt, zu täuschen und mit Stand und Namen verborgen zu bleiben. Darum läßt sich keins, weder Sänger noch Sängerin, unter die Nase leuchten; und so wie vom Haus jemand herauskommt und dem Unbekannten die Laterne ins Gesicht hält, flugs huscht das Singende zurück ins Dunkel, und man geht, verzichtend auf alle Spende. Ganz natürlich findet sich unter dem Mantel der Nacht und Maske das liebende Paar zusammen und dann singt kein anderer Trupp so schön und hell das Dreikönigslied wie die zwei.

Das Lied ist an Ilm und Abens so ziemlich wie anderswo: Es lautet vom Morgenland, vom hellen Stern, von Kaspar, Melcher und Baldhauser, vom Christkindl, von Maria und Joseph, gar schön und rührend. Aber geschlossen wird das Dreikönigslied mit dem großartigen Volkssegen:
So weit dieser Hall klingt,
Daß's nöt schauert und nöt brinnt!

Die sogenannten Viehpatrone Leonhard und Wendelin sind im Bayernlandl die größten Volkslieblinge; aber dann kommen gleich König Kaspar, Melcher und Baldhauser. Auf ihren Hochfesttag freut sich besonders das arme Bübl. Es pflanzt sich auf im Dorf und schnoppert mit der Nase rund herum; zu jenem Küchenfenster, aus welchem ihm der Bratenduft in die Nase steigt, rudert es ungesäumt und singt mit seinem dreisten Jochgeierstimmlein die Heiligen drei Könige an:

Die Heilin drei Kin san hochgeborn,
Sie reitn daher mit Stiefel und Sporn,
Sie reitn dem Herodes für sein Haus,
Da Herodes schaut zum Fenster heraus:
„Kehrts ein, meine Herrn, kehrts ein bei mir,
Ich will euch geben Wein und Bier,
Ich will euch geben Stroh und Heu,
Ich will euch haltn zehrungsfrei!"

Mit dem Zeremoniell bei Hof haben diese Dreikönigsverse nichts zu schaffen; das treuherzige bayerische Landvolk hat dieselben gedichtet. Die unglaubliche Gutmütigkeit sogar dem finsteren Henker von Bethlehem, dem Herodes, weiß sie noch eine gemütliche Seite abzugewinnen. Schaut er doch beim Anritte der morgenländischen Könige so menschenfreundlich zum Fenster heraus, etwa gar in Hemdsärmeln und seine Pfeife schmauchend. Und einladet er die Ankömmlinge fast so herzig wie ein bayerischer Tafernwirt. Und wen sollte das nicht inniglich freuen, daß der Herodes sich sozusagen schon anschickt, um seinen braven Gästen aus dem Morgenland einige frische Kellermaßerln aus seinem Hofbräuhaus zu Jerusalem vorzusetzen. Und zehrungsfrei sind die Heiligen drei Könige auch noch, damit sie ja all ihr Gold dem Christkindl opfern können! Für so christlich wie in Bayern wird der Herodes ganz gewiß nirgend anderswo in der Welt mehr gehalten.

„Aufgeschaut, die Heilindreikinibuam!" so schreit, hüpft und rennt in einer Hofmark des bayerischen Vorwaldes die lärmende Kinderwelt. Und richtig, da kommen sie auch von Haus zu Haus; drei der Werktagsschule entwachsene Rangen sind's. Hosen und Stiefel sind kernbayerisch, die Obergewänder zeigen sich schon ein wenig morgenländisch. Mit roten Schärpen gegürtet, das Mohrenhemd zumal schillert schwarz-weiß gestreift, sämtliche Dreikönigsgesichter sind mit bayerischem Ofenruß und Zimmermannsrötel so morgenländisch wie möglich zurecht gepinselt, auf den Köpfen wackeln rote Papierkronen mit Halbmond, Kreuz und Zacken. Anstatt der Heilindreikinirosse haben sie drei drohende hagenbuchene Knüppel. Ins Hausflur getreten, singen sie schandenhalber doch ein klein wenig was vom Heiligendreikönigslied, aber dann plärren sie alsbald den letzten und Hauptvers:

Die Schlüssel hören wir schon klingen,
Drei Batzen werden wir doch erringen!
Wird aber der Sechser oder Groschen daraus,
So schlagen wir ihn auch nicht aus.

Diese Heiligen drei Könige stehen gerade in den Flegeljahren. Das einzige an ihnen ist wahr: daß ihrer drei sind. Sonst paßt nichts mehr. Anstatt zu beschenken, wollen sie beschenkt sein. Sie sind weder Könige noch Heilige; letzteres gewiß am allerwenigsten. Ja, vom Melchior heißt es geradewegs, daß er der größte Spitzbube des ganzen Dorfes ist. Und wirklich, in diesem Augenblick schneidet der gekrönte Morgenländer mitten in den nachstürmenden Kindertroß hinein eine mustergültige Fratze, was weder besonders königlich noch heilig ist. Doch, um auch bösen Buben gerecht zu sein: wenn sie den Dreibätzner nicht bekommen, geben sie sich auch mit dem Groschen zufrieden. Heiligendreikönig stattet die Türen der katholischen bayerischen Häuser mit einer eigenen frommgläubigen Inschrift, Schutzwehr und Weihe aus: es werden nämlich König Kaspar, Melchior und Balthasar, als unsere ältesten christlichen Ahnherrn heilig und nachahmenswert, mittels geweihter Kreide den sämtlichen Türen einverleibt, am prächtigsten der Stubentüre. Zierliche Kreuzlein füllen die Zwischenräume aus und das gnadenreiche Neujahr des göttlichen Christkindes umfangt die schönen Dreikönigsnamen:

18 + C + M + B 74. Der beste Schönschreiber des Hauses oder gar des Orts wird berufen, um mit ihren ersten Namensbuchstaben die drei lieben gekrönten Heiligen in erfinderischer Pracht auf die bayerischen Türen zu malen.

Der Hausherr aber geht mittlerweile Haus und Stall, Tenne und Speicher durch, die Herdglut im feuersicheren Hafen und drauf von Zeit zu Zeit etwas Dreikönigsweihrauch. Der ganze Hof duftet.

Die jährliche Weihnachtsfeier, die in der Christmetten hereinflimmert und sich im Dreikönigsgesange ausklingt, spendet in reichster Fülle der Seele, was der Seele und dem Körper, was des Körpers ist: religiöse Freuden, Wintermuse, heitere Volksbräuche, festtäglichen Tisch. Alles freut sich.

JOSEPH SCHLICHT

Zwischen den Jahren

Wenn das Jahr auch endet:
Es stirbt nichts.
Es wandelt sich und wendet
Nur die Bahn des Lichts.
Mag uns Schnee umschauern:
Insgeheim
Unter den weißen Mauern
Regt sich Saat und Keim.
Ob uns Nacht umdunkelt
Tief und weit:
Gottes Sternbild durchfunkelt
Zeit und Ewigkeit.
Wenn uns Sturm umflügelt
Und durchtost:
Auch er wird fest gezügelt.
Darum sei getrost!

JOHANNES LINKE

Maria auf der Flucht

Trab, kleiner Esel trabe,
trab nach Aegyptenland!
Der Josef führt am Stabe
uns durch den Wüstensand.

Was blieb von aller Habe?
Ein dürftiges Gewand —
und Er, der kleine Knabe,
in meiner müden Hand.

O, laß Ihn nicht verderben
durch böser Henker Macht!
Viel Kinder müssen sterben
für Ihn in dieser Nacht.

Sie geben hin ihr Leben —
die Kinder für das Kind.
Er wird es wiedergeben,
wenn wir am Ziele sind.

Der Wege gibt es viele,
und Orte, fern und nah —
ich aber seh' am Ziele
das Kreuz auf Golgatha . . .

Noch schlummert Er, der Knabe,
noch hält Ihn meine Hand.
Trab, kleiner Esel, trabe,
trab nach Aegyptenland!

188   SIEGFRIED VON VEGESACK

Uralte Weihnachten

Sag an dem Vieh den Heiligen Christ,
Wenn du ein rechter Bauer bist!
Drei Worte reden Roß und Rind.
Es lust sogar der böhmisch Wind.

Die Klagemutter ruft so weh,
Wenn Unheil droht von eh und je.
Die Bettstatt weist den Drudenstern,
Der hält dir alle Hexen fern.

Gehst du um roten Mettenwein?
Der Keckbrunn will der Spender sein.
Ein Irrlicht geistert übers Moos.
Erlös es gern! Bedenk sein Los!

Grab aus den Zauberspiegel dort!
Du kennst ja den geheimen Ort.
Viel Schätze schenkt die Mettennacht.
Das Münzgold dir entgegenlacht

Aus Schloßgebäu und Kellergrund.
Heut machst du den erträumten Fund.
Und doch: Das wahre Wunder ist
Im Krippenstroh der Heilige Christ.

MATHILDE BAUMANN

Seite 189:
„Maria Lichtmeß", Hinterglasbild

Seite 190 und 191:
Krippe des ehemaligen Klosters Oberalteich,
Stadtmuseum Aschaffenburg

Seite 192:
„Haussegen in der Rauhnacht",
Hinterglasbild von Josef Fruth

Die Neujahrsbläser

Das sind die Neujahrsbläser,
sie gehn von Haus zu Haus
und blasen und blasen
das alte Jahr aus.

Vermummt bis an die Nasen,
die Backen rot, die Backen rot,
so stehn sie da und blasen
das alte Jahr tot.

Das hat nichts mehr zu sagen
und stirbt ganz stumm, und stirbt ganz stumm,
und wenn die Glocken schlagen,
dann ist es um, dann ist es um.

Die Bläser aber tuten
dem Neuen Jahr zum Preis,
dem bösen oder dem guten,
von dem man noch nichts weiß.

SIEGFRIED VON VEGESACK

Neujahrswunsch der Kinder

„I wünsch enk a glückseligs neis Jahr,
s' Christkindl mit an kraust'n Haar,
a langs Lebn und a guats Lebn
und an Himme danebn!"

AUS EINEM ALTBAYERISCHEN KRIPPENSPIEL

Josef Fruth, Fürsteneck, Kohlezeichnung

Hinweise zu den Bildern

Seite 13: „Anbetung der Könige" aus einer Waldlerkrippe. Diese Krippe befindet sich im Oberhausmuseum in Passau. Sie dürfte aus dem Ende des 18. oder dem Anfang des 19. Jahrhunderts stammen. Die Herkunft der aus 108 Figuren bestehenden Krippe wird mit „Regen im Bayerischen Wald" angegeben. Die mit Stoffkleidern versehenen Figuren hat das Museum vor längerer Zeit von Karl Edenhofer aus Malching erworben.

Seite 14: „Heilige Familie", Kreidezeichnung in der Kirche Leizesberg bei Hauzenberg. Das runde, 32 cm durchmessende Bild ist eine gute Arbeit des Malers und Radierers Joseph Bergler d. J., der es wohl am Ende seiner Passauer Zeit (1786–1800) gemalt hat.

Seite 15: „Heilige Familie", Emailarbeit, Griff des Taufbeckendeckels in der 1962 vollendeten Kirche Riedlhütte, einer Filialkirche von Spiegelau. Diese Darstellung schuf der akademische Goldschmied Herbert Stern aus Altötting.

Seite 16: Krippe in der Karmelitenkirche in Straubing. Diese aus über 100 Figuren bestehende Krippe wurde Ende des letzten Jahrhunderts geschnitzt. Sie wird heute ständig gezeigt, und zwar in einer der kirchlichen Liturgie jeweils entsprechenden Darstellung.

Seite 29: „Waldkirchner Wachschristkindl"

Seite 30: „König Balthasar" aus der Heilbrünnlkrippe. Siehe Beitrag auf Seite 49/50.

Seite 31: „Anbetung der Hirten". Deckengemälde in der ehemaligen Abteikirche Reichenbach am Regen. Es wurde 1745 von Andreas Gebhard aus Prüfening bei Regensburg gemalt.

Seite 32: Altes Schreinkripperl, wie es die Dreikönigssänger bei ihren Umzügen im Landkreis Regen mittrugen (Sammlung Dr. Reinhard Haller, Zwiesel).

Seite 45: Das „St. Oswalder Christkindl" von dem inzwischen verstorbenen Holzbildhauer Hans Lentner aus Spiegelau.

Seite 46: „Anbetung der Könige" aus der Kirche St. Salvator in Schalding links der Donau. Die Innenausstattung dieser erst 1900–1904 erbauten Kirche ist zum Teil noch alt. Dieses Gemälde ist Teil eines Zyklus über die Geburt Christi in der Predella des Hochaltars, den ein unbekannter Meister um 1520 malte. Dem Künstler wird eine Verwandtschaft zur Landshuter Schule nachgesagt. Die Gemälde kamen über das Rottal nach Schalding.

Seite 47: „Heilige Familie" aus St. Salvator in Schalding. Siehe auch Bemerkung zu Seite 46.

Seite 48: „Heilige Familie" aus der Krippe der Wallfahrtskirche Heilbrünnl, jetzt in der Pfarrkirche Roding.

Seite 61: „Prager Jesuskind" in der St. Jakobskirche zu Cham (Oberpf.)

Seite 62: Diese typische Plößberger Krippe wurde von dem im Jahre 1981 gerade 80jährigen Schneidermeister Hans Kreuzer aus Plößberg geschnitzt. Diese typische, schön bemalte Hauskrippe erregte auf der Weltkrippenausstellung 1979 in Nürnberg beträchtliches Aufsehen.

Seite 63: Diese Szene „An einer Wasserstelle in einer Oase in der Wüste" stammt aus der zwölf Quadratmeter großen Plößberger Krippe von Helmut Horn, die annähernd 500 Figuren umfaßt. An einer Wasserstelle rastet eine Elefanten- und Kamelkarawane. Die ältesten Teile dieser Krippe sind über 100 Jahre alt.

Seite 64: Diese Krippe aus den zwanziger Jahren gehört Franz Gollwitzer aus Plößberg. Sie weist die typische alte Plößberger Bauweise auf. Die Abbildung zeigt nur einen kleinen Ausschnitt.

Seite 77: Wallfahrtsbild der Christkindlwallfahrt von Ringelai. Siehe hierzu den Beitrag auf Seite 75.

Seite 78: „Flucht nach Ägypten". Hinterglasbild aus Raimundsreut, frühes 19. Jahrhundert, 25–18 cm, Sammlung Fastner, Zwiesel.

Seite 79: „Heilige Drei Könige", Hinterglasbild aus Raimundsreut um 1800, 34–36 cm, Sammlung Fastner, Zwiesel.

Seite 80: „Maria Lactans", Hinterglasbild der Neukirchner Schule aus dem frühen 19. Jahrhundert, 36 x 28 cm, Sammlung Dr. Schuster, Zwiesel.

Seite 93: „Heilige Familie" aus der Kindermann-Krippe in Waldkirchen/Unterhammer. Diese Krippe wurde von Johann Kindermann (1778–1856) anfangs des 19. Jahrhunderts in Wallern im Böhmerwald geschnitzt.

Seite 94: „Heilige Familie" aus der Kapelle „Unserer Lieben Frau" in Kneiting bei Regensburg. Das Flachrelief ist an einem gotischen Flügelaltar in dieser ehemaligen Wallfahrtskirche angebracht.

Seite 95: „Heilige Familie", gotisches Wandfresko aus der ehemaligen Klosterkirche der Dominikanerinnen in Adlersberg, Landkreis Regensburg, an der Südwand des Chores. Entstanden um 1320.

Seite 96: „Mettengang", Hinterglasbild des Kunstmalers Josef Fruth, Fürsteneck. Sammlung Paul Praxl, Waldkirchen.

Seite 109: „Heilige Nacht", Hinterglasbild um 1800 aus Außergefild, 32 x 40 cm, Stadtmuseum Deggendorf. Siehe Beitrag auf Seite 81.

Seite 110: „Heilige Drei Könige", Ton bemalt, ca. 12 cm hoch, 1930, von Hafnermeister Wilhelm Meyer aus Marktredwitz. Jetzt im Besitz von Walther Zeitler, Regensburg.

Seite 111: „Heilige Familie" und „Hirtin" aus Ton, bemalt, Ursprung wie bei den Figuren auf Seite 110.

Seite 125: „Weihnachtskrippe". Hinterglasbild des Regensburger Malers und Grafikers Otto Baumann.

Seite 126/127: Reitergruppe und niederbayerische Figuren aus der Krippe Michaelsbuch, die dort im Pfarrhof aufbewahrt wird. Diese Krippe ist leider nicht mehr vollständig vorhanden. Die Kinder im Pfarrhof wohnender Vertriebener benützten die Krippenfiguren nach dem letzten Krieg als Spielpuppen, wodurch sie leider viele Schaden litten, manche ganz kaputt gingen. Im Frühjahr 1972 bestand die Krippe noch aus 77 Figuren, davon 6 ohne Kopf und 13 Tieren. Von besonderem Reiz sind die Figuren der Bauern und Bäuerinnen in ihren alten Kostümen. Sie dürften aus dem Anfang des 19. Jahrhunderts sein und stellten eine niederbayerische Bauernhochzeit dar. Sie hatten alle an den Füßen angeschnitzte Stifte, mit denen man sie in Bretter stecken konnte.

Seite 128: Waldlerkrippe aus dem Bayerischen Wald. Christus hilft dem hl. Josef bei der Zimmermannsarbeit. Die hl. Maria sitzt am Spinnrad vor dem Haus, zu ihren Füßen ein Mädchen. Das Krippenhaus ist ein echtes Waldlerhaus mit Schrot, kleinen Fenstern und Dachschindeln. Der derzeitige Aufbewahrungsort dieser Krippe, die vor Jahren auf einer Ausstellung gezeigt wurde, ist leider unbekannt.

Seite 141: „Fatschenkind im Schrein", niederbayerisch, etwa um 1910, mit besonders farbenprächtiger Ausschmückung des Schreines, wobei sich die Farben der Papierblumen auf Grund der Aufbewahrung im Dunkeln besonders gut hielten. Maße: 31 x 25 cm. Privatbesitz Regensburg.

Seite 142: Volkstümliche, den lebenden Modellen nachgebildete Stoffiguren und die „Heilige Familie" aus der Pscheidl-Krippe von Maria Krystek-Pscheidl in Regen. Siehe hierzu den Beitrag auf Seite 138.

Seite 144: „„Anbetung der Hirten", Hinterglasbild des Kunstmalers Josef Fruth aus Fürsteneck.

Seite 157: „Viechtacher Kripperl" um 1890. Der ca. 30 cm hohe Krippenberg aus Pappe und Sackleinwand enthält einige Holzhäuser. Die Figuren sind aus Holz, gebranntem Ton und z. T. auch aus einer kittähnlichen Masse. Das Ganze ist mit

Wasserfarben bemalt, Bäume und Himmel sind mit Silberflitter bestreut. Privatbesitz Regensburg.

Seite 158: Heinz Seemann aus Rabenstein war der erste, der gläserne Christbaumkugeln im Bayerischen Wald herstellte. Hier erhitzt er eine Glaskugel aus durchsichtigem Glas, um sie noch größer ausblasen zu können. Siehe hierzu den Beitrag auf Seite 153.

Seite 159: Große und kleine, durchsichtige und farbige, bemalte und unbemalte Glaskugeln, wie sie Heinz Seemann herstellt. Die tropfenförmigen Glaskugeln an der Schnur rechts sind etwa zur Hälfte mit Wasser gefüllt.

Seite 160: Das „Weihnachtsspiel der Glasmacherkinder", bei dem an sich sieben Kinder auftraten und nicht, wie auf dem seltenen Foto, nur sechs. Foto aus der Sammlung Dr. Haller, Zwiesel.

Seite 173: „Heilige Familie", Hinterglasbild im Format 36 x 55 cm von Kunstmaler Walter Mauder aus Zwiesel. Besitz Walther Zeitler, Regensburg.

Seite 174: „Christi Geburt". Spätgotisches Halbrelief an der Predella des Hochaltars von St. Martin in Deggendorf. Der Altaraufbau ist Renaissance. Er war ursprünglich Hochaltar der Pfarrkirche Maria Himmelfahrt in Deggendorf, dann in der Kirche von Schaching, das jetzt in Deggendorf eingemeindet ist. Maße: 82 x 60 cm.

Seite 175: „Heilige Familie", Darstellung aus dem Ende des 14. Jahrhunderts, vom linken Seitenaltar der Kirche St. Leonhard in Regensburg.

Seite 176: „Anbetung der Könige" aus der Kapelle „Unserer Lieben Frau" in Kneiting bei Regensburg. Die Gruppe ist in der Predella unter dem gotischen Flügelaltar untergebracht.

Seite 189: „Maria Lichtmeß", sehr seltene Darstellung, Hinterglasbild aus Raimundsreut, 44 x 36 cm, Sammlung Dr. Schuster, Zwiesel.

Seite 190/191: Krippe des Klosters Oberalteich, die nach der Säkularisation in das Stadtmuseum Aschaffenburg kam, wo sie sich heute noch befindet. Die Krippe ist in der 2. Hälfte des 18. Jahrhunderts entstanden und umfaßt einige hundert Figuren. Sehr interessant ist kostümgeschichtlich eine Huldigung aller Stände vor Christus, bei der alle Gestalten Trachten aus der Entstehungszeit der Krippe tragen. Die Gebäude sind an italienische Paläste und antike Tempelruinen angelehnt. Man nimmt an, daß ein Teil der etwa 30 cm hohen Figuren im Grödnertal entstanden ist, Köpfe und Glieder sind geschnitzt, die Gewänder sind aus schönen Stoffen gefertigt.

Seite 192: „Haussegen in der Rauhnacht", von Kunstmaler Josef Fruth aus Fürsteneck.

Umschlagbild: „Geburt Christi mit Anbetung der Könige und Verkündigung an die Hirten", Papierkrippe eines unbekannten Malers, Böhmen Ende des 18., Beginn des 19. Jahrhunderts. Die Krippe hat eine zentralperspektivische Kulisse, Gelände kaschiert. Privatbesitz Edmund Baumann, Regensburg.

Die Autoren

A c h t e l s t e t t e r Georg, * 1883 in Augsburg, † 1973 in Cham, 1898–1907 Hohlglasmaler, 1907–1912 Kunstakademie München, ab 1912 Kunstmaler und Schriftsteller, und zwar bis 1946 in Nürnberg, ab 1946 in Cham (Oberpf.). Veröffentlichte literarische Werke: „Gott in Not", „Elendvolk" (Romane), „Fallende Blätter" (Gedichtband). Anläßlich seines 80. Geburtstages wurde ihm das Bundesverdienstkreuz verliehen.

B a u m a n n Mathilde, * 1905 in Neukirchen b. Hl. Blut, im Lehrberuf tätig hauptsächlich in Niederbayern, während des Krieges in Oberschlesien, zuletzt in München, im Ruhestand in München und Neukirchen b. Hl. Blut lebend. Gedichte, Aufsätze volks- und heimatkundlicher Art, Biografisches in Zeitungen, Zeitschriften, Kalendern, Büchern. Autorin des „Heimatbuchs Neukirchen b. Hl. Blut", Gedichtband „Hoher Bogen".

B e r i n g e r Karl, * 1892 in Franken, † 1962 in Marquartstein, Oberforstmeister, Schriftsteller, schrieb viele Essays und Heimatgeschichten über den Bayerischen Wald und die Jagd. Sein bekanntestes Werk ist das Buch „Im Bayerischen Wald".

B i b e r g e r August, * 1895 in Schwarzach bei Bogen, † 1950 in Flintsbach, 1914 Lehrerexamen in Straubing, dann Weltkrieg als Offizier mitgemacht. 1918 Schuldienst in Breitenberg, 1921 in Waldhäuser, 1923 in St. Oswald, später nach Passau als Geschäftsführer für das Volksbildungswerk in Niederbayern. Nach dem letzten Weltkrieg zeitweilig arbeitslos, verstarb nach zweijähriger Tätigkeit als „Lehrer auf Probe" seelisch zermürbt.

B l a u Josef, * 1872 in Neuern/Böhmerwald, † 1960 in Straubing, Oberlehrer, bedeutender Heimatschriftsteller, wichtigste Buchveröffentlichungen: „Die Geschichte der künischen Freibauern", „Glasmacher im Böhmer- und Bayerwald". Er hat insgesamt 50 Bücher verfaßt.

B ö h m Anton, * 1923 in Jagdhaus/Rheinpfalz, aufgewachsen in Falkenberg/Opf., Gymnasium Weiden und Amberg, tätig im höheren Staatsforstdienst, veröffentlicht gelegentlich Kurzbeiträge für Heimatzeitschriften, wohnt in Rottach-Egern.

D e n g l e r Pieps, * 1893 in Regensburg, † 1971 in Rückersdorf (Mfr.). Begeisterter Bayerwaldfreund. Seit 1924 Schriftleiter der „Monatshefte des Bayerischen Waldvereins", später der Zeitschrift „Der Bayerwald". Ehrenmitglied des „Bayerischen Waldvereins", 1913 Gründer der Regensburger Schriftstellergruppe. Verfaßte zahlreiche heimatkundliche Beiträge, viele Gedichte, Romane und Bühnenstücke.

F i s c h e r Josef, * 1901 in Grabitz bei Furth i. W., † 1977 in Berchtesgaden, Oberschulrat a. D. von Straubing. Leidenschaftlicher Pädagoge, aus einem seit 1610 nachweisbaren Bauerngeschlecht stammend, Herausgeber des Landkreisbuches Straubing, schrieb Beiträge und Geschichten über das Leben und Brauchtum seiner Heimat.

F r i e d l Paul, genannt „Baumsteftenlenz". * 1902 in Pronfelden/Spiegelau, lebt in Zwiesel. Bekanntester lebender Heimatschriftsteller des Bayerischen Waldes und verdienstvoller Volksliedersammler. Schrieb 26 Romane, zwölf Sachbücher und über 1000 Geschichten, Gedichte und Lieder. Nach kurzer Tätigkeit als Holzschnitzer, im Sägewerk und in der Landwirtschaft, Redakteur und freier Schriftsteller. Einmalige Verdienste um das Liedgut in Ostbayern und die Pflege heimischer Bräuche im Bayerwald. Zahlreiche Auszeichnungen.

F r u t h Josef, * 1910 in Fürsteneck, wo er heute den Schloßturm bewohnt. Maler, Grafiker und Schriftsteller. Ausbildung in der Bildenden Kunst über Münchner Lehrkreis. Viele Ausstellungen im In- und Ausland. Träger des Kulturpreises Ostbayern. Das Buch „Über dem Urgrund der Wälder", Verlag Morsak, Grafenau, gibt Einblick in sein Werk.

F u c h s Alfred, * 1923 in Waldkirchen, wo er auch wohnt. Beschäftigt sich seit 1945 mit Heimatkunde. Schrieb einige Broschüren wie „Waldkirchen", 1960 „Dekan J. A. Loraghi und seine Verwandten in Waldkirchen", 1964 und „Die Raimundsreuter Hinterglasmalerei", 1965, und in verschiedenen Zeitungen und Zeitschriften heimatkundliche und kunstgeschichtliche Artikel. 1965 erhielt er für Mitarbeit bei der Sammlung bayer. Wortguts von der Kommission für Mundartforschung die H.-A.-Schmeller-Medaille. Von Beruf Heilpraktiker.

G e y e r Otto, * 1889 in Schatzhofen b. Landshut, Rektor i. R., wohnhaft in Passau. Veröffentlichungen: „Passauer Heimatkunde", „Passauer Straßennamen", zahlreiche heimatgeschichtliche Artikel. Auszeichnungen: Ehrenbürger der Stadt Passau, Bürgermedaille, Bundesverdienstkreuz. Große Verdienste im Bayerischen Waldverein.

Dr. H a l l e r Reinhard, * 1937 in Bodenmais, Dr. phil., Studium der Vergleichenden Volkskunde, der Bayerischen Geschichte, der Namenforschung und der Pädagogik an der Universität München. Zahlreiche Veröffentlichungen zur Sozialgeschichte, Volkskunst und religiösen Volkskunde des altbayerischen Raumes. Mitarbeiter verschiedener wissenschaftlicher Institute, Vortragstätigkeit, Kreisheimat- und Archivpfleger des Landkreises Regen. Bekannt durch ein Dutzend Bücher sowie regelmäßige Funk- und Fernsehmitarbeit. Schulrektor in Zwiesel.

H o r n (-Arndt) Erna, * 1904 in München, † 1981 in Buchenau, wo sie seit 1942 wohnte. Kulinarische Schriftstellerin aus Leidenschaft mit hohen Kochbuch-Auflagen, war mit einem Kochbuch-Sammler verheiratet, ganz von bayerischer Lebensart, der bayerischen Kultur und Eßkunst verhaftet, hat sich einen großen, tiefgestaffelten Leserkreis erworben. Viele Auszeichnungen für ihre Bücher, die beinahe vier Millionen Auflage erreichten; Bayerischer Verdienstorden.

H u b e r Josef, * 1903 in Kößlarn (Niederbay.). Domkapitular in Passau. Verfasser vieler heimatgeschichtlicher Beiträge. Baugeschichte der Pfarr- und Wallfahrtskirche Kößlarn. Geschichte der Wallfahrt Gartlberg–Pfarrkirchen. Kunstführer für Kößlarn und Gartlberg. Geschichte der Pfarrei Pfarrkirchen in „Pfarrkirchen im Rottal/Ndby."

K a r l Raimund, * 1919 in Kernberg am Dreisessel, begann nach dem 2. Weltkrieg, den er als Berufsoffizier mitgemacht hatte, mit schriftstellerischen Arbeiten für Zeitungen und Zeitschriften, erhielt den Kulturpreis Wolfstein für die Erzählung „Ursula Paumann" und ist seit 1951 Kreisredakteur der „Passauer Neuen Presse" in Regen, wo er auch wohnt. Überarbeitete und ergänzte die Geschichte der „Stadt Regen".

K r ä m e r Karl B., * 1924 in Kötzting, † 1971 in Kötzting, Redakteur „Straubinger Tagblatt/Kötztinger Zeitung", Kreisheimatpfleger des Landkreises Kötzting, Kultur- und Pressereferent des „Bayer. Waldgaues", Vorsitzender des Kultur- und Presseausschusses. Schriftleiter des „Bayerwald". Gab der Volkstumspflege beachtliche und dauerhafte Impulse, ausgezeichneter Fotograf.

K r ä m e r Karl Heinrich, * 1926 in Kötzting, Rektor, langjähriger Seminarleiter, Lehrgangsdiplom für Journalistik in Hameln, Beiträge in pädagogischen Fachzeitschriften. Buchpreis beim literarischen Wettbewerb der „Jugend am Rhein" in Speyer, Beiträge im Karlsruher Boten (Blätter für Dichtung) sowie in Tageszeitungen.

K r a u ß - F r ö h l i c h Annemarie, * 1927 in Regensburg, Stadtarchivarin und Leiterin des Stadtmuseums in Weiden (Opf.), zahlreiche Veröffentlichungen zur Geschichte der Stadt und der mittleren Oberpfalz, regelmäßige Mitarbeit in der Schriftenreihe „Oberpfälzer Heimat" und in volkskundlichem Schrifttum.

L i n k e Johannes, * 1901 in Dresden, Lehrer, ist seit dem Februar 1945 auf dem östlichen Kriegsschauplatz vermißt. Seine Bücher sind sämtlich vergriffen bis auf „Wälder und Wäldler" bei Staackmann, München, und „Ein Jahr rollt übers Gebirg" bei Morsak, Grafenau. Sehr produktiver Schriftsteller, dem seine zweite Heimat sehr ans Herz gewachsen war.

M a t h e i s Max, * 1894 in Triftern, Oberlehrer a. D., Veröffentlichungen: Gedichte, Romane, Erzählungen. Auszeichnungen: Bundesverdienstkreuz. Deutscher Mundartwettstreit in Wuppertal, Kulturpreis Ostbayern. Ehrenbürger von Passau, wo er auch wohnt. Ausgezeichnete Mundartgedichte.

M o r g e n s c h w e i s Fritz, * 1920 in Rosenberg/Oberpfalz, Generalvikar der Diözese Regensburg, Prälat und Domdekan. Veröffentlichungen: Laienspiele, Religiöse Kleinschriften. Buch „Frohbotschaft im Nebensatz" (Pustet 1967). Zahlreiche Beiträge in Zeitungen und Zeitschriften. Bekannt durch Rundfunkpredigten, Fernsehsendungen und zahlreiche Mundartdichtungen.

N e u m e i e r Ferdinand, * 1900 in Kirchberg bei Regen, † 1969 in Landshut (Bay). Rektor, komponierte die berühmte „Waldlermesse" und etwa 90 Lieder, die teilweise Volksliedcharakter erreichen. Verfaßte das bayerische Liederbuch „Sing mar a weng". Mehrere hohe Auszeichnungen, Ehrenbürger von Kirchberg. Widmete sich auch schriftstellerisch der Volksmusik und der Erforschung heimatlichen Volkstums.

P e i n k o f e r Max, * 1891 in Tittling, † 1962 in Zwiesel. Lehrer bis 1928, dann freier Schriftsteller, Volkskundler und Heimatschriftsteller von hohem Rang. Mitarbeiter beim Rundfunk und Fernsehen. Bücher: „Der Brunnkorb", „Das Pandurenstüberl", „Die Fünfer-Kuh", viele Gedichte und heimatkundliche Beiträge. Viele Auszeichnungen.

P o n g r a t z Adalbert, * 1928 in Langenhettenbach, Kreis Mallersdorf, aufgewachsen in Bayerisch Eisenstein, seit 1956 Redakteur bei der „Passauer Neuen Presse" in Zwiesel und ab Herbst 1971 Schriftleiter der Waldvereinszeitschrift „Der Bayerwald". Bekannter Mundartinterpret.

P r a x l Paul, * 1935 in Wallern (Böhmerwald), wohnt in Waldkirchen, Beruf: Industriekaufmann. Archivpfleger für den Landkreis Wolfstein, Archiv- und Bücherwart des Böhmerwaldmuseums Passau. Zahlreiche Veröffentlichungen zur Geschichte und Volkskunde des Böhmer- und Bayerwaldes. Bücher „Der Goldene Steig" und „Der Dreiländerberg".

P s c h e i d l Josef, * 1904 in Gutwasser (Böhmen). Sohn eines Leinenwebers. Seit 1925 Mitarbeiter südböhmischer Zeitungen und des bekannten Steinbrenner-Verlages. Bücher: „Rund um den Guntherfelsen" (1932) und „Tief drinn im Böhmerwald" (1966 Morsak-Verlag). Heiratete 1952 die Krippenkünstlerin Elisabeth Krystek. Betreut in Regen die von seiner Frau geschaffene einmalige Figurenkrippe und schreibt für die Heimatpresse.

S c h l i c h t Joseph, * 1832 in Geroldshausen (Hallertau), † 1917 in Steinach bei Straubing, Geistlicher Rat und Schloßbenefiziat in Steinach. Gymnasium in Metten, anschließend Studium der Theologie. Als Geistlicher in Oberschneiding, Tunding, Stadtamhof und ab 1871 in Steinach. Berühmteste Werke: „Bayerisch Land und Bayerisch Volk", „Altheimland", „Niederbayern in Land, Geschichte und Volk". Der bekannte Volkskundler und Schlichtforscher Dr. Rupert Sigl aus Straubing gab eine hervorragende Auswahl der Schlichtenwerke heraus: „Blauweiß in Schimpf, Ehr, Lust u. Leid".

S c h o s s e r Fritz, * 1914 in Kopfsberg im Landkreis Deggendorf. Bundesbahn-Hauptsekretär a. D., beschäftigt sich seit 1932 mit Heimatkunde und Heimatforschung, schrieb viele Beiträge für Zeitungen und Zeitschriften, die er mit eigenen Fotos illustriert. Lebt in Zachenberg bei Gotteszell.

S c h r ö n g h a m e r - H e i m d a l Franz, * 1881 in Marbach (Bayer. Wald), † 1962 in Passau. Wird als „Rosegger des Bayerischen Waldes" bezeichnet. Studium der Philosophie und Architektur in München. Schriftleiter in einem Münchner Verlag, dann freier Schriftsteller. Seine Gedichte und Geschichten sind in vielen teilweise mehrmals aufgelegten Büchern veröffentlicht. Ehrenbürger von Passau, wo er seit 1925 wohnte.

Dr. med. S c h u s t e r Raimund, * 1914 in Frühbuß im böhmischen Erzgebirge, stammt väterlicherseits aus Außergefild im Böhmerwald. Seit 1945 im Bayerischen Wald als Arzt tätig. 1970 erschien sein erstes Buch „Hinterglasbilder der Neukirchner Schule". Weitere Veröffentlichungen: über die Glasmalerei aus Winklarn, Außergefild u. a. Bedeutendster Forscher auf dem Gebiet der Hinterglasmalerei im Bayerischen und Böhmerwald; Hauptgeschäftsführer des Bayerischen Waldvereins. Wohnt in Zwiesel.

S i e b z e h n r i e b l Franz Xaver, * 1891 und † 1981 in Neukirchen b. Hl. Blut, wo er auch wohnte, Hauptlehrer a. D., Heimatforscher. Buch: „Grenzwaldsagen", viele Einzelveröffentlichungen über Brauchtum, Wallfahrten, Verfasser mehrerer Volksschauspiele u. a. „Das Fräulein von Lichtenegg", „Der Burgstallschatz", „Liebe triumphiert". Komponierte mehrere Messen für Orgel und Chor und vertonte Liedertexte.

S t r a s s e r Willi, * 1925 in Waldsassen, wohnt in Cham. Beruf: Oberlehrer. Kreisheimatpfleger. Viele Veröffentlichungen über die Geschichte des nördlichen Bayerwaldes und der Oberpfalz. Hat sich um die Heimat- und Denkmalpflege bleibende Verdienste erworben.

von V e g e s a c k Siegfried, * 1888 in Blumbergshof (Livland), † 1974 auf Burg Weißenstein (Regen), wo er seit 1918 wohnte. Studium der Geschichte in Dorpat. Kam über Schweden in den Bayerischen Wald, wo er den Hofturm der Ruine Weißenstein kaufte und ausbaute. Ihm widmete er den großen Roman „Das fressende Haus". Größter Bucherfolg: „Die Baltische Tragödie". Ein Meister der deutschen Sprache in Prosa und Lyrik, erhielt viele Auszeichnungen und Preise für seine Romane und Gedichtbände.

Z e i t l e r Josef, * 1903 in Straubing, † 1959 in München. Schauspieler, lebte einige Jahre in Greising, dann in München. Ein Meister des volkstümlichen Humors, den er in einmaliger Mundart niedergeschrieben hat. Nach seinem Tode erschien: „A guater Schlag".

Z e i t l e r Walther, * 1923 in Wiesau (Oberpf.), Bundesbahn-Oberamtsrat a. D., war 22 Jahre im Pressedienst der DB in Regensburg, Nürnberg und München tätig, schrieb als freier Journalist zahlreiche Reportagen und Kurzgeschichten über den Bayerischen Wald und seine Menschen, erfolgreicher Amateurfotograf, von seinen bisherigen zwölf Büchern sind die erfolgreichsten: „Im Herzen des Bayerwaldes" (4. Aufl.), „Die Eisenbahn im Bayerischen Wald" (3. Aufl.), Führer „Bayerischer Wald und Donauebene" (11. Aufl.), „Regensburg – 2000jährige Stadt" (4. Aufl.).

Über die Autorin Ida W i l h e l m , die ihre Kindheit in Fürstenstein zubrachte, konnte nur in Erfahrung gebracht werden, daß sie später in Marquartstein und ab 1960 in München wohnte.

Fotonachweis

Bayerisches Landesamt für Denkmalpflege, München: Seite 190, 191

Berger Josef, Straubing: 16, 128

Eigner Hanns, Passau: 13, 14, 46, 47, 93, 125

Hanske Horst, Regensburg, fotografierte das Foto des Winterwaldes, das als Fotografik auf dem Innenumschlag abgedruckt ist.

Foto Hintermann, Waldkirchen: 29, 77

Jäger Konrad, Schwandorf: 62, 63, 64

Foto Jahn, Zwiesel: 78, 79, 80, 189

Verlag Morsak, Grafenau: 96, 192

Foto Scholz, Deggendorf: 109

Foto Schütz, Passau: 144

Unbekannt (Sammlung Dr. Haller, Zwiesel): 160

Walther Zeitler, Regensburg: Seiten 15, 29, 30, 31, 45, 48, 61, 94, 95, 110, 111, 126, 127, 141, 142, 143, 157, 158, 159, 173, 174, 175, 176 und Foto auf dem Schutzumschlag.

Weitere Hinweise

Die Lieder wurden von Robert Link (†) Waldhäuser ausgewählt. Die von Robert Link herausgegebene Liedersammlung „Waldlerisch gsunga" geht hauptsächlich auf die Liedersammlung von Paul Friedl, dem „Daumsteftenlenz", zurück. Diese Liedersammlung erscheint jetzt im Verlag Morsak, Grafenau. Das „Adventslied" wurde dem Verlag von Pfarrer Kufner, Osterhofen, mitgeteilt, das Lied „Buama auf!" hat Paul Friedl von den Siebenellener Christkindlsingern aufgezeichnet, das „Weihnachtslied" und das „Krippenlied" zeichnete ebenfalls Paul Friedl, der Baumsteftenlenz, auf, letzteres in St. Oswald und Klingenbrunn.

Die Noten schrieb Lore Baier aus Grafenau.

Inhaltsverzeichnis

Gedichte sind durch einen eingeklammerten Stern (*) gekennzeichnet

Seite